LA RÈGLE ?

PAS DE RÈGLES !

LA RÈGLE ? PAS DE RÈGLES !

Netflix

et la culture de la réinvention

Traduit de l'anglais
par Cécile Leclère

REED HASTINGS ET ERIN MEYER

BUCHET • CHASTEL

Titre original : *No Rules Rules, Netflix and the Culture of Reinvention*

7, rue des Canettes 75006 Paris

ISBN : 978-2-283-03433-0

SOMMAIRE

INTRODUCTION

Reed Hastings : « Blockbuster est mille fois plus gros que nous », ai-je murmuré à Marc Randolph. Nous venions de franchir les portes d'une immense salle de réunion située au 27e étage de la tour Renaissance, à Dallas, au début de l'année 2000. Nous nous trouvions au siège de Blockbuster Inc., un géant d'une valeur de six milliards de dollars à l'époque, qui régnait sur le secteur du divertissement à domicile et comptait près de 9 000 magasins de location de vidéos un peu partout dans le monde.

Le P.-D.G. de Blockbuster, John Antioco, qui avait une réputation de fin stratège, conscient qu'un internet omniprésent et super rapide bouleverserait bientôt l'industrie, nous a réservé un accueil amical. Barbichette poivre et sel, costume de marque, il nous est apparu tout à fait détendu.

Pour ma part, j'étais à bout de nerfs. Antioco nous recevait, Marc et moi, en tant que dirigeants de la start-up que nous avions cofondée deux années plus tôt permettant de commander par internet des DVD ensuite envoyés par la poste. Netflix, qui comptait alors 100 salariés et à peine 300 000 abonnés, connaissait des débuts difficiles. Cette seule année, nos pertes se chiffraient à 57 millions de dollars. Il avait fallu des mois d'assauts répétés de notre part pour qu'Antioco consente enfin à prendre nos appels.

Après quelques minutes d'échanges informels autour de l'imposante table en verre, Marc et moi avons présenté notre projet. Nous proposions à Blockbuster d'acheter Netflix et de nous laisser développer et gérer sa branche blockbuster.com, qui permettrait la location de vidéos par internet. Antioco nous a écoutés avec attention en hochant fréquemment la tête puis il a demandé : « Quelle somme Blockbuster devra-t-il débourser en échange de Netflix ? » Quand nous lui avons suggéré le montant de 50 millions de dollars, il nous a opposé un refus catégorique. Marc et moi avons quitté les lieux dépités.

Ce soir-là, dans mon lit en fermant les yeux, j'ai imaginé les 60 000 employés de Blockbuster en train d'exploser de rire au ridicule de notre proposition. Bien évidemment Antioco n'était pas intéressé. Pourquoi un groupe aussi puissant que Blockbuster, fort de plusieurs millions de clients, au chiffre d'affaires impressionnant, avec à sa tête un brillant P.-D.G., pourquoi cette marque devenue synonyme de cinéma à domicile se serait-elle intéressée à un challenger fébrile du genre de Netflix ? Qu'avions-nous concrètement à offrir qu'ils ne puissent réaliser plus efficacement eux-mêmes ?

Mais, petit à petit, le monde a changé et notre entreprise est restée solide, elle a grandi. En 2002, deux ans après cette rencontre, Netflix entrait en Bourse. Blockbuster demeurait cent fois plus gros que nous (il valait 5 milliards de dollars et nous 50 millions). Qui plus est, il appartenait à Viacom, alors la société de média la plus cotée au monde. En 2010 pourtant, Blockbuster se déclarait en faillite. Et en 2019, ne subsistait plus qu'un seul et unique vidéoclub de la marque, à Bend, dans l'Oregon. L'entreprise s'est révélée incapable de s'adapter, de passer de la location de DVD au streaming.

En 2019, notre film *ROMA*, nommé aux Oscars dans la catégorie « meilleur long-métrage », remportait trois statuettes, un beau succès pour le réalisateur Alfonso Cuarón qui actait au passage la transformation de Netflix en société de divertissement à part entière. Voilà des années que nous n'envoyons plus de DVD par courrier. Nous avons dépassé les 167 millions d'abonnés dans 190 pays et nous ne sommes plus un simple service de vidéo à la demande par internet, mais un producteur majeur de nos propres séries et films partout dans le monde. Nous avons le privilège de travailler avec certains des créateurs et créatrices les plus talentueux qui soient, parmi lesquels Shonda Rhimes, les frères Coen et Martin Scorsese. Nous avons inventé une nouvelle façon de regarder et d'apprécier des histoires formidables capables, dans leurs meilleurs moments, de faire tomber des barrières, d'enrichir des vies.

On me demande souvent comment c'est arrivé. A posteriori, pourquoi Netflix a-t-il réussi à continuellement s'adapter, contrairement à Blockbuster ? Le jour de ce rendez-vous à Dallas, Blockbuster avait tous les atouts en main. Ils avaient la marque, le pouvoir, les ressources et la vision. Blockbuster nous battait haut la main. Cela n'avait rien d'évident à l'époque, même à mes yeux, pourtant nous avions quelque chose qu'ils n'avaient pas : une culture qui valorise les gens plus que les process et l'innovation plus que l'efficacité ; et très peu de règles. Cette culture vise avant tout à obtenir les meilleures performances grâce à une haute densité de talent et à donner aux employés plus de contexte, moins de contraintes. C'est ce qui nous a permis de nous développer sans cesse, d'évoluer au rythme des changements que connaissait le monde et de nous adapter aux nouveaux besoins de nos abonnés. Netflix est à part. C'est une culture où la règle est : pas de règles.

LA CULTURE NETFLIX EST BIZARRE

Erin Meyer : La culture d'entreprise a parfois des airs de bouillie intellectuelle où se mêlent langage vague et définitions ambiguës ou incomplètes. Pire, les valeurs de certaines sociétés – telles qu'énoncées – sont rarement en rapport avec la manière dont se comportent leurs représentants dans la réalité. Les slogans lisses sur les affiches ou dans les rapports annuels se révèlent souvent des formules creuses.

Durant de nombreuses années, au siège de l'une des plus grosses entreprises américaines, les visiteurs étaient accueillis par cette devise qui s'étalait fièrement dans le hall d'entrée : « Intégrité. Communication. Respect. Excellence. » La firme en question ? Enron. Ces valeurs essentielles étaient encore brandies en son nom le jour où elle s'est trouvée au cœur de l'une des plus grosses affaires de fraude et de corruption d'entreprise jamais avérée aux États-Unis.

La culture Netflix, à l'inverse, est célèbre – ou tristement célèbre, selon votre point de vue – pour son franc-parler. Des millions de personnes du monde des affaires se sont plongées dans le *culture deck* de Netflix, une présentation de la culture d'entreprise en 127 slides à l'origine réservée à un usage interne, mais largement diffusée par Reed Hastings sur internet en 2009. Sheryl Sandberg, numéro deux de Facebook, aurait jugé qu'il s'agissait « peut-être du document le plus important qu'ait jamais produit la Silicon Valley ». J'ai adoré ce vade-mecum pour son honnêteté. Je l'ai détesté pour son contenu.

Voici un exemple, pour que vous puissiez mieux comprendre pourquoi :

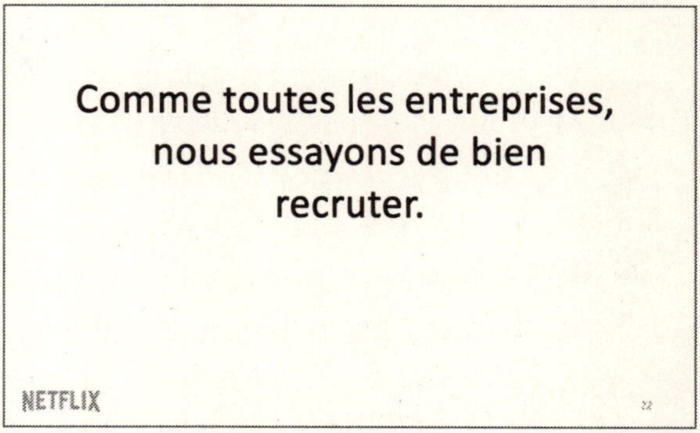

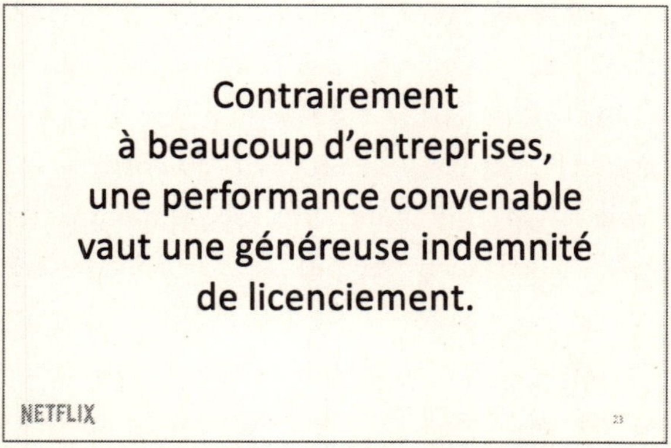

> La généreuse indemnité accordée aux autres
> permet de trouver la star qui convient pour le rôle ainsi libéré.
>
> **Le test utilisé par les managers :**
> **le « keeper test »**
>
> Dans mon équipe, quelqu'un m'annonce
> son départ pour un poste similaire dans une autre société,
> est-ce que je me battrais pour le garder chez Netflix ?
>
> NETFLIX 26

En dehors de la question de savoir s'il est éthique ou non de renvoyer des salariés dynamiques uniquement parce qu'ils ne parviennent pas à produire un résultat extraordinaire, ces préceptes m'ont choquée, ils m'ont tout simplement paru être la marque d'un mauvais management. Ils enfreignent ce principe qu'Amy Edmondson, professeure à la Harvard Business School, appelle « la sécurité psychologique ». Dans son ouvrage, publié en 2018, *The Fearless Organization*, elle explique que pour encourager l'innovation, il faut mettre en place un environnement où les gens se sentent libres de rêver, de s'exprimer et de prendre des risques. Plus l'ambiance de travail est apaisée, plus vous obtiendrez d'innovations.

Apparemment, personne n'a lu ce livre chez Netflix. Embaucher la crème de la crème puis susciter la peur en prévenant leurs talentueux employés qu'ils risquent le licenciement, quoique doté d'une « généreuse » indemnité, s'ils devaient ne pas exceller à leur poste ?

Voilà qui ressemble fort au meilleur moyen de réduire à néant tout espoir d'innovation.

Voici une autre diapositive issue du *culture deck* :

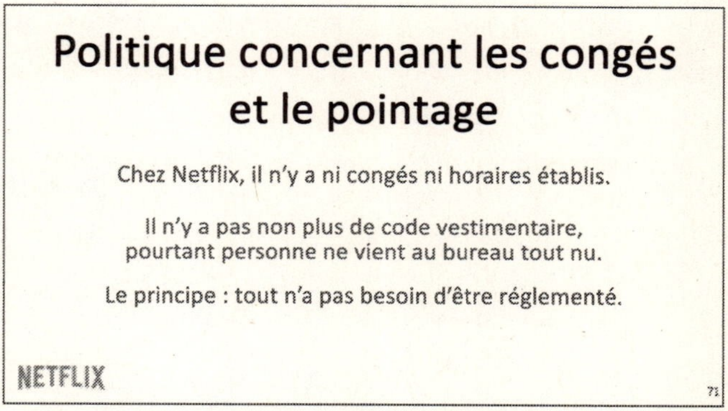

Il paraît totalement irresponsable de n'allouer aucun jour de congé à ses employés. Formidable manière de créer des conditions de travail proches de celles des ateliers clandestins, personne n'osant poser de jours. Sans parler du fait que Netflix présente cela comme un avantage.

Les salariés qui partent en vacances sont plus heureux, ils aiment davantage leur travail, ils sont plus productifs. Pourtant, de nombreux employés hésitent à prendre ces jours qui leur sont dus. À en croire une étude menée par Glassdoor en 2017, les Américains profitent de 54 % seulement des jours de congé auxquels ils ont droit.

Les employés ne bénéficiant pas d'une durée de congé fixée au préalable ont tendance à moins s'octroyer de vacances. C'est la manifestation d'un comportement largement documenté, que les psychologues ont baptisé « l'aversion aux pertes ». Nous, les humains, détestons perdre ce qui nous est acquis. Nous ferons tout pour éviter que cela n'arrive. Nous profiterons donc des congés qui nous sont dus.

Si nous n'avons pas de nombre précis de jours de congé alloués, nous ne craignons pas de les perdre, nous sommes donc moins susceptibles d'en prendre. La règle « prenez-les ou perdez-les » qui prévaut dans beaucoup de systèmes traditionnels peut sembler une limite, mais en réalité, elle encourage les gens à faire des pauses.

Et voici un dernier exemple issu de la présentation :

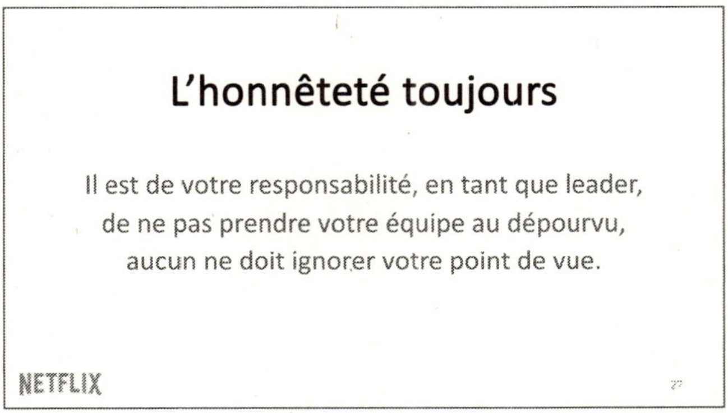

Bien entendu, personne ne vanterait ouvertement les mérites d'un lieu de travail où régneraient secrets et mensonges. Mais parfois mieux vaut faire preuve de diplomatie que donner son opinion sans ménagement. Par exemple, quand un collègue traverse une mauvaise passe et a besoin de soutien moral ou d'encouragements pour booster sa confiance en lui. Personne ne verra d'inconvénient à prôner « l'honnêteté parfois ». Mais « l'honnêteté en permanence » érigée en règle générale semble le moyen idéal de briser des liens, d'écraser la motivation et de créer un environnement de travail hostile.

Somme toute, à travers cette présentation, la culture maison de Netflix m'est apparue hyper-masculine, excessivement conflictuelle, purement et simplement agressive – peut-être un reflet du genre d'entreprise que l'on peut attendre de la part d'un ingénieur doté d'une vision en quelque sorte mécanique, rationaliste de la nature humaine. Pourtant, malgré tout, il y a bien un fait indéniable…

NETFLIX CONNAÎT UN SUCCÈS REMARQUABLE

Au moment de son entrée en Bourse, l'action Netflix valait un dollar, dix-sept ans plus tard, en 2019, elle atteint désormais les 350 dollars. En comparaison, un dollar investi dans une des sociétés cotées dans le S&P 500 ou le NASDAQ au moment de l'introduction de Netflix sur le marché aurait gagné, sur la même période, entre 3 et 4 dollars.

La Bourse n'est pas la seule à adorer Netflix. Les consommateurs et les critiques aussi. Les programmes originaux produits par la plateforme comme *Orange is the New Black* et *The Crown* comptent désormais parmi les séries les plus appréciées de la décennie qui vient de s'écouler, quant à *Stranger Things*, il s'agit peut-être de la plus regardée au monde. Les séries en langue non anglaise telles que *Elite* en Espagne, *Dark* en Allemagne, *The Protector* en Turquie et *Le Seigneur de Bombay* en Inde ont toutes fait progresser le niveau d'exigence de leurs pays d'origine et donné naissance à une nouvelle génération de stars mondiales. Aux États-Unis, ces dernières années, Netflix a reçu plus de 300 nominations aux Emmy Awards, remporté de nombreux Oscars. Ses dix-sept Golden Globes, plus que n'importe quelle autre chaîne ou service de streaming, lui ont permis, en 2019, de décrocher la première place dans le classement national annuel du Reputation Institute, en tant qu'entreprise la plus estimée d'Amérique.

Les employés aussi adorent Netflix. En 2018, une étude menée par Hired (un site web de recrutement pour les talents de la tech) a montré que les salariés des nouvelles technologies citent Netflix au premier rang des entreprises pour lesquelles ils souhaiteraient travailler, elle coiffe au poteau Google (deuxième), la Tesla d'Elon Musk (troisième) et Apple (sixième). Dans un autre classement daté de 2018 de « l'employé le plus heureux », basé sur plus de cinq millions d'avis anonymes de la part d'employés de 45 000 grosses sociétés américaines, compilés par Comparably, un site évaluant les carrières et les rémunérations, Netflix arrivait deuxième parmi les milliers d'entreprises soumises au banc d'essai, s'agissant de la satisfaction de ses salariés. (Seulement dépassée par HubSpot, une société éditrice de logiciels établie à Cambridge.)

Plus intéressant encore, contrairement à la vaste majorité des sociétés, qui ont échoué au moment où leur secteur connaissait des bouleversements, Netflix a réagi avec succès aux quatre transitions massives qu'a traversées le milieu du divertissement en à peine quinze ans, passant :

- De l'envoi de DVD par courrier au streaming via internet d'anciennes séries télévisées et de films.
- Du streaming de contenu préexistant au lancement de nouvelles productions originales (comme *House of Cards*), réalisées par des studios extérieurs.
- De la labellisation de contenu extérieur à la création de leur propre studio, à l'origine de séries et de téléfilms primés (parmi lesquels *Stranger Things, La Casa de Papel* et *La Ballade de Buster Scruggs*).

- D'une activité exclusivement réservée aux États-Unis à une société mondiale de divertissement touchant un public sur 190 pays.

La réussite de Netflix est plus qu'inhabituelle. Elle est incroyable. De toute évidence, il se passe quelque chose de spécial, que n'a pas connu Blockbuster, du temps où l'entreprise se déclarait en faillite en 2010.

UN LIEU DE TRAVAIL PAS COMME LES AUTRES

L'histoire de Blockbuster est loin d'être une anomalie. La vaste majorité des entreprises ne parviennent pas à surmonter les grands bouleversements auxquels leur domaine se trouve confronté. Kodak n'a pas su tirer un trait sur la pellicule et s'adapter à la photographie numérique. Nokia n'a pas compris qu'il fallait oublier le téléphone à clapet pour passer au smartphone. AOL n'a pas réussi sa transition entre l'internet par modem et l'ADSL. Ma toute première société, Pure Software, a elle aussi échoué à prendre à bras-le-corps les changements que traversait son industrie : notre culture d'entreprise n'était optimisée ni pour l'innovation ni pour la flexibilité.

J'ai lancé Pure Software en 1991. Notre culture était géniale. Nous étions une douzaine, notre produit était innovant, on s'éclatait. Comme de nombreux projets entrepreneuriaux de petite envergure, nous avions peu de règles, peu de contraintes susceptibles d'inhiber nos actions. Lorsque notre responsable du marketing a décidé de travailler depuis son salon parce que cela « l'aidait à réfléchir » de pouvoir se servir un bol de céréales quand bon lui semblait, il n'a pas eu besoin de la permission de la hiérarchie. Lorsque notre responsable logistique a souhaité acheter quatorze chaises de bureau en imprimé léopard pour le personnel parce qu'elles étaient en promotion dans un magasin Office Depot en liquidation, elle n'a pas eu à remplir de bon de commande ou à obtenir le feu vert du DAF.

Puis Pure Software a grandi, nous avons embauché. Certains parmi les nouveaux ont commis des erreurs qui ont coûté de l'argent à la société. Dans ces cas-là, je mettais systématiquement en place un process pour que cela ne se reproduise plus. Par exemple, un jour Matthew, notre commercial chez Pure, s'est rendu à Washington D.C., pour rencontrer un client potentiel. Ce dernier logeait à l'hôtel Intercontinental Willard, un cinq-étoiles, Matthew a fait de même... à 700 dollars la nuit. Je n'ai pas apprécié. J'ai demandé à notre responsable des ressources humaines de rédiger un code sur les frais professionnels précisant jusqu'à quel tarif les employés pouvaient s'engager librement en matière de vols, repas, hébergements et imposant un accord de la direction au-delà d'une limite de dépenses spécifique.

Notre directrice financière, Sheila, avait un caniche noir qu'il lui arrivait d'amener au bureau. Un jour, j'ai découvert qu'il avait grignoté la moquette de la salle de conférences, y laissant un gros trou. Le remplacement de cette moquette coûtait une fortune. J'ai donc créé une nouvelle règle : pas de chien au travail sans une autorisation spéciale des ressources humaines.

Les règles et les process de contrôle sont devenus essentiels à notre travail au point que ceux qui étaient doués pour rester dans les clous étaient promus, quand nombre d'anticonformistes créatifs, se sentant étouffer, s'en allaient travailler ailleurs. J'étais désolé de les voir partir, mais j'étais persuadé que l'entreprise grandissant, ce genre de choses était inévitable.

Puis deux évolutions se sont produites. D'abord, nous n'avons pas su innover assez rapidement. Nous sommes devenus de plus en plus efficaces, mais de moins en moins créatifs. Afin de nous développer, nous avons dû acheter d'autres entreprises qui, elles, proposaient des produits innovants. En conséquence, nos affaires se sont encore complexifiées, ce qui a précipité l'arrivée de nouvelles règles, de nouveaux process.

Ensuite, le marché a abandonné C++ pour se tourner vers Java. Pour survivre, nous devions changer notre méthode. Mais nous avions sélectionné et conditionné nos employés pour qu'ils appliquent nos procédures, pas pour qu'ils aient des idées fraîches ou qu'ils s'adaptent vite. Nous n'avons pas su gérer et en 1997, nous avons finalement cédé notre entreprise à notre principal concurrent.

Avec ma nouvelle société, Netflix, j'espérais promouvoir la flexibilité, la liberté des employés et l'innovation, et non la prévention des erreurs et l'adhésion aux règles. En même temps, j'avais tout de même compris que le développement d'une entreprise s'accompagne irrémédiablement de processus de contrôle et de règles, sans quoi l'organisation risque fort de sombrer dans le chaos.

Petit à petit, après des années de tâtonnement, nous avons trouvé une approche qui permet un fonctionnement optimum. Si, au lieu d'instaurer des process qui empêchent les employés de faire preuve de discernement, on leur accorde plus de liberté, ils prendront de meilleures décisions et ils pourront plus facilement en être tenus responsables. La main-d'œuvre est plus motivée, plus heureuse, l'entreprise plus maniable. Mais pour obtenir ce niveau de liberté, il faut au préalable mettre l'accent sur deux autres éléments :

+ Plus de densité de talent

Dans la plupart des entreprises, les processus de contrôle et les règlements sont mis en place pour gérer les employés au comportement laxiste, peu professionnel ou irresponsable. Mais si l'on évite ou si l'on exclut ces personnes, ces règles deviennent superflues. Si l'on bâtit une organisation composée quasi entièrement de personnel à haute performance, les garde-fous peuvent être largement éliminés. Plus les talents sont nombreux, plus grande est la liberté que vous pouvez accorder.

+ Plus de franchise

Les employés talentueux ont énormément de choses à apprendre les uns des autres. Mais les protocoles humains classiques de la politesse empêchent souvent les collègues d'apporter les critiques nécessaires pour propulser la performance à un autre niveau. Lorsque des éléments brillants adoptent l'habitude d'échanger entre eux, tous s'améliorent dans leur domaine et en parallèle, ils deviennent implicitement responsables les uns des autres, ils ont donc moins besoin d'être encadrés.

Dès lors que ces deux éléments sont en place vous pouvez passer à l'étape suivante :

– Moins de contrôles

Commencez par déchirer le manuel de l'employé. Prise en charge des voyages d'affaires, des frais professionnels, congés – jetez tout. Ensuite, à mesure que les talents se multiplient, que les retours sont plus fréquents, plus francs, vous pouvez vous débarrasser des processus de validation à tous les niveaux de l'organisation, incitant vos managers à s'inspirer de principes tels que : « Le leadership par le contexte, pas le contrôle » et vos employés à suivre des directives comme « Ne cherchez pas à plaire à votre patron. »

Mieux, une fois que l'on commence à développer ce type de culture, un cercle vertueux se met en place. Supprimer les contrôles crée une culture de « liberté et responsabilité » (une expression qui revient si souvent dans la bouche des employés de Netflix qu'ils se contentent désormais de dire « L&R »), ce qui attire les meilleurs et permet de continuer à lâcher du lest sur les contrôles. Tout ceci vous emmène vers un niveau de rapidité et d'innovation que la plupart des sociétés ne peuvent atteindre. Mais cela ne s'obtient pas d'un seul coup.

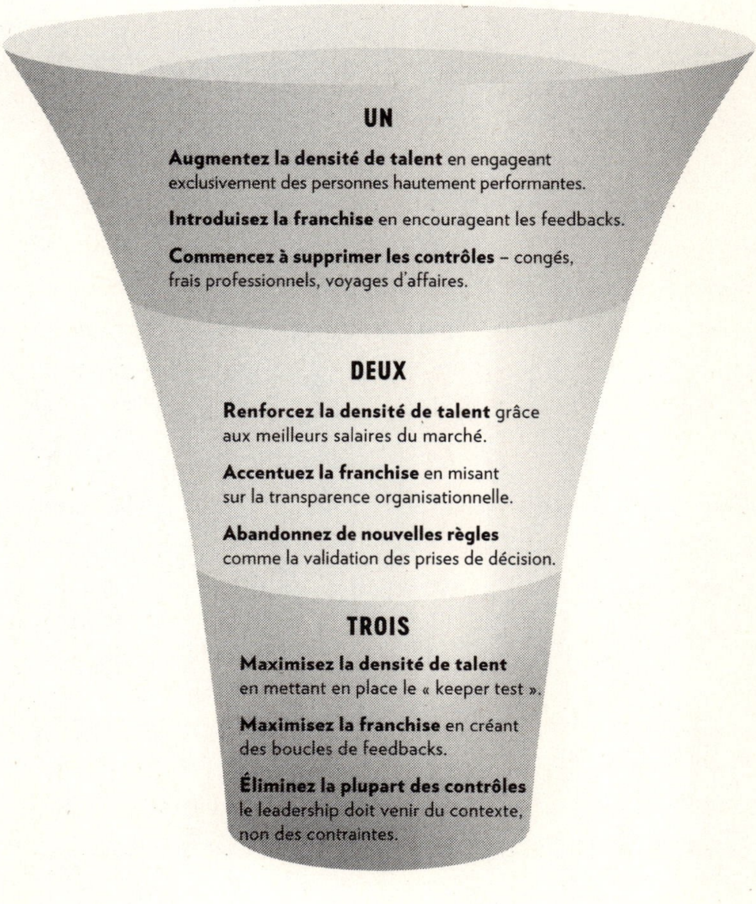

Les neuf premiers chapitres de cet ouvrage couvrent cette mise en place en trois étapes à travers trois cycles, chacun composant une partie. Le dixième chapitre se concentre sur ce qui s'est passé lorsque nous avons commencé à exporter notre culture maison dans une variété de cultures *nationales* – une transition qui a donné lieu à de nouveaux défis, passionnants et essentiels.

Bien sûr, tout projet expérimental comporte généralement autant d'échecs que de réussites. La vie chez Netflix – comme la vie dans son ensemble – est un peu plus compliquée que ne le suggère ce schéma. Raison pour laquelle j'ai demandé à quelqu'un d'extérieur d'étudier notre cas et d'écrire ce livre avec moi. Je voulais un œil expert et impartial pour observer comment fonctionne notre culture au quotidien, au sein de notre entreprise.

J'ai pensé à Erin Meyer, dont j'avais lu l'ouvrage *La Carte des différences culturelles, 8 clés pour travailler à l'international.* Professeure à l'INSEAD, l'Institut européen d'administration des affaires, une école de commerce située en banlieue parisienne, Erin venait d'être récemment sélectionnée par Thinkers50 comme l'une des penseuses des affaires les plus novatrices au monde. Elle écrit régulièrement dans la *Harvard Business Review* à propos de ses recherches sur les différences culturelles au sein des lieux de travail et j'ai appris, à la lecture de son livre, qu'elle avait été professeure volontaire pour les Peace Corps dix ans après moi, en Afrique du Sud. Je l'ai contactée par e-mail.

En février 2015, j'ai lu un article dans le *Huffington Post* qui s'intitulait : « Une des raisons du succès de Netflix – on y traite les employés comme des adultes ». Voici ce qu'il y était expliqué :

> Netflix part du principe que vous êtes doté d'un discernement sans faille [...]. Et que c'est dans le discernement, non le process, que se trouve la solution à tout problème ambigu ou presque. [...]
>
> Le mauvais côté ? [...] On attend des gens qu'ils travaillent à un niveau de performance extrême ou ils se verront rapidement mis à la porte (avec une généreuse indemnité).

J'étais de plus en plus curieuse de savoir comment une telle organisation pouvait réussir à fonctionner dans la réalité. L'absence de process, forcément, devait entraîner le désordre, en outre, le licenciement des employés les moins performants devait irrémédiablement faire régner la terreur parmi le personnel. C'était du moins ce que j'imaginais. Puis, quelques mois après, j'ai trouvé ce message au réveil dans ma boîte de réception :

> **De :** Reed Hastings
> **Date :** 31 mai 2015
> **Objet :** Peace Corps et livre
>
> Erin,
>
> J'ai fait partie du Peace Corps au Swaziland (1983-1985). Je suis maintenant le P.-D.G. de Netflix. J'ai adoré votre livre, nous l'avons fait lire à tous nos cadres.
>
> Je serais ravi de pouvoir prendre un café avec vous. Je passe souvent à Paris.
>
> Le monde est petit !
>
> Reed.

Reed et moi avons fait connaissance et il a finalement suggéré que j'interviewe ses employés pour recueillir des témoignages de première main sur la réalité de la culture Netflix, dans l'objectif de réunir assez de matière pour écrire un livre avec lui. C'était l'occasion rêvée de découvrir comment une entreprise dotée d'une culture en contradiction directe avec tout ce que nous savons sur la psychologie, les affaires et le comportement humain peut obtenir des résultats aussi remarquables.

J'ai mené plus de deux cents entretiens avec des employés de Netflix actuels et anciens dans la Silicon Valley, à Hollywood, São Paulo, Amsterdam, Singapour et Tokyo, j'ai discuté avec des travailleurs de tous niveaux, depuis les cadres jusqu'aux assistants administratifs.

De manière générale, Netflix ne croit pas à l'anonymat, mais j'ai insisté, durant mes interviews, pour que tous les membres de l'entreprise se le voient proposer. Ceux qui ont choisi cette option apparaissent dans ces pages sous leur seul prénom (fictif). Cependant, fidèles au mot d'ordre qui règne chez Netflix, « Honnêteté toujours », nombreux sont ceux qui ont accepté sans problème de partager, en étant ouvertement identifiés, toutes sortes d'opinions et anecdotes étonnantes et parfois même peu flatteuses les concernant eux et leur employeur.

IL FAUT RELIER LES POINTS DIFFÉREMMENT

Dans sa célèbre allocution précédant la remise des diplômes à l'université de Stanford, Steve Jobs avait dit ceci : « On ne peut pas prévoir l'incidence qu'auront certains événements dans le futur ; c'est après coup seulement que les liens apparaissent, que l'on peut relier les points entre eux. Vous devez faire le pari que ces points, d'une manière ou d'une autre, vont se connecter à l'avenir. Vous devez vous fier à quelque chose – votre instinct, le destin, le karma, ce que vous voulez. Cette façon d'envisager les choses ne m'a jamais déçu et c'est ce qui a fait toute la différence dans ma vie. »

Jobs n'est pas le seul dans ce cas. On dit que le mantra de Sir Richard Branson se résume par A-B-C-D (Always Be Connecting The Dots – Toujours relier les points). David Brier, de la Fast Company, a publié une vidéo fascinante qui avance l'idée selon laquelle notre manière de relier les points définit la façon dont on appréhende la réalité, donc notre prise de décisions et les conclusions que nous tirons.

Le but est d'encourager chacun à interroger la manière dont sont reliés les points. Dans la plupart des organisations, les gens relient tous les points de la même façon, depuis toujours. Cela préserve le statu quo. Mais un jour quelqu'un débarque qui décide de relier les points autrement, ce qui mène à une compréhension tout à fait différente du monde.

C'est ce qui s'est produit chez Netflix. Malgré son expérience chez Pure Software, Reed ne s'est pas lancé dans le but de construire une société dotée d'un écosystème unique en son genre. Il a avant tout recherché une flexibilité organisationnelle. Puis plusieurs événements l'ont amené à relier les points de la culture d'entreprise différemment. Peu à peu, tandis que ces éléments se réunissaient, il a été capable – a posteriori seulement – de comprendre ce qui, dans sa culture, a permis à Netflix de se propulser vers le succès.

Dans ce livre, nous relierons les points un chapitre après l'autre, dans l'ordre où nous les avons découverts chez Netflix. Nous observerons comment ils s'articulent dans notre environnement de travail actuel, ce que nous avons appris en nous y intéressant et ce que vous pourriez en tirer dans votre organisation, afin de créer votre propre version de la « liberté et responsabilité ».

PREMIÈRE PARTIE

PREMIÈRES ÉTAPES POUR UNE CULTURE DE LIBERTÉ ET DE RESPONSABILITÉ

Cette partie tend à montrer comment une équipe ou une organisation peut progressivement mettre en place une culture de liberté et de responsabilité. Ce sont en effet des concepts interdépendants. Même s'il est possible d'instaurer séparément certains éléments de chaque chapitre, cette approche peut se révéler risquée. Une fois que vous avez réuni une belle densité de talent, vous pouvez tranquillement aborder la franchise. Et c'est seulement à ce moment-là que vous pourrez en toute confiance tirer un trait sur les règlements qui contrôlent votre personnel.

D'ABORD : LA DENSITÉ DE TALENT

CHAPITRE 1

POUR UN LIEU DE TRAVAIL IDÉAL, IL FAUT DES COLLÈGUES REMARQUABLES

Dans les années 1990, j'aimais louer des VHS chez Blockbuster, le vidéoclub du bout de ma rue. J'en empruntais deux ou trois à la fois et je les rendais rapidement, pour ne pas payer de pénalités de retard. Puis, un jour, en déplaçant une pile de papiers posée sur la table de la salle à manger, j'ai remarqué une cassette regardée plusieurs semaines auparavant que j'avais oubliée. Lorsque je l'ai rapportée à la boutique et que l'employée m'a annoncé le montant de l'amende, 40 dollars, je me suis senti vraiment bête.

A posteriori, ça m'a fait réfléchir. Blockbuster faisait la plus grosse partie de sa marge sur les retards. Quand le business model de votre entreprise repose sur le sentiment de honte qu'elle suscite chez vos clients, il est difficile de compter sur leur loyauté. Existait-il un autre modèle permettant d'offrir le plaisir de regarder des films dans son salon, sans être forcé d'infliger une note douloureuse en cas d'oubli de restitution ? Début 1997, au moment où Pure

Software se faisait racheter, Marc Randolph et moi avons commencé à réfléchir au lancement d'une société d'expédition de films par la poste. Les livres avaient fait le succès d'Amazon. Pourquoi ne pas nous tourner vers les films ? Les clients loueraient des cassettes à partir de notre site web et pourraient nous les renvoyer par courrier. Mais voilà, l'envoi d'une seule VHS revenait à 4 dollars dans un sens comme dans l'autre. Le marché ne serait pas bien gros. Les frais étaient trop élevés.

J'ai alors entendu parler, par un ami, d'une invention récente appelée DVD, dont la sortie était prévue pour l'automne. « Ce sont des CD, mais capables de contenir un film », m'a-t-il expliqué. J'ai foncé à la poste pour m'expédier plusieurs CD (n'ayant pas réussi à mettre la main sur de véritables DVD pour le test). Leur envoi coûtait 32 cents pièce. Puis je suis rentré chez moi à Santa Cruz, impatient de savoir quand et dans quel état ils arriveraient. Deux jours plus tard, ils étaient dans ma boîte, intacts.

En mai 1998, nous avons donc lancé Netflix, premier vidéo-club de location de DVD par internet. Nous avions 30 employés, 925 titres au catalogue, soit quasiment la totalité des films disponibles en DVD à l'époque. Marc en a été P.-D.G. jusqu'en 1999, date à laquelle j'ai pris le relais et lui est resté en tant que cadre. Début 2001, nous comptions 400 000 abonnés et 120 employés. Je faisais de mon mieux pour éviter les maladresses de leadership commises du temps de Pure Software. Nous nous étions abstenus d'instaurer des règles et des contrôles trop stricts, cependant je n'aurais pas pour autant décrit Netflix comme un lieu de travail particulièrement formidable. Mais nous étions en plein boom, les affaires marchaient et nos employés n'avaient pas à se plaindre de leurs conditions de travail.

LES LEÇONS D'UNE CRISE

Soudain, au printemps 2001, la crise est arrivée. Suite à l'explosion de la première bulle internet, des dizaines de « .com » ont fait faillite et disparu. Les investissements en capital-risque se sont asséchés et, du jour au lendemain, nous ne parvenions plus à lever les fonds supplémentaires nécessaires pour faire tourner notre entreprise, qui était loin d'être rentable. Le moral était au plus bas au bureau, et il n'allait pas tarder à baisser d'un cran encore. Car nous allions être forcés de nous séparer d'un tiers de notre personnel.

J'ai réuni Marc et Patty McCord, notre responsable des ressources humaines, qui m'avait suivi après Pure Software, afin d'étudier la contribution de chaque employé. Parmi eux, aucun n'avait de mauvais résultats. Nous avons donc décidé de diviser la main-d'œuvre en deux piles : d'un côté, les quatre-vingts plus performants que nous allions garder et de l'autre, les quarante, moins éblouissants, que nous allions licencier. Les personnes dotées d'une créativité hors du commun, qui travaillaient bien, mais aussi collaboraient efficacement avec les autres, se sont aussitôt retrouvées sur la pile « à garder ». La difficulté résidait dans les nombreux cas limites. Certains étaient des collègues et amis formidables qui travaillaient de manière correcte, mais non exceptionnelle. D'autres se démenaient comme des fous, mais manquaient régulièrement de discernement et avaient besoin qu'on leur tienne la main. Quelques-uns particulièrement doués et ultra-performants avaient tendance à beaucoup se plaindre et à se montrer pessimistes. La plupart d'entre eux devraient partir. Cela n'allait pas être simple.

Durant les jours qui ont précédé les licenciements, ma femme m'a fait remarquer à quel point j'étais tendu, elle avait raison. Je craignais que la motivation au bureau ne s'effondre. J'étais convaincu qu'après le renvoi de leurs collègues et amis, les salariés restants jugeraient l'entreprise déloyale vis-à-vis de ses employés. Il y avait fort à parier que le sentiment de colère serait partagé par tous. Pire, les collaborateurs de la pile « à garder » devraient se charger du travail du personnel remercié, ce qui ne manquerait pas de susciter une certaine amertume. Nous étions déjà à court d'argent. Pourrions-nous encaisser un autre coup au moral ?

Le jour des licenciements est arrivé et comme prévu, ça a été affreux. Les personnes congédiées ont pleuré, claqué des portes, crié leur rage. À midi, tout était terminé, j'ai attendu la seconde partie de la tempête : le retour de bâton de la part des collègues restants... Mais, malgré quelques larmes et un chagrin perceptible, tout était calme. Puis, en quelques semaines, pour une raison que sur le coup je n'ai pas su expliquer, l'atmosphère s'est radicalement améliorée. Nous étions en mode réduction des coûts, nous venions de nous séparer d'un tiers de la main-d'œuvre, pourtant le bureau, tout à coup, vibrait de passion, d'énergie et d'idées.

Nous étions quelques mois avant les fêtes. À Noël cette année-là, les lecteurs DVD se sont vendus comme des petits pains et dès début 2002, notre entreprise d'envoi de DVD par courrier était à nouveau en pleine expansion. Et voilà que soudain, nous abattions une charge de travail bien plus importante – mais avec 30 % d'employés en moins. À mon très grand étonnement, ces 80 personnes parvenaient à tout faire, animées d'une passion qui semblait plus forte que jamais. Elles ne comptaient pas leurs heures, pourtant elles se montraient pleines d'entrain. Ce regain de bonne humeur ne concernait pas seulement nos employés. Chaque matin, j'étais heureux d'aller au bureau. À l'époque, je passais chercher Patty McCord en voiture tous les jours et à l'instant où je me garais devant sa porte, à Santa Cruz, elle émergeait gaiement de chez elle et s'installait à côté de moi, tout sourire : « Reed, qu'est-ce qui nous arrive ? On croirait qu'on est amoureux. C'est une histoire de produits chimiques bizarres et l'effet va bientôt s'estomper, c'est ça ? »

Patty venait de mettre le doigt dessus. Le bureau tout entier donnait l'impression d'être exclusivement composé de personnes amoureuses de leur travail.

Je ne prône pas les licenciements et fort heureusement nous n'avons plus été forcés de reproduire ce schéma chez Netflix depuis. Mais durant les jours et les mois qui ont suivi cette réduction de personnel de 2001, j'ai découvert quelque chose qui a complètement changé ma manière d'envisager la motivation des salariés et la responsabilité du leadership. Cela s'est révélé être mon chemin de Damas, un tournant dans ma compréhension du rôle de la densité de talent dans une organisation. Les leçons que nous en avons tirées sont devenues les bases sur lesquelles repose largement le succès de Netflix.

Mais avant de décrire en détail les leçons en question, je me dois de présenter Patty en bonne et due forme – son rôle dans le développement de Netflix depuis plus de dix ans a été essentiel. J'ai fait la connaissance de Patty McCord à l'époque de Pure Software. En 1994, elle avait tout simplement décroché son téléphone pour demander à parler au P.-D.G. – moi, en l'occurrence. Patty a passé son enfance au Texas, j'entendais un léger accent au bout du fil. Elle m'avait expliqué qu'elle travaillait pour Sun Microsystems, aux ressources humaines, mais qu'elle aimerait devenir responsable RH chez Pure Software. Je l'avais invitée à boire un café.

Durant la première moitié de notre entretien, je n'avais rien compris à ce qu'elle m'avait raconté. Comme je lui demandais de me présenter sa philosophie en matière de ressources humaines, elle m'avait répondu : « Je crois que chaque individu devrait être capable de tracer une limite entre ses contributions à l'entreprise et ses aspirations personnelles. En tant que responsable de la gestion du capital humain, je travaillerais avec vous, le P.-D.G., afin d'augmenter le quotient émotionnel de votre leadership et d'améliorer l'engagement de vos employés. » J'avais senti la tête me tourner. J'étais jeune, je manquais un peu de savoir-vivre, aussi dès la fin de son exposé j'avais répliqué : « C'est comme ça que parlent tous les gens des ressources humaines ? Je n'ai rien compris. Si nous devons travailler ensemble, il va falloir arrêter d'utiliser ce genre de phrases. »

Patty s'était sentie insultée, elle me l'avait dit en face. À son retour chez elle, le soir, lorsque son mari lui avait demandé comment s'était passé son entretien, elle lui avait répondu : « Mal. Je me suis disputée avec le P.-D.G. » Mais j'avais adoré sa façon de me dire mes quatre vérités. Je lui ai donc offert le poste et depuis ce jour, nous entretenons, elle et moi, une amitié durable basée sur la franchise, qui existe toujours même si elle ne travaille plus pour Netflix aujourd'hui. C'est peut-être en partie grâce à nos différences : je suis un matheux, ingénieur informatique, elle est experte en comportement humain et en storytelling. Lorsque je considère une équipe, je vois des nombres et des algorithmes qui relient les gens et leurs discussions. Patty, elle, perçoit des émotions et de subtiles réactions interpersonnelles, invisibles à mes yeux. Patty a travaillé pour moi à Pure Software jusqu'à la vente en 1997, elle a rejoint Netflix à ses débuts.

Après les licenciements de 2001, Patty et moi avons consacré une bonne partie de nos trajets en voiture à tenter de comprendre pourquoi notre environnement de travail avait connu une telle embellie et comment maintenir cette énergie positive. Nous avons fini par conclure que ce que Patty appelait notre augmentation spectaculaire de la « densité de talent » était à l'origine de ces améliorations.

LA DENSITÉ DE TALENT : ENTRE GENS TALENTUEUX, ON DEVIENT PLUS EFFICACES

Tous les employés ont du talent. Lorsque nous étions 120, certains d'entre nous étaient extrêmement talentueux, d'autres moins. De façon générale, une bonne dose de talent était répartie à travers le personnel. Après les licenciements, lorsqu'il ne restait plus que les 80 plus doués, la somme globale de talent était moins élevée, mais la quantité par employé était supérieure. Notre « densité » de talent avait augmenté.

Nous avons découvert qu'une entreprise de ce type est très attractive. Dans un environnement où la densité de talent globale est élevée, les plus performants s'épanouissent. Nos employés apprenaient plus les uns des autres, les équipes abattaient davantage de travail – et plus vite. Cela avait pour effet d'augmenter la motivation et la satisfaction individuelles, d'inciter la société tout entière à faire plus. Nous avons découvert qu'au contact des meilleurs, un travail déjà bon se trouvait projeté à un niveau encore supérieur.

Surtout, quoi de plus enthousiasmant, inspirant et même amusant que de côtoyer des collègues extrêmement doués ? Cela reste aussi vrai aujourd'hui, alors que l'entreprise compte 7 000 salariés, qu'à l'époque où nous n'étions que 80.

Avec le recul, j'ai compris qu'une équipe dont un ou deux membres sont simplement moyens fait baisser la performance de tout le groupe. Imaginez une équipe de cinq employés remarquables et deux acceptables. Les acceptables :

- Sapent l'énergie des managers, qui ont moins de temps à accorder aux plus performants.
- Limitent la qualité des discussions de groupe, réduisant le QI global de l'équipe.
- Forcent les autres à développer des manières de les contourner, ce qui a un impact négatif sur l'efficacité.
- Poussent les personnels en quête d'excellence à la démission.
- Sont la preuve, aux yeux de l'équipe, que vous acceptez la médiocrité, multipliant ainsi le problème.

Pour les employés les plus performants, le lieu de travail idéal n'est pas celui qui propose un environnement luxueux, une belle salle de sport ou des sushis gratuits pour le déjeuner. Mais plutôt un environnement composé de personnes qui sont à la fois talentueuses et collaboratives. Quand chacun des membres excelle, la performance est tirée vers le haut, car les salariés apprennent les uns des autres et se motivent mutuellement.

LA PERFORMANCE EST CONTAGIEUSE

Des licenciements de 2001, Reed a retenu que la performance – pour le meilleur et pour le pire – est virale. Si vous avez des personnes convenables, nombre de ceux qui pourraient être excellents vont produire des résultats convenables. Mais si vous avez une équipe entièrement composée d'employés ultra-performants, chacun pousse l'autre à se dépasser.

Le professeur Will Felps, de l'université de la Nouvelle-Galles du Sud, en Australie, est à l'origine d'une étude fascinante démontrant la contagion du comportement sur un lieu de travail. Après avoir constitué plusieurs groupes de quatre étudiants, il a demandé à chacun d'entre eux de réaliser une tâche de gestion en 45 minutes. Les équipes qui s'en sortiraient le mieux recevraient 100 dollars en récompense.

À l'insu des étudiants, certaines équipes incluaient un acteur qui jouait l'un des rôles suivants : un « flemmard » qui ne participerait pas, se contentant d'envoyer des SMS, les pieds sur la table ; un « toxique », qui emploierait un ton ironique et des phrases telles que « Non, mais je rêve ? » et « On voit que tu n'as jamais suivi de formation en commerce » ; ou un « pessimiste dépressif » semblant porter le deuil de son chat, qui se plaindrait que la tâche est impossible, exprimerait des doutes sur la réussite de l'équipe et parfois baisserait purement et simplement les bras. L'acteur ne devait jamais laisser entendre à ses coéquipiers qu'il pouvait être autre chose qu'un étudiant lambda.

Felps a d'abord découvert que, même quand les autres coéquipiers étaient exceptionnellement doués et intelligents, le mauvais comportement d'un seul parvenait à faire chuter l'efficacité de l'équipe tout entière. Sur plusieurs dizaines d'expériences, des mois durant, les groupes auxquels participaient ces acteurs obtenaient des résultats de 30 à 40 % inférieurs aux autres.

Ces découvertes allaient à l'encontre de recherches qui, depuis des décennies, estimaient que les membres d'une équipe se conformaient aux valeurs et aux normes du groupe. Le comportement d'un individu se répandait rapidement aux autres, bien que ces groupes ne passent pas plus de 45 minutes ensemble. Ainsi que l'a expliqué Felps : « Il était très étrange et étonnant de voir les coéquipiers commencer à adopter ses caractéristiques. » Lorsque l'imposteur était un flemmard, le reste du groupe perdait tout intérêt pour le projet. Pour finir, quelqu'un décrétait que la tâche n'avait aucune importance. Si l'acteur incarnait une personne toxique, les autres se mettaient à l'imiter : ils s'insultaient, se parlaient mal. S'il jouait le dépressif pessimiste, les résultats étaient encore plus marqués. « Je me souviens de cette vidéo, raconte Felps. Au départ, tous les membres se tiennent bien droits sur leur chaise, ils sont pleins d'énergie, d'enthousiasme à l'idée de se charger de cette tâche potentiellement compliquée. À la fin, tous sont vautrés, la tête sur le bureau. »

Felps a démontré ce que Patty et moi avons découvert d'expérience en 2001. Si dans un groupe se trouvent quelques individus aux performances moyennes, leur niveau va sûrement gagner le reste, infligeant une baisse de performance à l'organisation tout entière.

Il y a fort à parier que chacun d'entre nous se souvient de moments dans sa vie où il ou elle a été témoin de ce genre de situation, quand le comportement d'un seul déteint sur son entourage. Moi, c'était à l'âge de douze ans.

Je suis né en 1960, dans le Massachusetts. J'étais un enfant dans la moyenne, sans aucun talent particulier ni aucune capacité exceptionnelle. J'étais en CE2 quand nous avons déménagé à Washington D.C. Tout aurait pu bien se passer là-bas, j'avais beaucoup d'amis, mais en 6ᵉ et 5ᵉ dans la cour, un certain Calvin a commencé à organiser des combats aux poings. Il ne ciblait personne, ne harcelait personne. Mais ce garçon, qui n'avait rien de spécial, a créé un comportement récurrent qui a eu des conséquences sur la manière dont nous nous conduisions ou agissions les uns avec les autres. Je n'avais pas envie d'y participer, mais la honte d'avoir fui l'affrontement aurait été pire. De plus, toute la journée, l'issue du combat était sur toutes les lèvres. Sans Calvin, nos interactions, nos jeux se seraient beaucoup mieux déroulés. J'ai été ravi lorsque mon père m'a annoncé que nous repartions pour le Massachusetts.

Après les licenciements de 2001, nous nous sommes rendu compte que nous avions chez Netflix une poignée de salariés qui avaient instillé un climat indésirable. La plupart n'étaient pas géniaux dans leur travail, de tout un tas de manières, petites ou grandes, ce qui d'une part suggérait aux autres que les performances médiocres étaient acceptables, et d'autre part réduisait les performances de tous au bureau.

En 2002, forts de nos nouvelles connaissances sur ce qui permet d'améliorer les conditions de travail, Patty et moi avons pris un engagement. Notre but premier, à l'avenir, serait de faire tout ce qui serait en notre pouvoir pour maintenir cette densité de talent ayant suivi les licenciements avec toutes les conséquences positives que cela induisait. Nous allions embaucher les meilleurs et les payer mieux que tout le monde sur le marché. Nous allions former nos cadres pour qu'ils aient le courage et la discipline de se défaire de tout employé ayant un comportement indésirable ou n'obtenant pas des résultats exemplaires. Dès lors, je n'ai plus eu qu'une seule obsession : faire en sorte que, du personnel de l'accueil jusqu'à l'équipe de direction, Netflix soit doté des individus les plus performants et collaboratifs du marché.

LE PREMIER POINT

Le point le plus essentiel pour la fondation de toute l'histoire de Netflix.

Un lieu de travail réactif et innovant se compose de ce que nous appelons des « collègues remarquables » – des gens de très grand talent, exceptionnellement créatifs, qui abattent une somme de travail considérable et collaborent de façon efficace. De plus, aucun des autres principes ne fonctionne à moins de s'être assuré que ce premier point soit bien en place.

À RETENIR DU CHAPITRE 1 :

- Votre objectif numéro un en tant que leader est de développer un environnement exclusivement constitué de collègues remarquables.

- Ces collègues remarquables permettent d'accomplir des tâches excessivement importantes, et en quantité ; ils sont très créatifs et passionnés.

- Les toxiques, les feignants, les gens adorables aux résultats non éblouissants ou les pessimistes encore présents dans une équipe affaiblissent la performance globale.

Vers une culture de liberté et de responsabilité

Dès lors que vous avez mis en place une haute densité de talent et que vous avez remercié ceux qui n'avaient rien d'extraordinaire, vous pouvez commencer à introduire la culture de la franchise.

Ce qui nous mène au chapitre 2.

PUIS, LA FRANCHISE

CHAPITRE 2

EXPRIMEZ LE FOND DE VOTRE PENSÉE, DANS UNE INTENTION POSITIVE

À l'époque où j'étais P.-D.G. de Pure, mon point fort était la gestion de la technologie. Je n'étais pas très doué pour les relations humaines. J'évitais le conflit. Si j'interpellais directement les gens à propos d'un problème, ceux-ci avaient tendance à se braquer, j'essayais donc de contourner les obstacles quand ils survenaient. Je fais remonter ce trait de personnalité à mon enfance. Quand j'étais petit, mes parents se montraient d'un grand soutien, cependant nous évoquions rarement nos émotions à la maison. Je ne les ai jamais vus gérer ouvertement leurs désaccords ou réagir de façon directe l'un avec l'autre. La franchise ne m'était pas donnée en exemple, il m'a fallu du temps pour comprendre par moi-même comment cela fonctionnait.

Sans bien y réfléchir, j'ai continué à avoir cette attitude dans mon travail. Chez Pure Software, par exemple, nous avions un cadre senior très sérieux, Aki, que je jugeais trop lent pour développer un produit. Je me suis agacé, fâché. Mais plutôt que d'en discuter avec lui, j'ai fait appel à une autre équipe d'ingénieurs, des sous-traitants, pour lancer le projet en question. Quand il l'a appris, Aki était furieux. Il est venu me trouver et m'a dit : « Tu es fâché contre moi, mais au lieu de m'en parler, tu préfères agir dans mon dos ? »

Aki avait tout à fait raison – j'avais géré ce problème de façon lamentable. Le fait est que je ne savais pas comment évoquer mes craintes à cœur ouvert.

Je connaissais le même problème dans ma vie personnelle. Lorsque Pure est entré en Bourse en 1995, ma femme et moi étions mariés depuis quatre ans, nous avions une petite fille. Professionnellement, j'étais au sommet, mais j'ignorais comment être un bon mari. L'année suivante, quand Pure a acheté une autre société à près de 5 000 kilomètres de là, les choses se sont encore compliquées. J'étais absent la moitié du temps et lorsque ma femme s'en plaignait, je me persuadais, pour me défendre, que je faisais tout cela pour le bien de la famille. Quand ses amis lui demandaient si elle était heureuse du succès de son mari, elle avait envie de pleurer. Elle se montrait distante, je lui en voulais.

Il nous a fallu une thérapie de couple pour résoudre ce problème. On nous a incités l'un et l'autre à parler de notre ressentiment. J'ai ainsi pu voir notre relation à travers ses yeux à elle. Elle se fichait bien de l'argent. Nous nous étions rencontrés en 1986 lors d'une soirée célébrant le retour des volontaires des Peace Corps, elle était tombée amoureuse du garçon professeur depuis deux ans au Swaziland. Et elle se retrouvait mariée à ce type obsédé par la réussite professionnelle. Quelles raisons aurait-elle eues de s'en réjouir ?

Le fait de proposer et d'entendre une critique transparente nous a énormément aidés. J'ai pris conscience que je lui mentais.

J'avais beau dire « la famille, c'est ce qui compte le plus pour moi », je ratais les dîners à la maison, je passais mes soirées au bureau. Je vois aujourd'hui que ces mots étaient encore pires que des platitudes. C'étaient des mensonges. Nous avons tous les deux découvert que nous pouvions être de meilleurs partenaires et notre couple est revenu à la vie. (Nous sommes mariés depuis vingt-neuf ans et nous avons deux grands enfants !)

Après quoi, j'ai essayé de suivre ce même engagement à me montrer honnête au bureau. J'ai commencé à encourager les uns et les autres à dire exactement ce qu'ils pensaient, mais dans une intention positive – non pour attaquer ou blesser leurs collègues, mais pour mettre sur la table leurs sentiments, leurs opinions, leurs avis, afin de nous permettre de nous y confronter.

À mesure que se multipliaient les critiques, j'ai compris qu'elles recelaient un bénéfice caché. La franchise poussait la performance au bureau vers un niveau supérieur. Un des premiers exemples a concerné notre directeur administratif et financier, Barry McCarthy. Barry était le premier DAF de Netflix, en poste de 1999 à 2010. C'était un leader génial, visionnaire, intègre et doté d'un incroyable don de pédagogie, qui a permis à tous de mieux comprendre toutes les subtilités de nos finances. Mais il s'avérait aussi être un peu lunatique. Lorsque la directrice du marketing, Leslie Kilgore, m'a parlé des sautes d'humeur de Barry, je l'ai encouragée à lui en toucher un mot elle-même. « Répète-lui exactement ce que tu viens de me dire », ai-je suggéré, inspiré par mon expérience en thérapie de couple.

Leslie était, entre 2000 et 2012, à la tête du service marketing, elle siège aujourd'hui à notre conseil d'administration. De prime abord, elle paraît très terre à terre, mais elle fait preuve d'un sens de l'humour pince-sans-rire parfois étonnant. Elle s'est entretenue du problème avec Barry dès le lendemain, pour un résultat bien au-delà de mes espérances. Elle avait trouvé le moyen de calculer combien d'argent sa mauvaise humeur coûtait à l'entreprise. Elle s'est adressée à lui dans son jargon financier, y a ajouté une pointe d'humour et Barry en a été touché. Il a réuni son équipe, il a parlé du feedback qu'il venait de recevoir et leur a demandé de lui signaler quand ses humeurs influençaient leurs actions.

Les retombées se sont révélées remarquables. Durant les semaines et les mois qui ont suivi, de nombreux employés de l'équipe financière ont évoqué devant moi ou Patty les changements positifs dans l'attitude de Barry. Ce n'était pas le seul bienfait.

Après ce feedback constructif de la part de Leslie, Barry a lui-même adressé un autre retour constructif d'abord à Patty puis à moi. Voyant à quel point sa réaction au retour de Leslie avait été bénéfique, l'équipe de Barry a peu à peu osé lui signaler, avec humour, quand sa mauvaise humeur réapparaissait et ils ont pris l'habitude d'échanger entre eux leurs avis. Nous n'avions pas engagé de nouveaux talents, nous n'avions pas augmenté les salaires, mais la pratique du franc-parler au quotidien permettait d'accroître la densité de talent au bureau.

J'ai compris que donner son avis, parler de ses opinions ouvertement, au lieu de murmurer dans le dos les uns des autres, réduisait les manigances et les coups bas, nous permettait d'être plus rapides. Plus on entendait dire ce qu'on pouvait améliorer, mieux les gens travaillaient et plus les résultats de l'entreprise progressaient.

Nous avons donc décidé de suivre ce principe : « Quand vous parlez de quelqu'un, ne dites rien que vous ne pourriez pas lui répéter en face. » J'appliquais la méthode du mieux que je pouvais et lorsque quelqu'un venait me voir pour se plaindre d'un collègue, je demandais : « Et qu'a-t-il dit quand tu lui en as parlé directement ? » C'est assez radical. Dans la plupart des situations, sociales ou professionnelles, les gens qui disent invariablement ce qu'ils pensent vraiment sont rapidement isolés, bannis, même. Mais chez Netflix, nous les accueillons à bras ouverts. Nous nous démenons pour obtenir des feedbacks constructifs – à tous les niveaux de la hiérarchie et dans tous les sens – de façon continuelle.

Un employé de notre service juridique, Doug, a donné cet exemple de la franchise en action. Il a rejoint l'entreprise en 2016 et peu de temps après son arrivée, il s'est rendu en Inde en voyage d'affaires en compagnie d'un juriste senior nommé Jordan. Voici ce qu'il disait de lui : « Jordan est du genre à apporter des biscuits pour l'anniversaire de ses collègues, mais il est aussi ambitieux et impatient. » Bien que Jordan souligne régulièrement l'importance des relations humaines et la construction de liens personnels, à leur arrivée en Inde, son comportement n'était pas à la hauteur de ses recommandations.

Nous dînions avec Sapna, représentante d'un fournisseur de Netflix, dans un restaurant sur une colline surplombant Mumbai. Sapna a une personnalité formidable et un rire plus formidable encore. Nous passions un moment très agréable, mais chaque fois que nous nous éloignions du sujet « travail », Jordan paraissait agacé. Sapna et moi, hilares, comparions les mérites de mon neveu, sept mois, ayant développé une technique pour se déplacer sans utiliser ses jambes, et ceux de son fils, dix mois, qui marchait déjà. C'était un super moment de camaraderie, le genre de liens qui sans aucun doute permet d'améliorer les affaires. Jordan, pour sa part, était l'agacement incarné. Il a éloigné sa chaise de la table, regardait sans cesse son portable comme si cela pouvait accélérer l'arrivée des cafés. Je savais que son comportement nuisait à nos efforts.

Doug, s'il avait travaillé pour un de ses anciens employeurs, n'aurait rien dit, réduit au silence par le comportement imposé par le protocole, la hiérarchie et la politesse. Et il n'était pas encore suffisamment adapté à la culture Netflix pour risquer d'interpeller ouvertement son nouveau collègue concernant son attitude. Ce n'est qu'une semaine après leur retour aux États-Unis qu'il a réuni assez de courage pour se lancer. « Allez, joue-la comme Netflix » s'est-il motivé en ajoutant un point « feedback sur le voyage en Inde » au programme de l'entretien prévu avec Jordan.

Le matin en question, Doug avait mal au ventre en entrant dans la salle. Le feedback était le premier point à l'ordre du jour. Doug a demandé à Jordan s'il avait des remarques, il en avait. Ce qui lui a facilité les choses. Il s'est alors jeté à l'eau : « Jordan, je n'aime pas faire des critiques. Mais j'ai noté quelque chose en Inde qui pourrait t'être utile, je crois. » Jordan raconte la suite :

Soyons clairs. J'estime assurer en matière de relations personnelles. Chaque fois que je me rendais en Inde, je faisais un petit sermon à l'équipe à ce propos, sur l'importance du relationnel. Voilà pourquoi la critique de Doug m'a fait si mal. Parce que j'étais stressé, je me comportais en robot, je sabotais mes propres objectifs sans même avoir conscience de mon attitude. Je vais en Inde tous les mois. Je ne sermonne plus personne avant de partir. Au lieu de ça dès le début du voyage je préviens mes collègues : « Voilà, c'est mon point faible ! Si je jette un œil à ma montre pendant que Nitin nous fait visiter la ville, donnez-moi un coup de pied ! Je vous en remercierai plus tard. »

Comme le montre Jordan, quand le feedback devient la norme, les gens apprennent plus vite, ils gagnent en efficacité dans leur travail. Seul point négatif, Doug aurait pu faire part à Jordan de ses réflexions durant le dîner ce soir-là en Inde, de sorte qu'il lui aurait ainsi donné l'occasion, potentiellement, de sauver le repas.

HAUTE PERFORMANCE + FRANCHISE DÉSINTÉRESSÉE = PERFORMANCE EXTRÊME

Imaginez-vous en pleine réunion à 9 heures un lundi matin avec les autres membres de votre équipe. Vous buvez un café en écoutant votre patron qui déroule ses projets pour un prochain séminaire quand la voix dans votre tête commence à exprimer un désaccord vigoureux avec ce qu'il est en train de dire. Le programme tel que présenté par votre patron vous paraît un échec assuré – vous seriez prêt à parier que celui que vous avez concocté la veille devant une rediffusion de *Grey's Anatomy* serait plus efficace. Vous vous demandez : *Dois-je faire une remarque ?* Mais vous hésitez et bientôt, le moment a passé.

Dix minutes plus tard, une de vos collègues, souvent prolixe et répétitive – mais d'un optimisme contagieux (et, comme chacun sait, très sensible) –, se lance dans un point d'étape sur son dernier projet en cours. La voix dans votre tête soupire à l'inutilité de sa présentation et à l'inanité du projet en soi. À nouveau, vous vous interrogez : *Faut-il que j'intervienne ?* Mais à nouveau, vos lèvres restent scellées.

Vous avez sûrement connu de tels moments. Vous ne gardez peut-être pas toujours le silence. Mais souvent, oui – et dans ce cas, c'est probablement à cause de l'une ou l'autre de ces raisons :

- Vous pensez que votre point de vue ne sera pas soutenu.
- Vous ne voulez pas être étiqueté « difficile ».
- Vous ne voulez pas risquer de contrarier ou mettre en colère vos collègues.
- Vous craignez d'être accusé de « ne pas jouer collectif ».

Mais si vous travaillez pour Netflix, il y a de fortes chances pour que vous ayez pris la parole. Le matin, vous auriez dit à votre patron que ses plans pour le séminaire ne fonctionneraient pas et que vous aviez une meilleure idée. Après la réunion, vous auriez suggéré à votre collègue de revoir son projet, en développant les raisons. Et, pour faire bonne mesure, après vous être arrêté à la machine à café, vous seriez passé voir un autre collègue pour mentionner, au passage, qu'il avait semblé sur la défensive lorsqu'on lui avait demandé d'expliquer une de ses récentes décisions pendant la réunion de l'ensemble du personnel la semaine précédente.

Chez Netflix ne pas prendre la parole dans ces situations de désaccord avec un collègue ou dans le cas où l'on a une critique à formuler équivaut à une trahison. En effet, vos remarques pourraient être utiles à l'entreprise – mais vous choisissez de les garder pour vous, donc de ne pas aider l'entreprise.

La première fois que j'ai entendu parler de la franchise Netflix, j'ai été sceptique. Netflix promeut non seulement des critiques honnêtes, mais aussi fréquentes, ce qui, selon mon expérience, ne fait qu'accroître les risques d'entendre des propos vexants. La plupart des gens ont du mal à oublier les remarques désagréables, qui parfois se transforment en tourbillons de pensées négatives. Une politique qui encourage les gens à donner leur avis franchement et souvent me paraissait non seulement déplaisante, mais aussi risquée. Cependant, j'en ai découvert les avantages dès que j'ai commencé à collaborer avec les employés Netflix.

En 2016, Reed m'a demandé de faire une présentation en ouverture de la conférence trimestrielle des dirigeants de la société, à Cuba. C'était la première fois que je travaillais pour Netflix, mais l'ensemble des participants avait lu mon livre, *La Carte des différences culturelles, 8 clés pour travailler à l'international*, j'avais donc envie de leur proposer quelque chose de nouveau. J'ai énormément travaillé afin de préparer une présentation sur mesure, presque entièrement repensée. En temps normal, lorsque je m'adresse à un large public, mon contenu a été testé et approuvé au préalable. Cette fois, au moment de monter sur l'estrade, j'avais le cœur qui battait la chamade. Les quarante-cinq premières minutes se sont bien déroulées. Devant moi, je sentais les quelque quatre cents managers Netflix, venus du monde entier, impliqués et à chacune de mes questions, des dizaines de mains se levaient.

J'ai ensuite invité les participants à former des petits groupes pour cinq minutes de discussion. Tandis que je descendais de la scène pour déambuler parmi le public, saisissant au passage des bribes de conversation ici ou là, j'ai remarqué une femme à l'accent américain qui s'exprimait avec une certaine animation. Voyant que je l'observais, elle m'a fait signe d'approcher. « J'étais en train de dire à mes collègues, m'a-t-elle expliqué, que cette façon d'animer la discussion depuis la scène sape votre message sur la diversité culturelle. Quand vous demandez des commentaires et que vous donnez la parole à la première personne qui lève la main, vous mettez en place précisément le genre de pièges que votre livre conseille d'éviter – parce que seuls les Américains osent lever la main, donc seuls les Américains ont l'occasion de s'exprimer. »

Je suis restée stupéfaite. C'était la première fois que l'on me faisait une critique négative au beau milieu d'une présentation et, qui plus est, devant un groupe d'autres participants. Je me suis sentie mal d'un coup – surtout lorsque j'ai pris conscience que, bien sûr, elle avait raison. J'ai eu deux minutes pour rétablir la situation. À mon retour sur scène, j'ai suggéré que l'on entende les commentaires de chacun des pays présents parmi le public – d'abord les Pays-Bas, puis la France, le Brésil, les États-Unis, Singapour et le Japon. Cela a magnifiquement fonctionné et jamais je n'aurais appliqué cette technique à ce moment-là si l'on ne m'avait pas adressé cette critique.

Ce schéma s'est répété lors des interactions suivantes. À chaque entretien avec des employés de Netflix, ceux-ci me soumettaient leurs critiques, avant même parfois que j'aie pu leur poser la moindre question.

Par exemple, le jour où j'ai interrogé Danielle Crook-Davies, basée à Amsterdam, elle m'avait accueillie chaleureusement, disant avoir adoré mon livre *La Carte des différences culturelles, 8 clés pour travailler à l'international,* mais avant même que j'aie le temps de m'asseoir, elle me lançait : « Je peux vous faire quelques commentaires ? » Puis elle avait expliqué que la lectrice de la version audio de mon livre était franchement lamentable, que le ton de sa voix allait à l'encontre du message. « J'espère que vous trouverez le moyen de le faire réenregistrer. Le contenu est vraiment génial, mais la voix gâche tout. » J'étais étonnée, mais en y réfléchissant, j'ai été forcée de reconnaître qu'elle avait raison. Le soir même, j'ai demandé à ce qu'on procède à un nouvel enregistrement.

Lors d'une autre interview, à São Paulo, un manager brésilien a très gentiment commencé notre entretien par ces mots : « J'aimerais vous faire quelques remarques. » Nous venions à peine de nous saluer, mais j'ai essayé de faire comme si c'était normal. Il m'a alors expliqué que l'e-mail que j'avais envoyé afin de préparer cette rencontre était tellement structuré qu'il en paraissait autoritaire. « Dans votre livre, vous-même disiez que nous, les Brésiliens, préférons souvent rester implicites, flexibles. Mais vous n'avez pas suivi votre propre conseil. La semaine prochaine, vous devriez plutôt envoyer un message avec les thèmes, mais pas les questions spécifiques, vous obtiendrez sûrement une meilleure réaction. » Très gênée, j'ai écouté ce manager, mon e-mail sous les yeux, détailler toutes les phrases qu'il jugeait problématiques. Là encore, cette critique m'a été profitable. Lors des voyages suivants, avant d'envoyer mon message pré-interview, je le montrais à mon contact local, qui avait souvent des idées bien utiles pour convaincre les personnes ciblées de participer pleinement.

Au vu de tous les bienfaits de ces retours, vous vous étonnez peut-être qu'ils soient si peu pratiqués dans la plupart des entreprises. Il suffit d'observer rapidement le comportement humain pour comprendre pourquoi.

NOUS DÉTESTONS LA FRANCHISE (POURTANT NOUS LA SOUHAITONS QUAND MÊME)

Rares sont ceux qui apprécient d'être critiqués. Recevoir de mauvaises nouvelles concernant son travail fait aussitôt douter de soi, on se sent agacé, vulnérable. Confronté à un retour négatif, le cerveau a le même réflexe de lutte ou de fuite que face à une menace physique : des hormones sont relâchées dans le système sanguin, accélérant le temps de réaction, accentuant les émotions.

S'il y a une chose que l'humain déteste encore plus que les critiques négatives les yeux dans les yeux, c'est de les recevoir en public. La femme qui m'a dit les choses crûment en pleine présentation (et devant ses collègues) m'a beaucoup aidée. Son retour pouvait m'être utile sur-le-champ. Mais être la cible de remarques en public envoie au cerveau des signaux d'alerte au danger. Le cerveau humain est une machine de survie efficace, l'une de ses techniques les plus puissantes consiste à nous inciter à trouver la sécurité par le nombre. Notre cerveau est constamment à l'affût des signaux de rejet du groupe, qui en des temps plus primitifs, aurait mené à l'isolement puis, potentiellement, à la mort. Si quelqu'un, en présence de votre tribu, souligne une erreur que vous êtes en train de commettre, l'amygdale cérébrale, soit la partie la plus primitive du cerveau, qui guette en permanence le danger, déclenche une alarme : « Ce groupe est sur le point de vous exclure. » Face à cela, notre instinct animal naturel est de fuir.

En même temps, il existe pléthore d'études montrant que la réception de critiques positives stimule le cerveau, libérant de l'ocytocine, cette hormone bénéfique qui rend une mère heureuse d'allaiter son enfant. Pas étonnant que tant de gens préfèrent distribuer les compliments plutôt qu'offrir un retour honnête et constructif.

Pourtant les recherches montrent que pour beaucoup, nous comprenons instinctivement les apports positifs de la vérité. En 2014, la société de consulting Zenger Folkman a réalisé une étude auprès de mille personnes portant sur les critiques. Il en est sorti le résultat suivant : malgré les merveilleux bienfaits des louanges, les gens estimaient que, pour améliorer leur performance, un retour correctif vaut mieux qu'un feedback positif à hauteur de trois contre un. La majorité reconnaissait qu'un feedback positif n'avait aucun impact significatif sur leur réussite.

Voici quelques-unes des statistiques les plus parlantes de cette étude :

- 57 % des participants disent préférer recevoir un feedback correctif que positif.
- 72 % ont l'impression que leur performance s'améliorerait s'ils recevaient davantage de feedbacks correctifs.
- 92 % approuvent cette phrase : « Un feedback négatif, s'il est formulé de façon appropriée, améliore la performance. »

En d'autres termes, il est stressant et désagréable d'entendre dire que nous ne réussissons pas bien, mais passé le stress initial, cette critique est vraiment utile. La plupart des gens comprennent intuitivement qu'un simple retour peut les aider à travailler mieux.

LA RÉTROACTION : CULTIVER LA FRANCHISE

En 2003, les habitants de Garden Grove, en Californie, une petite communauté située au sud de Los Angeles, étaient confrontés à un problème. Les accidents impliquant des voitures et des piétons étaient beaucoup trop fréquents dans les rues où étaient situées les écoles élémentaires. Les autorités ont mis en place des panneaux de limitation de vitesse afin d'inciter les conducteurs à ralentir, la police a distribué des PV aux contrevenants.

Le taux d'accidents a à peine baissé.

Les ingénieurs de la ville ont alors tenté une approche différente, mettant en place des affichages dynamiques de la vitesse. En d'autres termes, un « retour pour les conducteurs ». Chaque dispositif incluait un panneau de limitation de vitesse, un radar et un écran annonçant : « votre vitesse ». Les conducteurs obtenaient au passage les données en temps réel les concernant personnellement, ainsi qu'un rappel de la limite à ne pas dépasser.

Les experts doutaient que cela puisse changer quoi que ce soit. Après tout, les voitures sont toutes équipées d'un compteur. De plus la doctrine de la police était depuis longtemps que les gens obéissent aux règles seulement lorsqu'ils sont confrontés aux conséquences réelles qu'ils encourent s'ils y contreviennent – pourquoi l'affichage influencerait-il le comportement des personnes au volant ?

Et pourtant. Des études ont montré qu'elles ralentissaient de 14 % – devant trois écoles, la vitesse moyenne est même tombée en dessous de la limite affichée. 14 %, c'est une baisse considérable pour quelque chose d'aussi simple et peu coûteux qu'un retour.

La rétroaction est un des outils les plus efficaces qui soit pour améliorer la performance. Nous apprenons plus vite, nous accomplissons davantage ; la critique fait partie intégrante de notre manière de travailler, qu'il s'agisse de les émettre ou de les recevoir. Les feedbacks permettent d'éviter les malentendus, créent un climat de coresponsabilité et réduisent le besoin de hiérarchie et de règles.

Cependant, encourager des retours francs dans une entreprise se révèle bien plus compliqué que de mettre en place des panneaux de circulation routière. Pour susciter une atmosphère de franchise, il faut obtenir de vos employés qu'ils abandonnent des années de conditionnement et des croyances fermement ancrées selon lesquelles « on n'émet des critiques que si quelqu'un vous le demande » ou « louanges en public, mais critiques en privé ».

Lorsqu'ils réfléchissent pour savoir s'ils doivent ou non donner leur avis, les gens se sentent souvent partagés entre deux sentiments contradictoires : ils ne veulent pas blesser la personne, et en même temps ils veulent l'aider à réussir. Le but, chez Netflix, est de s'aider mutuellement à réussir, même si cela implique que certains, parfois, se sentent froissés. Surtout, nous avons découvert que dans un environnement adéquat, avec l'approche qui convient, nous sommes capables de formuler des critiques *sans* vexer qui que ce soit.

Si vous souhaitez développer une culture de la franchise dans votre organisation ou dans votre équipe, vous pouvez le faire en plusieurs étapes. La première n'est pas la plus intuitive. On pourrait croire qu'il faut commencer par le plus simple : il reviendrait au patron de faire un maximum de feedbacks à son personnel. Je recommande au contraire de se concentrer d'abord sur quelque chose de beaucoup plus difficile : faire en sorte que les employés critiquent avec honnêteté leur patron. Cela peut s'accompagner d'un retour patron-employé. Mais la franchise ne peut véritablement s'installer que si les employés commencent à se montrer sincères vis-à-vis de leurs chefs.

DITES À L'EMPEREUR QU'IL EST NU

Comme beaucoup d'enfants, quand j'étais petit, on m'a raconté le célèbre conte *Les Habits neufs de l'empereur*, l'histoire d'un imbécile tellement convaincu qu'il porte le plus beau costume jamais cousu qu'il parade nu devant ses sujets, car personne n'ose souligner l'évidence – à l'exception d'un enfant qui ignore tout de la hiérarchie, du pouvoir et des conséquences.

Plus on est haut placé dans l'organigramme d'une entreprise, moins on reçoit de feedbacks donc plus on est susceptible de « venir au travail nu » ou de commettre des erreurs évidentes aux yeux de tous, sauf aux siens. C'est un comportement non seulement dysfonctionnel, mais aussi dangereux. Si un assistant, au bureau, rate une commande de café et que personne ne le lui fait remarquer, ce n'est pas grave. Si le directeur administratif et financier commet une erreur dans une déclaration financière et qu'aucun subalterne n'ose la signaler parce qu'il est *directeur*, alors la société est mise en péril.

La première technique qu'utilisent les managers Netflix pour obtenir de leurs employés un retour honnête est d'ajouter systématiquement un point feedback à l'ordre du jour lors de leurs entretiens en face-à-face. Il ne s'agit pas seulement d'obtenir leur avis, mais de les prévenir que c'est attendu. Placez le feedback en première ou dernière position de l'ordre du jour, de façon à le séparer des discussions opérationnelles. Lorsque le moment arrive, sollicitez et encouragez l'employé à exprimer ses critiques vis-à-vis de vous (le patron) puis – si vous le souhaitez – vous pouvez lui rendre la pareille.

Votre comportement pendant le retour est un facteur essentiel. Vous devez montrer à votre employé qu'il n'a rien à craindre en donnant son avis, pour ce faire il vous faudra réagir avec gratitude quelle que soit la critique, et surtout montrer des « signes d'appartenance ». Daniel Coyle, auteur de *The Culture Code* [non traduit], décrit ces signes comme des manières non verbales d'exprimer « ta critique fait de toi un membre important de cette tribu » ou « tu t'es montré honnête avec moi et cela ne met en péril ni ton poste, ni notre relation ; tu as ta place ici ». Je demande souvent à mon équipe de direction de montrer ces « signes d'appartenance » dans des situations où l'employé fait ses commentaires à son supérieur, car un employé assez courageux pour s'exprimer de façon ouverte risque très certainement de s'inquiéter : « Mon patron le retiendra-t-il contre moi ? » ou « Cela nuira-t-il à ma carrière ? ».

Le signe d'appartenance peut être infime, ce peut être un ton bienveillant, un léger rapprochement physique, un regard positif droit dans les yeux de l'interlocuteur. Ou bien il peut être plus marqué, des remerciements adressés à la personne pour son courage, une mention devant le reste de l'équipe. Coyle explique dans son livre que la fonction d'un signe d'appartenance est de « répondre à cette question inscrite en permanence en lettres lumineuses dans notre cerveau : sommes-nous en sécurité ici ? Quel est notre avenir avec ces gens ? Y a-t-il un danger quelque part ? ». Plus vous accueillerez les moments de franchise par ces signes d'appartenance, dans votre entreprise, plus les employés feront preuve de courage dans leurs commentaires.

Ted Sarandos, directeur général du contenu Netflix, est un des leaders qui, dans l'équipe de Reed, sollicite ouvertement des retours de la part de ses collaborateurs et qui, lorsqu'il en reçoit, use des signes d'appartenance.

Ted est responsable de toutes les séries et de tous les films disponibles sur Netflix. Il a joué un rôle crucial dans la redéfinition de l'industrie du divertissement, on le décrit souvent comme l'une des personnes les plus importantes d'Hollywood. Ted n'est pas un magnat des médias comme les autres. Il n'a jamais terminé ses études et doit son éducation cinématographique aux vidéoclubs d'Arizona dans lesquels il travaillait.

Dans un article de mai 2019, *The Evening Standard* le décrivait en ces termes :

> Si Netflix devait créer une minisérie sur Ted Sarandos, son directeur général du contenu aujourd'hui multimillionnaire, on le découvrirait sûrement, enfant dans les années 1960, assis en tailleur devant l'écran bleuté de la télévision dans un quartier pauvre de Phoenix, Arizona, étranger au chaos semé par ses quatre frères et sœurs autour de lui. Il passait des heures ainsi, avec le programme télé pour seule routine.
>
> À l'adolescence, il travaille dans un vidéoclub et durant les longues heures creuses de la journée, se plonge dans les neuf cents films disponibles en magasin. Il développe ainsi une connaissance encyclopédique du cinéma et de la télévision – doublée d'un assez bon instinct pour sentir ce qui plaît (quelqu'un un jour l'a surnommé « l'algorithme humain »).

Comme quoi, l'abus de télévision ne nuit pas forcément à la santé de vos neurones.

En juillet 2014, Ted place Brian Wright, vice-président senior chez Nickelodeon, à la tête des contrats des contenus jeunes adultes. (Le premier fait de gloire de Brian chez Netflix ? La commande d'une certaine série du nom de *Stranger Things* quelques mois à peine après son embauche.) Brian a raconté cette anecdote qui s'est produite lors de son premier jour dans l'entreprise, à propos de Ted, recevant publiquement des commentaires de ses collaborateurs :

Aux différents postes où j'avais pu exercer, une des grandes préoccupations des uns et des autres était de savoir qui était bien vu, qui ne l'était pas. Exprimer son avis ou son désaccord avec la patronne en réunion, devant les collègues, équivalait à une mort politique. Et vous vous retrouviez pour ainsi dire exilé en Sibérie.

Lundi matin, premier jour à mon tout nouveau poste. J'étais en alerte maximum pour tenter de déterminer comment fonctionnait la politique Netflix. 11 heures, première réunion menée par Ted (mon n+2), de mon point de vue une sorte de superstar, en compagnie d'une quinzaine d'autres personnes à différents niveaux de la société. Ted parlait de la sortie de *Blacklist* saison 2. Un type quatre crans en dessous de lui dans la hiérarchie l'a interrompu au milieu de sa présentation : « Ted, je crois que tu as oublié quelque chose. Tu as mal compris le contrat de licence. Cette approche ne marchera pas. » Ted campait sur ses positions, mais le type n'en démordait pas. « Ça ne fonctionnera pas. Tu mélanges deux rapports différents, Ted. Tu fais erreur. Nous devons rencontrer Sony directement. »

Je n'en croyais pas mes oreilles, ce simple employé tenait tête à Ted Sarandos en personne et devant tout un groupe de collègues. D'après mon expérience, cela équivalait à un suicide professionnel. J'étais littéralement scandalisé. J'ai senti le rouge me monter aux joues. J'avais envie de me cacher sous ma chaise.

À la fin de la réunion, Ted est venu saluer le type, une main sur l'épaule : « Super réunion. Merci pour ta participation aujourd'hui », lui a-t-il dit en souriant. J'étais tellement étonné que j'en suis resté bouche bée.

Un peu plus tard, j'ai croisé Ted aux toilettes. Il m'a demandé comment se passait mon premier jour, je lui ai donc fait part de ma surprise : « C'est incroyable la façon dont le gars t'a contredit pendant la réunion. » Ted a d'abord paru complètement perplexe, puis il m'a dit : « Brian, le jour où tu garderas pour toi tes commentaires parce que tu crains pour ta popularité, alors il faudra que tu quittes Netflix. Nous t'avons embauché pour tes opinions. Toutes les personnes qui étaient réunies dans cette salle étaient censées me dire franchement ce qu'elles pensent. »

Ted avait clairement mis en pratique les deux impératifs comportementaux permettant aux collaborateurs de s'exprimer avec franchise vis-à-vis de leur patron. Il ne suffit pas de demander leur avis aux gens, il faut leur montrer concrètement que c'est ce que l'on attend d'eux (en l'occurrence, par exemple, ses instructions à Brian). Puis au moment où l'on reçoit le feedback, il faut réagir par un signe d'appartenance ; dans ce cas, la main de Ted sur l'épaule de l'intervenant, durant la réunion.

Chez Netflix, Reed Hastings, le P.-D.G., est un des décideurs qui manifeste le plus fréquemment ces deux comportements. Et en retour, c'est lui qui reçoit le plus de commentaires négatifs de toute l'équipe dirigeante. Preuve en est son évaluation écrite à 360 degrés, ouverte aux contributions de chacun, et où il reçoit plus de retours que n'importe qui dans l'entreprise. Reed sollicite sans cesse des commentaires, auxquels il répond systématiquement par des signes d'appartenance, ou parfois en exprimant publiquement son contentement de recevoir telle ou telle critique. Voici un paragraphe tiré d'un mémo partagé avec tous les employés Netflix au printemps 2019 :

L'évaluation à 360 degrés constitue toujours une période de l'année très stimulante. Les critiques les plus utiles à ma progression sont malheureusement les plus douloureuses. Alors, dans l'esprit des 360 degrés, merci de m'avoir fait courageusement et honnêtement remarquer ceci, « **dans les réunions, il t'arrive de sauter certains sujets ou de les aborder rapidement, par impatience, voire de décider qu'un point à l'ordre du jour ne mérite finalement pas d'être traité... Dans la même veine, attention à ne pas laisser ton point de vue l'emporter. Il t'arrive de fausser le débat ou de représenter une concorde qui n'existe pas.** » C'est tellement vrai, tellement triste, tellement agaçant que j'en sois encore là. Je continuerai à y travailler. Avec un peu de chance, vous aurez toutes et tous formulé des critiques aussi constructives que celles-ci.

Rochelle King se souvient parfaitement de ce que l'on peut ressentir lorsqu'on adresse des commentaires constructifs au P.-D.G. de la société. C'était en 2010, elle était directrice des produits créatifs chez Netflix depuis environ un an. Elle rendait des comptes au vice-président, lui-même sous les ordres du directeur des produits, juste en dessous de Reed, elle était donc trois niveaux hiérarchiques en dessous du P.-D.G. Son histoire de franchise est exemplaire :

> Reed avait organisé une réunion avec quelque vingt-cinq directeurs, directrices, vice-président(e)s et certains membres de l'équipe dirigeante. Patty McCord a dit une chose avec laquelle Reed n'était pas d'accord. Sans cacher son agacement vis-à-vis d'elle, il a écarté sa remarque avec ironie. Les gens dans la pièce se sont étranglés collectivement, mais en silence. Reed était peut-être trop énervé pour remarquer la réaction autour de lui, mais j'ai senti qu'il n'avait pas brillé par son talent de patron à cet instant précis.

Rochelle a pris au sérieux le principe de Netflix selon lequel ne rien dire lors de telles circonstances revient à manquer de loyauté vis-à-vis de l'entreprise. Elle a passé une soirée à rédiger son e-mail à Reed et à le relire « cent fois parce que certes, c'est Netflix, mais j'avais tout de même l'impression que c'était un peu risqué ». Le message qu'elle a finalement envoyé était le suivant :

> Salut Reed,
>
> J'étais présente à la réunion d'hier et j'ai trouvé les commentaires que tu as adressés à Patty méprisants et peu respectueux. Si je choisis de t'en parler c'est parce que lors du séminaire de l'an dernier, tu as souligné combien il était important de créer un environnement où les gens ne craignent pas de prendre la parole et de participer (que ce soit en désaccord ou pour souscrire aux propos exprimés). Hier, dans cette pièce, différentes personnes

> étaient présentes – directeurs et vice-présidents – et parmi elles, certaines ne te connaissent pas très bien. Si j'avais été de celles-là, le ton que tu as utilisé envers Patty m'aurait empêchée d'exprimer mon opinion publiquement devant toi à l'avenir, de crainte que tu n'écartes mes idées. J'espère que tu ne m'en veux pas de te le faire savoir.
>
> Rochelle.

Quand on m'a rapporté cette histoire, j'ai repensé aux différents emplois exercés dans ma vie, serveuse dans un restaurant sri-lankais, responsable de la formation dans une grande multinationale, directrice d'une petite société basée à Boston et professeure en école de commerce. J'ai essayé de me remémorer si à l'un ou l'autre de ces postes, j'avais déjà entendu quelqu'un dire poliment, mais franchement, au grand patron qu'il avait employé un ton déplacé en réunion. Et ma réponse a été très claire : NON, absolument jamais !

Lorsque j'ai demandé par e-mail à Reed s'il se souvenait de cet incident avec Rochelle cinq années plus tôt, il m'a répondu dans les minutes qui ont suivi :

> Erin – je me souviens de la salle (King Kong) et de l'endroit où j'étais assis, ainsi que Patty. Je me souviens m'être senti super mal après coup en repensant à la façon dont j'avais géré mon agacement.
>
> Reed.

Peu après il m'a réexpédié sa copie du message envoyé par Rochelle suivi de sa propre réponse :

> Rochelle, j'ai beaucoup apprécié ton retour, je t'en prie continue à m'interpeller si tu remarques quoi que ce soit qui te paraît inapproprié.
>
> Reed.

Le commentaire de Rochelle était franc, mais réfléchi et sincèrement pensé pour aider Reed à s'améliorer. Mais le grand risque, lorsqu'on promeut le franc-parler, ce sont tous ces dérapages intentionnels ou non dans l'usage que peuvent en faire les gens. Ce qui nous amène à la deuxième étape de Reed pour développer une culture de la franchise sur le lieu de travail.

ENSEIGNEZ À TOUS LES EMPLOYÉS LA MEILLEURE MANIÈRE DE SOUMETTRE ET RECEVOIR DES CRITIQUES

Dans le film *A Star Is Born,* avec Bradley Cooper et Lady Gaga, une scène expose dans toute sa laideur le pire de ce que peut produire la franchise.

Lady Gaga est allongée dans son bain. Elle a récemment été reconnue comme une star de la musique à part entière, ayant reçu trois nominations aux Grammy Awards. Son mentor (depuis peu devenu son mari) entre dans la salle de bains, ivre. Et il commence à lui expliquer, en toute transparence, ce qu'il pense de sa dernière chanson originale, qu'elle vient d'interpréter à l'émission *Saturday Night Live.*

Tu as été nommée, c'est génial […]. J'essaie juste de comprendre. [Ta chanson] « Why You Come Around Me with an Ass Like That » [yeux au ciel… long soupir]. J'ai peut-être échoué avec toi. Tu me fais honte. Je préfère être honnête.

On a beau vanter l'honnêteté avant tout chez Netflix, ce genre de propos ne passerait pas. Le climat de franchise ne signifie pas que tout peut se dire. Les premières fois où j'ai reçu des commentaires de la part des employés Netflix, j'étais tellement désarçonnée que j'ai imaginé une règle du feedback qui s'énoncerait un peu en ces termes : « dis ce que tu penses et peu importent les conséquences ». Mais les managers chez Netflix consacrent un temps non négligeable à détailler à leurs employés la bonne et la mauvaise manière d'exprimer leurs opinions. Ils possèdent des documents qui expliquent à quoi ressemblent les feedbacks efficaces. Ils proposent des formations où l'on peut apprendre comment émettre et recevoir des critiques.

Vous pouvez faire comme eux. Je me suis plongée dans l'ensemble des documents Netflix sur la franchise, j'ai entendu des dizaines de personnes en entretien m'expliquer comment cela fonctionnait. J'ai résumé ces leçons en quatre points, les 4A.

LES DIRECTIVES 4A

Émettre des critiques

1. **AIDER AVANT TOUT :** Les critiques doivent être formulées dans une intention positive. Dire ce qu'on a sur le cœur, blesser intentionnellement l'autre ou servir son propre dessein politique n'est pas toléré. Il faut clairement expliquer comment un changement de comportement spécifique pourra aider l'individu ciblé ou l'entreprise, non quel bénéfice vous pourrez en tirer. « Ton habitude de te curer les dents pendant les réunions avec des partenaires extérieurs est insupportable » n'est pas une bonne critique. Il faudrait dire : « Si tu arrêtais de te curer les dents lors des réunions avec les partenaires extérieurs, tu projetterais une image plus professionnelle, nous aurions plus de chances de construire une relation solide avec eux. »

2. **APPLICABLE :** Votre critique doit se concentrer sur ce que peut changer la personne ciblée. Un mauvais feedback vis-à-vis d'Erin à Cuba se serait interrompu après la phrase : « Votre manière d'animer la discussion depuis la scène sape votre message. » Le feedback constructif est celui qui inclut la phrase d'après : « Avec votre façon de vous adresser au public, seuls les Américains osent participer. » Pour faire encore mieux, il aurait fallu dire : « Si vous pouvez trouver une manière de solliciter des contributions des

autres nationalités présentes dans le public, alors votre présentation sera plus puissante. »

Recevoir les critiques

3. **APPRÉCIER :** Naturellement, l'humain a tendance à se mettre sur la défensive ou à se trouver des excuses lorsqu'il reçoit des critiques ; par réflexe, nous recherchons tous à protéger notre ego et notre réputation. À la réception d'une critique, il faut lutter contre cette réaction naturelle et se demander : « Comment montrer que je valorise ce retour en écoutant attentivement, en prenant en compte le message l'esprit ouvert et sans me fâcher ou être sur la défensive ? »

4. **ACCEPTER OU REJETER :** Chez Netflix, vous recevrez de nombreuses critiques de la part de divers collègues. On attend de vous que vous écoutiez et considériez toutes les remarques. Pas que vous les suiviez forcément. Remerciez vos critiques avec sincérité. Mais chacun doit comprendre qu'il ne tient qu'à vous de réagir ou non dans le sens de la remarque qui vous a été faite.

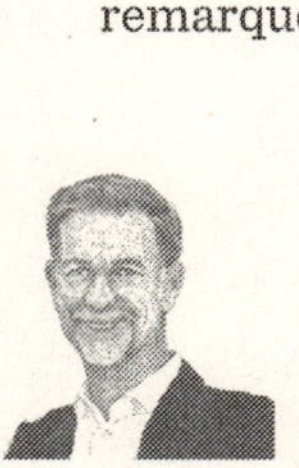

Dans l'exemple donné au début de ce chapitre, dans lequel Doug suggérait à Jordan d'adapter son comportement lorsqu'il se rendait en Inde, les 4A sont parfaitement appliqués. Doug a senti que la logique transactionnelle de Jordan sabotait ses propres objectifs. Il a souhaité aider Jordan à s'améliorer et ainsi œuvrer au succès de la société (*Aider avant tout*). Le retour qu'il en a fait s'est révélé si pratique que Jordan affirme désormais opter pour une approche différente chaque fois qu'il travaille avec l'Inde (*Applicable*). Jordan l'a remercié pour cette intervention (*Apprécier*). Il aurait pu choisir de ne pas tenir compte des remarques, mais cette fois il les a acceptées en disant : « Je ne sermonne plus personne avant de partir. Au lieu de ça dès le début du voyage je préviens mes collègues : *Voilà, c'est mon point faible ! Si je jette un œil à ma montre pendant que Nitin nous fait visiter la ville, donnez-moi un coup de pied ! Je vous en remercierai plus tard* » (*Accepter ou rejeter*).

La plupart des gens, comme Doug, ont du mal à exprimer une critique en temps réel. Beaucoup ont été profondément conditionnés à attendre le bon moment, les circonstances les plus propices avant de dire la vérité, au point que l'utilité du retour se révèle finalement quasi nulle. Ce qui nous amène à la troisième priorité, lorsqu'on instaure une culture du franc-parler dans une équipe.

DES CRITIQUES N'IMPORTE OÙ, N'IMPORTE QUAND

Il reste une question : quand et où faut-il énoncer ces critiques ? La réponse est : n'importe où, n'importe quand. Cela peut être en privé, derrière des portes closes. Erin, pour sa part, a reçu sa première critique Netflix devant trois ou quatre personnes en pleine présentation. C'est très bien aussi. On peut même le faire en criant devant un groupe de quarante si c'est ce qui paraît le plus efficace.

Rose, vice-présidente de l'équipe de communication monde, en donne un exemple :

Avec mes quarante collègues du monde entier, nous étions réunis pour un séminaire sur deux jours, j'avais soixante minutes pour présenter le plan marketing pour le lancement de la saison 2 de *13 Reasons Why*.

Le thème du suicide au centre de la série avait déclenché une violente polémique à la sortie de la première saison. Pour la suite, j'avais donc envie de tenter une approche différente, éprouvée en publicité de marque, où j'ai fait mes armes, mais peu fréquente en publicité traditionnelle, qui était la norme chez Netflix.

Mon plan incluait un partenariat avec l'université Northwestern qui conduirait une étude indépendante sur l'impact de la série auprès des spectateurs adolescents. Netflix n'influencerait pas l'étude, mais avec un peu de chance, les données ainsi obtenues nous permettraient de mieux positionner le lancement de la deuxième saison.

Ce temps de parole était la seule chance pour Rose de rallier ses collègues du marketing à son idée. Pourtant après à peine un quart d'heure, le public réagissait déjà : « Pourquoi investir de l'argent dans une étude alors qu'on ignore tout des résultats qu'elle va produire ? Une étude peut-elle être indépendante si c'est nous qui la finançons ? » Rose a eu le sentiment d'être attaquée.

Chaque main levée me semblait un nouveau défi. Tout le monde avait l'air de douter de moi : « Est-ce que tu sais ce que tu fais ?! » À chaque remarque, je m'entendais parler de plus en plus vite, la frustration dans la pièce montait en puissance. Plus le groupe me pressait de questions, plus je m'inquiétais de ne pas arriver au bout de ma présentation, plus mon débit de parole s'accélérait.

Soudain, Bianca, une collègue de Rose, a agité le bras depuis le rang du fond et lui a jeté un gilet de sauvetage... façon Netflix : « Rose ! Ça ne fonctionne pas ! Tu es en train de perdre la salle ! Tu es sur la défensive ! Tu parles trop vite. Tu n'écoutes pas les questions. Tu te répètes sans affronter les inquiétudes. Inspire un grand coup. Tu as BESOIN D'AVOIR LA SALLE AVEC TOI », lui a-t-elle lancé.

À ce moment-là, je me suis vue telle que le public me voyait – hors d'haleine, lancée dans mon discours sans prendre la peine d'écouter. J'ai inspiré profondément. « Merci, Bianca, tu as raison. Je gardais l'œil sur le chronomètre. Il faut que tout le monde comprenne mon projet. Je suis ici pour vous écouter et répondre à vos questions. On reprend. Qui est-ce que j'ai raté ? » J'ai consciemment modifié mon énergie, ce qui a provoqué un changement d'ambiance dans le public. Les voix ont baissé d'un ton. Les gens ont souri. L'agressivité s'est dissipée. J'ai rallié le groupe à mon idée. Sauvée par le franc-parler de Bianca.

Dans la plupart des entreprises, interpeller quelqu'un au beau milieu d'une présentation devant tout un groupe serait considéré complètement inapproprié et contre-productif. Mais si vous parvenez à inculquer à tous une culture de franchise efficace, les participants sauront reconnaître à quel point la remarque de Bianca est précieuse. L'intention de Bianca était seulement d'aider Rose à réussir son intervention (*Aider avant tout*). Cette remarque soulignait les actions spécifiques que Rose pouvait mettre en place afin d'améliorer sa performance (*Applicable*). Rose a remercié Bianca (*Apprécier*). Dans ce cas, elle a suivi le conseil fourni par Bianca, pour le bénéfice de tous (*Accepter ou rejeter*). Si vous avez en tête le modèle des 4A, le feedback peut et doit intervenir pile au moment et sur le lieu où il sera le plus utile.

Dans l'exemple en question, Bianca était animée des meilleures intentions, mais imaginons que ça n'ait pas été le cas ? Quelqu'un qui aurait des comptes à régler pourrait prétendre suivre les grandes lignes des 4A et saboter le message de Rose ou nuire à sa réputation. Si ce franc-parler peut vous paraître encore risqué, c'est compréhensible. Cela nous amène au dernier point en matière de conseil pour faire naître un climat de franchise.

DIFFÉRENCIER LA FRANCHISE DÉSINTÉRESSÉE ET L'ATTITUDE TOXIQUE

Nous avons tous travaillé au côté de personnes manifestement brillantes. Vous voyez le genre : débordant d'intuitions géniales, claires, capables de résoudre certains problèmes en un rien de temps. Plus la densité de talent est importante dans votre organisation, plus vous aurez d'individus de ce type parmi votre équipe.

Or dans ce cas, vous courez un risque. Parfois les gens extrêmement talentueux sont à ce point repus des louanges qu'on leur a si souvent adressées qu'ils se croient meilleurs que tout le monde. Ils réagiront d'un sourire moqueur aux idées qu'ils jugent peu intelligentes, lèveront les yeux au ciel en entendant des points de vue mal exprimés, insulteront ceux ou celles dont ils estimeront qu'ils ne sont pas au même niveau qu'eux. En d'autres termes, se comporteront comme des collaborateurs toxiques.

Si vous choisissez de promouvoir une culture de la franchise dans votre équipe, vous devrez vous débarrasser d'eux. Beaucoup vont peut-être se dire « Ce type est tellement fort, on ne peut pas se permettre de le perdre. » Si votre équipe compte ne serait-ce qu'un personnage toxique de ce genre, celle-ci ne tirera aucun bénéfice de la franchise que vous mettrez en place. Le coût que font peser ceux-ci sur le travail d'équipe est trop élevé. Ils risquent bien de faire imploser votre organisation. Leur *modus operandi* préféré ? Le plus souvent, poignarder leur collègue les yeux dans les yeux, puis ajouter « Je voulais juste être franc avec toi. »

Même chez Netflix, alors que notre credo est « Pas de collaborateur toxique, aussi génial soit-il », nous avons régulièrement un employé ou un autre qui a du mal à percevoir les limites avec finesse. Dans ce type de situation, il faut intervenir. Paula, notre spécialiste des contenus originaux, en était un exemple. Paula était d'une créativité exceptionnelle, elle était de plus dotée d'un réseau impressionnant, ce qui était un atout non négligeable. Elle consacrait de longues heures à la lecture des scripts, à imaginer comment transformer une éventuelle série en gros succès. Paula essayait d'appliquer la culture Netflix en se montrant ouverte et franche en toutes circonstances.

Elle avait tendance, en réunion, à prendre la parole bruyamment, à se répéter, il lui arrivait de taper sur la table pour se faire entendre. Elle interrompait souvent les gens qui ne comprenaient pas bien où elle voulait en venir. Cela dit Paula était aussi très efficace. Il lui arrivait fréquemment de travailler sur son ordinateur pendant que les autres parlaient, surtout si elle n'était pas d'accord avec eux. Si ses collègues étaient un peu longs dans leurs développements ou lents à la détente, elle les coupait et le leur signalait sur-le-champ. Paula n'avait pas l'impression d'être toxique, simplement d'appliquer la culture Netflix en proposant des retours honnêtes aux uns et aux autres. Pourtant, à cause de son comportement problématique, Paula ne travaille plus chez Netflix.

Adopter le franc-parler ne signifie pas donner son avis à tort et à travers sans se préoccuper de l'impact éventuel que cela aura sur ses interlocuteurs. Au contraire, chacun doit bien garder en tête les directives 4A. Cela impose une réflexion, parfois de la préparation avant d'émettre des critiques, mais aussi une supervision, un coaching de la part des personnels encadrants. Justin Becker, directeur technique pour l'équipe dédiée à l'interface de programmation d'application lecture, a donné cet exemple dans une présentation intitulée « Suis-je un collaborateur toxique ? », en 2017 :

À mes débuts chez Netflix, un ingénieur de mon groupe a commis une grosse erreur, dans mon domaine d'expertise, puis il a envoyé un e-mail pour se dédouaner qui, de plus, ne proposait aucune solution pour y remédier. Fâché, j'ai appelé l'ingénieur : j'avais l'intention de le mettre sur la bonne voie. J'ai été brusque, j'ai critiqué ses actions. Ça ne me plaisait pas, mais j'avais l'impression d'agir au mieux pour l'entreprise.

Une semaine plus tard, son supérieur est passé à mon bureau sans prévenir. Il m'a informé qu'il avait appris mon échange avec l'ingénieur en question, il jugeait que je n'avais pas tort d'un point de vue technique, mais est-ce que j'étais conscient que depuis cette conversation, cette personne était démotivée et improductive ? Était-il dans mon intention de faire baisser la productivité de son équipe ? Non, bien sûr que non. Son manager a continué : Penses-tu que tu aurais pu dire ce que tu avais à dire, mais de façon positive afin qu'il ait la motivation de résoudre le problème en question ? Bien sûr. J'en serais sûrement capable. Bien. Alors à l'avenir, fais comme ça, s'il te plaît. Et c'est ce que j'ai fait.

Cette conversation, qui a duré deux minutes tout au plus, s'est révélée immédiatement efficace. Remarquez bien qu'il ne m'a jamais accusé de m'être conduit de façon toxique. Il a préféré dire (1) « As-tu l'intention de nuire à l'entreprise ? » (2) « Es-tu capable de te comporter correctement ? ». Il n'existe qu'une seule bonne réponse à chacune de ces questions. S'il avait simplement dit « Tu es toxique », j'aurais peut-être rétorqué « Non, pas du tout », mais puisqu'au lieu de cela il m'interroge, il m'incombe de réfléchir à la réponse que je donne, donc, cela suscite chez moi un moment de réflexion.

Justin avait en partie suivi les directives 4A. Il avait l'intention de mettre l'ingénieur sur la bonne voie. Il avait souligné combien l'intérêt de la société lui importait. Son message était peut-être même recevable. Mais Justin s'est comporté de façon toxique parce qu'il est aussi allé à l'encontre de la première règle de la franchise, s'il a émis sa critique, c'était parce qu'il voulait exprimer sa colère. Il aurait pu suivre d'autres principes généraux, ceux-ci auraient également fonctionné – tels que « Ne critiquez pas sous le coup de la colère » et « Lorsque vous formulez un feedback constructif, exprimez-vous d'une voix calme ».

Bien sûr, il nous arrive à tous par moments de nous comporter avec arrogance. Dans le cas de Justin, il a cru faire preuve de franchise. Il a su modifier son attitude. Il est toujours chez Netflix aujourd'hui.

Dans le chapitre 8, nous reviendrons sur ce sujet et nous explorerons diverses méthodes que vous pouvez mettre en pratique afin d'encourager la franchise dans une équipe. En attendant, voici...

LE DEUXIÈME POINT

À un groupe de personnes extrêmement talentueuses, réfléchies, bien intentionnées, on peut demander de faire quelque chose qui n'est pas du tout naturel et pourtant incroyablement utile pour améliorer la réactivité et l'efficacité d'une entreprise. Les inciter à échanger en toute franchise le plus possible entre eux ainsi qu'à défier l'autorité.

À RETENIR DU CHAPITRE 2 :

- Des employés très performants adeptes de la franchise deviennent exceptionnellement performants. Régulièrement pratiquée, elle accroît de façon exponentielle la réactivité et l'efficacité de votre équipe.
- Préparez le terrain en introduisant un moment réservé aux critiques dans vos réunions.
- Accompagnez vos employés, apprenez-leur à émettre et recevoir des critiques de manière pertinente, en suivant les directives des 4A.
- En tant que leader, sollicitez fréquemment des retours et réagissez par un signe d'appartenance.
- À mesure que vous instaurez une culture de la franchise, débarrassez-vous des collaborateurs toxiques.

Maintenant que la densité de talent et la culture de la franchise sont en place, vous êtes prêt à relâcher les contrôles et à proposer plus de liberté sur le lieu de travail.

Vers une culture de liberté et de responsabilité

La plupart des organisations ont à leur disposition une grande variété de processus de contrôle pour s'assurer que le comportement de leurs employés bénéficie toujours à la société. Parmi eux, les règlements intérieurs, les validations, la supervision par les cadres.

D'abord, développez votre haute densité de talent. Ensuite, concentrez-vous sur la franchise, assurez-vous que tout le monde émet et reçoit de nombreux commentaires.

Dans un climat d'honnêteté, le patron n'est plus le principal individu à corriger l'attitude indésirable d'un employé. Lorsque la communauté tout entière s'exprime ouvertement sur les comportements individuels qui font avancer l'entreprise et ceux qui lui nuisent, le patron n'a plus à s'impliquer autant dans la supervision du travail des employés.

Une fois que ces deux éléments sont en place vous pouvez lâcher du lest sur les contrôles. Les chapitres 3a et 3b vont vous expliquer comment.

ET MAINTENANT,
COMMENCEZ À VOUS DÉBARRASSER
DES CONTRÔLES !

CHAPITRE 3a

FINIS, LES CONGÉS PRÉDÉTERMINÉS

Même avant Netflix, je n'ai jamais cru que la valeur du travail créatif pouvait se mesurer en temps. C'était pour moi le vestige d'une ère industrielle, à l'époque où les employés se chargeaient principalement de tâches aujourd'hui réalisées par des machines.

Je m'agaçais qu'un manager me dise : « Reed, je pense que Sherry mérite une promotion, elle travaille comme une dingue. » Cela m'importait-il vraiment ? Moi, j'aurais préféré qu'il me propose de donner une promotion à Sherry « parce qu'elle fait vraiment la différence », et pas parce qu'elle est enchaînée à son bureau. Et si Sherry accomplissait des choses formidables en travaillant vingt-cinq heures par semaine depuis son hamac à Hawaï ? Eh bien qu'on lui accorde une grosse augmentation ! Cela voudrait dire qu'elle est extrêmement précieuse.

Aujourd'hui, à l'ère de l'information, ce qui importe ce sont nos réussites, pas le nombre d'heures abattues, particulièrement dans une entreprise créative telle que Netflix. Je n'ai jamais porté attention à la quantité d'heures travaillées par les uns et les autres. Ce n'est pas à la somme de travail que l'on juge la performance chez Netflix.

Néanmoins, jusqu'en 2003, nous avons attribué des jours de congé en quantité bien précise, que nous comptabilisions, comme dans toutes les entreprises que je connais. Netflix ne dérogeait pas à la règle. Chaque employé recevait un nombre spécifique de jours de congé par an, selon son degré d'ancienneté dans la société.

Jusqu'au jour où un employé nous a incités à changer les choses. Voici sa suggestion :

> Avec internet, il nous arrive à tous de travailler certains week-ends ou de répondre à nos e-mails à des heures indues, tout comme il peut nous arriver de prendre une après-midi de temps à autre pour des raisons personnelles. Nous ne comptons pas nos heures par jour ni même par semaine. Pourquoi pointer les jours de congé chaque année ?

Que répondre, en effet ? Un employé pouvait travailler de 9 heures à 17 heures (pendant huit heures) ou de 5 heures à 21 heures (seize heures durant). Une variation de 100 %, et pourtant personne ne le relevait. Alors pourquoi aurais-je dû me préoccuper de savoir si un employé est présent cinquante ou quarante-huit semaines par an ? La variation n'est que de 4 %. Patty McCord a alors suggéré que nous abandonnions tout simplement la clause des congés. « On n'a qu'à dire que notre règle concernant les congés c'est : Prenez-en ! »

J'aimais cette idée de dire aux gens qu'ils étaient en charge de leur propre vie, qu'ils pouvaient décider par eux-mêmes quand travailler, quand faire une pause. Mais voilà, je ne connaissais aucune autre entreprise qui fonctionnait ainsi. Je m'inquiétais donc beaucoup des modalités. À cette période, je me réveillais souvent en pleine nuit sous l'effet alterné de deux cauchemars.

Dans le premier, c'est l'été. Je suis en retard pour une réunion importante. J'arrive sur le parking à fond de train, je me précipite dans le bâtiment. J'ai une quantité incroyable de choses à préparer. J'aurais besoin de tout le monde sur le pont. Je cours devant les bureaux des uns et des autres en les appelant : « David ! Jackie ! » Mais il règne un calme absolu. Pourquoi est-ce que tout est vide ? Je finis par trouver Patty, dans son bureau, un boa en plumes blanches autour du cou. « Patty ? Où sont-ils tous passés ? » je lui lance, hors d'haleine. Elle lève la tête tout sourire et me répond : « Tiens, salut Reed ! Tout le monde est en vacances ! »

C'était donc pour moi une grande inquiétude. Nous étions un petit groupe de personnes, mais nous avions beaucoup à faire. Si, sur notre équipe de cinq acheteurs de DVD, deux prenaient un mois de vacances pendant l'hiver, ce serait un handicap pour le bureau. Des employés en vacances perpétuelles allaient-ils couler l'entreprise ?

Dans le second cauchemar, c'est l'hiver, pendant une tempête de neige, comme celles que j'ai connues enfant dans le Massachusetts. L'ensemble des employés est coincé au bureau par des tonnes de neige qui bloquent la porte. Des stalactites grosses comme des défenses d'éléphant pendent du plafond. Le vent fouette les fenêtres. Le bureau est envahi d'employés. Certains dorment par terre dans la cuisine. D'autres fixent leur écran d'ordinateur, le regard vide. Je suis furieux. Pourquoi est-ce que personne ne travaille ? Pourquoi tout le monde est à ce point épuisé ? J'essaie de remettre au travail ceux qui sont couchés sur le sol. Je les force à se lever, mais ils regagnent leur poste comme des zombies. Au fond de moi, je sais pourquoi nous sommes tous bloqués ici, éreintés. Des années ont passé et personne n'a pris de vacances.

Je craignais donc aussi que, sans nombre précis de congés alloués, les gens cessent de s'octroyer des vacances. Notre politique des congés illimités deviendrait-elle « Pas de congé tout court » ? Beaucoup de nos innovations se sont produites pendant des vacances. Prenez Neil Hunt, qui a été notre directeur des produits vingt années durant. Neil est britannique, Patty le comparait à « un grand bâton avec un cerveau » parce qu'il mesure 1,92 m, est très maigre et particulièrement intelligent. Neil supervisait la plupart des innovations techniques qui ont fait de Netflix la plateforme que l'on connaît aujourd'hui. Il avait aussi la passion des vacances au grand air en conditions extrêmes.

Il passait souvent ses congés dans de lointaines contrées isolées. Chaque fois, il revenait avec une idée géniale pour faire progresser l'entreprise. Un jour, avec sa femme, ils sont partis armés de scies à glace dans le nord de la Sierra Nevada pour passer une semaine dans un igloo. À leur retour, Neil avait imaginé en rêve un nouvel algorithme qui améliorerait la façon dont nous sélectionnons les films à proposer à nos clients. Il était la preuve vivante du bénéfice des congés pour une entreprise. Le temps libre offre une bande passante mentale qui permet de penser de façon créative et de voir son travail sous un jour différent. Lorsqu'on a en permanence la tête dans le guidon, on n'a pas la perspective nécessaire pour envisager les problèmes sous un angle neuf.

Patty et moi avons réuni l'équipe de direction pour discuter des deux angoisses contradictoires qui m'occupaient l'esprit dans cette période où nous nous préparions à tirer un trait sur les congés alloués. Nous avons décidé, non sans une certaine fébrilité, de proposer les congés illimités, mais uniquement de manière expérimentale. Ce nouveau système permettrait à tous les membres du personnel salarié de prendre des vacances quand ils le souhaiteraient et pour une durée de leur choix. Cela ne nécessiterait aucune approbation préalable et ni les employés ni leurs managers n'auraient à comptabiliser les jours passés en dehors du bureau. Il revenait au seul salarié de décider si et quand il ou elle éprouverait le besoin de prendre quelques heures, une journée, une semaine ou un mois de vacances.

L'expérience a été un succès, à tel point que nous continuons d'opérer ainsi à ce jour et l'entreprise en a énormément bénéficié. Les vacances illimitées permettent d'attirer et de retenir les talents, particulièrement la Génération Z et les millennials, très réfractaires aux horaires fixes. Se débarrasser de ce règlement permet de réduire la bureaucratie et les coûts administratifs imposés par le pistage des uns et des autres. Ce signal envoyé aux employés souligne combien nous leur faisons confiance pour prendre la bonne décision, ce qui en retour les encourage à se comporter de manière responsable.

Cela dit, si vous dérégulez les congés sans prendre quelques précautions nécessaires au préalable, vous pourriez bien vivre pour de bon ces cauchemars qui ont agité mes nuits. Première étape…

LES LEADERS DOIVENT MONTRER L'EXEMPLE EN MATIÈRE DE VACANCES PROLONGÉES

Je suis récemment tombé sur un article écrit par le P.-D.G. d'une petite entreprise ayant tenté la même expérience que Netflix pour les congés, mais pour un résultat beaucoup moins satisfaisant. Il écrit :

> Si je prends deux semaines, mes collègues penseront-ils que je suis un feignant ? Puis-je m'autoriser à prendre plus de vacances que mon patron ? [...] Je comprends. Pendant près de dix ans, mon entreprise a fonctionné avec un système de congés illimités. Lorsque nous avons atteint les quarante employés, ces questions ont commencé à affleurer. Au printemps dernier, l'équipe de direction a décidé qu'il était temps de réaliser un vote sur ce principe, pour laisser les employés choisir. Lorsque finalement il fut décidé de mettre fin aux congés illimités, en faveur d'un nombre de jours déterminés et lié à l'ancienneté, ce serait mentir de dire que j'ai été surpris.

Voilà qui m'étonne, personnellement. Notre politique de congés illimités est tellement populaire, jamais je n'imaginerais les employés Netflix revenir en arrière. Je me suis tout de suite posé une première question : « Le patron prenait-il de grandes vacances ? » J'ai trouvé la réponse un peu plus loin dans l'article.

Même moi, le P.-D.G., du temps des congés illimités, je ne m'absentais jamais plus de deux semaines par an. Avec la nouvelle politique (le nombre de jours limités), je prévois d'utiliser la plupart, voire la totalité des cinq semaines qui nous sont allouées. Pour ma part, c'est la peur de perdre ces jours que j'ai « gagnés » qui me motive à les utiliser réellement.

Si le P.-D.G. ne s'accorde que deux semaines, *bien entendu,* ses employés n'auront pas l'impression d'avoir énormément de liberté avec la politique des congés illimités. Il y a fort à parier qu'ils s'octroieront davantage de temps libre avec leurs trois semaines fixes. En l'absence de règle, la quantité de congés que les gens prennent reflète largement ce qu'ils observent chez leur patron et leurs collègues. Raison pour laquelle, si vous souhaitez vous débarrasser des règles concernant les congés, vous devez commencer par inciter tous les cadres à partir abondamment en vacances et à en parler autour d'eux.

Patty s'y est appliquée dès le départ. Durant cette réunion de l'équipe de direction, en 2003, qui a vu le lancement de l'expérience congés illimités, Patty s'est montrée formelle : pour que cela fonctionne, les cadres doivent s'accorder beaucoup de vacances et en parler énormément à leurs collaborateurs. Sans cadre fixe, l'exemple donné par les patrons devient essentiel. Patty a incité tout le monde à communiquer, elle voulait voir des cartes postales d'Indonésie ou du lac Tahoe punaisées partout dans le bureau. Elle a ajouté qu'au retour d'Espagne de Ted Sarandos en juillet, elle espérait bien voir l'ensemble du bureau assister à son diaporama de 7 000 photos.

En l'absence de limite fixe, la plupart des gens font le tour de leur service pour comprendre les « limites molles » de ce qui est acceptable. J'ai toujours aimé voyager, aussi même avec un temps de congés contraint, j'essayais déjà d'en prendre un maximum. Mais une fois les limites levées, je racontais longuement mes vacances à qui voulait bien m'entendre.

Avant de rencontrer Reed, j'imaginais un bourreau de travail. À ma grande surprise, il semblait souvent en vacances. Quand il n'était pas absent pour cause de randonnée dans les Alpes, il se plaignait d'une raideur dans la nuque, souvenir des mauvais oreillers sur lesquels il avait dormi lors de la semaine passée en Italie avec sa femme, ou alors je croisais un ancien employé de retour d'une semaine de plongée sous-marine aux îles Fidji en sa compagnie. Reed prétend qu'il prend six semaines par an et du peu que j'aie pu en voir, j'aurais envie d'ajouter « au minimum ».

Que Reed se pose en modèle est fondamental pour le succès de la politique des congés illimités chez Netflix. Si le P.-D.G. ne montre pas l'exemple, la méthode ne peut pas fonctionner. Et même dans ce cas, ça n'a pas été efficace partout de façon uniforme : les vacances substantielles de Reed se sont très bien répercutées dans certains secteurs au sein de l'entreprise et moins bien dans d'autres. Quand les cadres n'emboîtent pas le pas de leur P.-D.G., les employés encore plus bas dans la hiérarchie finissent par ressembler un peu aux zombies des cauchemars de Reed.

Prenons l'exemple de Kyle, cadre du marketing. Il a rejoint Netflix après avoir été journaliste pour la presse écrite. Il adore la pression et le frisson des délais serrés : « C'est le milieu de la nuit et une grosse info sort. Le journal part à l'impression dans quelques heures. Il n'y a rien de plus excitant que de travailler contre le temps, avec au bout, comme récompense, un boulot qui aurait dû s'étaler sur plusieurs jours réalisés en quelques heures. » Les enfants de Kyle sont adultes. Il a une cinquantaine d'années bien tassées et jusqu'à récemment il était à la tête d'un des services Netflix basés à Hollywood. Là comme ailleurs, il a continué de travailler comme s'il était en permanence sous pression – et tout le monde dans son service faisait comme lui. Kyle expliquait : « On travaille tous comme des dingues, mais c'est parce qu'on est des passionnés. » Kyle ne prenait ni ne parlait beaucoup de vacances, pour ses collaborateurs le message était donc très clair.

La directrice du marketing, Donna, par exemple, s'est trouvée en épuisement professionnel.

À en croire son Fitbit, Donna avait dormi quatre heures et trente-deux minutes la nuit précédente. Elle passait de longues soirées au bureau et se réveillait tôt dans l'espoir d'arriver au bout de ce qu'elle décrivait comme des « puits sans fond de travail inachevé », tel était son quotidien. Donna n'a pas pris de vacances déconnectées depuis quatre ans, depuis la naissance du premier de ses deux enfants. « Je me suis accordé quelques jours pour rendre visite à ma mère à Thanksgiving. J'ai passé tout mon temps dans la buanderie à travailler. »

Pourquoi n'a-t-elle pas profité de la liberté offerte aux employés Netflix pour prendre davantage de jours ? « Mon mari est artiste d'animation – il crée des dessins animés. C'est moi qui fais bouillir la marmite. » Si Donna travaille autant, c'est parce que son patron ainsi que tous ses collègues font de même, et elle ne voudrait pas donner l'impression de ne pas faire sa part : « La culture Netflix est faite de beaux idéaux, mais parfois l'écart entre les idéaux et la réalité est énorme. Seul le leadership peut le combler. Quand les cadres ne montrent pas l'exemple... Eh bien, voilà, mon cas donne un bon aperçu des conséquences. »

À mesure que Netflix grandit, elles sont de plus en plus nombreuses, ces poches apparemment imperméables à l'exemple de Reed et aux instructions initiales de Patty. Parmi ces équipes Netflix, l'absence de limites sur les jours de congé fait plutôt l'effet d'une absence de jours de congé. Mais beaucoup de cadres imitent consciencieusement Reed en la matière, ils prennent des vacances et le font savoir. Quand c'est le cas, les employés profitent de cette liberté de façon étonnante et souvent pour le meilleur.

Greg Peters, qui a remplacé Neil Hunt au poste de directeur des produits en 2017, en est un bon exemple. Greg, généralement, travaille de 8 heures à 18 heures, afin de rentrer dîner avec ses enfants. Il met un point d'honneur à prendre de longues vacances, notamment pour rendre visite à la famille de sa femme à Tokyo, et il encourage son équipe à faire comme lui. « Notre discours, en tant que leader, ne représente que la moitié de l'équation, explique-t-il. Nos employés observent aussi notre comportement. Si je dis “je tiens à ce que vous trouviez un équilibre sain et durable entre votre vie professionnelle et privée”, mais que je passe douze heures par jour au bureau, les gens ne suivront pas mes conseils, ils adopteront la même attitude que moi. »

Les actions de Greg vont dans le sens de ce qu'il professe, ses collaborateurs ne s'y trompent pas.

John, ingénieur dans son équipe au siège, dans la Silicon Valley, en fait partie. John conduit une Oldsmobile marron des années 1970 avec banquette en Skaï, intérieur en imitation bois et un vaste espace à l'arrière. John adore la sensation de se retrouver transporté dans les années 1970. Dans sa voiture, il a la place pour mettre son VTT, sa guitare, son jeune chiot rhodesian ridgeback et ses jumelles âgées de six ans. John culpabilise un peu de l'extraordinaire équilibre travail/vie privée qui est le sien.

> J'ai déjà pris sept semaines de vacances cette année et nous ne sommes qu'en octobre. Mes chefs s'accordent beaucoup de congés, mais je crois que même eux ne savent pas combien j'ai pris. Personne n'a jamais posé de question ni même tiqué sur le sujet. Je fais du vélo, de la musique et mes filles ont besoin de moi. Je me dis souvent, avec tout l'argent que je gagne... est-ce que je ne devrais pas travailler plus ? Mais j'abats une quantité de travail incroyable, alors je finis par me convaincre que ce formidable équilibre qui est le mien ne pose aucun problème...

D'autres membres de l'équipe de Greg ont trouvé des façons créatives d'organiser leur vie – ce qui serait impossible sous un régime traditionnel de congés payés. Ingénieure logiciel senior, Sarah travaille entre soixante-dix et quatre-vingts heures par semaine, mais elle s'accorde dix semaines de congé par an (récemment, elle est partie en voyage anthropologique à la découverte de la tribu Yanomami au Brésil, en Amazonie). Elle considère cela comme une rotation de plusieurs semaines de travail intense suivie par une semaine complètement différente. « C'est là le plus grand bénéfice de cette liberté de congés chez Netflix, explique-t-elle. Pas le fait de pouvoir prendre plus ou moins de jours, mais de pouvoir organiser sa vie comme bon nous semble, aussi fou que cela puisse paraître – tant que vous faites un super boulot, personne ne trouvera rien à redire. »

Le comportement du chef a une telle influence qu'il peut parfois réussir à effacer des normes culturelles nationales. Avant de devenir directeur des produits, Greg a été, pendant un temps, directeur général de Netflix à Tokyo. Au Japon, les travailleurs du monde des affaires sont connus pour leurs longues heures de présence et la quasi-absence de temps libre. Il est arrivé que certains se tuent littéralement à la tâche. À tel point qu'il existe un terme spécifique en japonais, *karoshi*. En moyenne, un travailleur là-bas prend environ sept jours de vacances par an et 17 % s'en privent totalement.

Un soir, autour d'une bière et de sushis, Haruka, un manager d'une petite trentaine d'années, m'a raconté son expérience : « À mon poste précédent, je travaillais pour une société japonaise. Pendant sept ans, j'arrivais au bureau à 8 heures du matin et je rentrais chez moi par le dernier train juste après minuit. En sept ans, je me suis accordé une semaine de vacances et encore, c'était pour le mariage de ma sœur, qui vit aux États-Unis. » Rien que de très banal au Japon.

Le fait d'être engagé par Netflix a changé la vie d'Haruka. « Quand Greg travaillait ici, il quittait le bureau tous les jours avant l'heure du dîner, alors les employés aussi. Il partait souvent en vacances sur l'île d'Okinawa ou bien il emmenait ses enfants skier à Niseko et puis à son retour, il nous montrait des photos. Il nous posait des questions sur nos vacances, du coup on s'est tous mis à en prendre. Ma plus grande crainte, si jamais je venais à quitter Netflix, ce serait de devoir reprendre une vie étouffante de longues journées de travail sans pause ; Netflix offre un équilibre merveilleux. »

Greg, qui est américain, a réussi à lui tout seul à inciter un bureau rempli de Japonais à adopter un rythme de travail et de vacances à l'européenne. Il n'a rien imposé, il ne les a pas harcelés. Il s'est contenté de montrer l'exemple et d'exprimer certaines attentes.

Si vous souhaitez mettre en place les congés illimités dans votre organisation, montrez l'exemple. Même chez Netflix, où je m'applique à prendre six semaines par an et où j'encourage mon équipe de direction à faire de même, les histoires de Kyle et de Donna prouvent bien que le ruissellement du haut en bas de la hiérarchie en matière de temps libre nécessite des rappels constants et de l'attention. Mais si vous et votre équipe de direction montrez la voie, vous n'aurez pas à craindre de récupérer des zombies surmenés étalés dans votre cuisine.

L'exemple par le leadership est la première étape incontournable si vous souhaitez voir réussir la politique des congés illimités. Une autre inquiétude agite beaucoup de dirigeants d'entreprise : ils imaginent leurs collaborateurs s'absentant plusieurs mois d'affilée à des moments peu propices, ce qui finirait par nuire au travail d'équipe et saboter les affaires. Voilà qui nous amène à la deuxième étape nécessaire pour adopter la politique des congés illimités. Si vous parvenez à l'appliquer correctement, vous réussirez aussi à résoudre le problème d'éventuels leaders qui, comme Kyle, ne montrent pas l'exemple en matière de grandes vacances, échouant ainsi à obtenir un équilibre idéal entre travail et vie privée au sein de leurs équipes.

IMPOSEZ ET RENFORCEZ LE CONTEXTE POUR GUIDER VOS EMPLOYÉS

En 2007, Leslie Kilgore inventait l'expression « Le leadership par le contexte, pas le contrôle » (sur laquelle nous reviendrons plus longuement au chapitre 9), mais ce principe n'était pas le nôtre en 2003 quand nous avons opté pour les congés illimités. Notre seule règle était alors : faire en sorte que les leaders prennent et parlent beaucoup de vacances. Au-delà de ça, nous n'avons rien ajouté de vraiment spécifique, nous n'avons pas éprouvé le besoin de contextualiser. Nous avons annoncé aux salariés que les jours de congé ne seraient plus comptés ni pointés. Nous en sommes restés là. Quelques mois ont suffi pour qu'apparaissent les premiers problèmes.

Nous avons mis en place les congés illimités en 2003. En janvier 2004, un directeur de la comptabilité est venu se plaindre dans mon bureau : « Grâce à votre brillante idée de laisser toute liberté en matière de vacances, nous allons être en retard pour boucler la compta cette année. » Un membre de cette équipe, qui en avait assez de devoir travailler les deux premières semaines de janvier – période critique pour les comptables –, avait décidé de prendre ses congés à ce moment-là, plongeant tout le service dans le chaos.

Un autre jour je croise une manager dans la cuisine autour de la corbeille de fruits. Elle avait les yeux rouges, les joues marbrées, elle semblait avoir pleuré. « Reed ! Cette histoire de congés illimités aura ma peau ! » Son équipe de quatre personnes avait un délai serré à tenir. Un d'entre eux commençait son congé paternité la semaine suivante. Voilà qu'une autre venait de lui annoncer qu'elle partait dans quinze jours pour une croisière d'un mois dans les Caraïbes. La manager avait l'impression de ne pas pouvoir leur refuser, ni à l'un ni à l'autre. « C'est le prix à payer pour cette liberté que nous proposons ici », se plaignait-elle.

Ce qui nous amène à la deuxième étape pour que tout se déroule au mieux dans le cadre des congés illimités. Lorsqu'on supprime une règle, les employés ne savent pas comment gérer cette absence. Certains vont rester paralysés jusqu'à ce que leur responsable leur dise explicitement quelles actions sont possibles. Et si personne ne leur ordonne jamais de prendre des vacances, ils n'en prendront pas. D'autres au contraire vont s'imaginer pouvoir jouir d'une liberté absolue de se conduire de façon totalement inappropriée, par exemple en partant en congés à un moment critique pour tous les autres. Non seulement ce comportement sabote l'efficacité de l'équipe, mais il peut aussi in fine pousser le manager à monter dans les tours et à virer le salarié, ce qui n'est bon pour personne.

En l'absence de règles écrites, chaque manager doit prendre le temps, avec son équipe, de définir quels comportements entrent dans le cadre de l'acceptable et de l'approprié. Le directeur de la comptabilité aurait dû réunir ses collaborateurs et expliquer quels mois étaient envisageables pour des congés – janvier étant hors de question pour toute personne de son service. La manager aux yeux rouges aurait dû travailler avec son équipe pour définir le cadre des congés tels que « un seul membre de l'équipe peut s'absenter à la fois » et « assurez-vous de ne pas provoquer de problème au sein du groupe avant de réserver vos vacances ». Plus le manager sera clair dans sa définition du contexte, mieux les choses se passeront. Le responsable de la comptabilité aurait pu dire « Merci de m'avertir au moins trois mois à l'avance pour une absence de quatre semaines, mais un mois suffit s'il s'agit de cinq jours de congé. »

À mesure que l'entreprise se développe, les façons de gérer le contexte et de montrer l'exemple se diversifient. Netflix connaît une croissance si rapide et subit tant de changements qu'on peut très vite se sentir submergé et sous pression. N'importe quel manager qui viendrait à manquer de vigilance et d'attention peut rapidement se trouver cerné par des Donnas dans son équipe. Kyle a commis une double erreur : non seulement il n'a pas été un modèle en matière de congés, mais il n'a pas su contextualiser, pour ses collaborateurs, leur expliquer qu'il attendait d'eux qu'ils se ménagent du temps libre, afin de maintenir un bon équilibre entre vie professionnelle et vie privée. Je me confronte régulièrement à ces scénarios quand vient le moment pour moi de contextualiser pour nos leaders et de leur donner des clés à transmettre à leurs équipes. Je profite principalement de notre réunion trimestrielle, qui réunit tous les directeurs et les vice-présidents de la société (les 10-15 % les plus hauts dans la hiérarchie). Dès que j'entends des anecdotes sur telle ou telle personne « qui n'arrête jamais », cela signifie qu'il est temps pour moi de mettre les vacances à l'ordre du jour de la réunion trimestrielle. Cela me donne l'occasion d'évoquer le type d'environnement auquel nous aspirons et cela permet aux équipes dirigeantes de discuter, en petits groupes, des différentes techniques appliquées par les uns et les autres afin d'obtenir un équilibre vie personnelle/professionnelle sain pour nos employés.

LES CONGÉS ILLIMITÉS AJOUTENT DE LA VALEUR – MÊME SI PERSONNE NE LES UTILISE

Après la mise en place des congés illimités chez Netflix, d'autres entreprises les ont adoptés à leur tour, comme Glassdoor, LinkedIn, Songkick, HubSpo et EventBrite pour ce qui est du secteur de la tech, mais aussi Fisher Phillips, un cabinet d'avocats, ou Golin, dans les relations publiques, et l'agence de marketing visuel Visualsoft, pour n'en nommer que quelques-unes.

En 2014, le célèbre entrepreneur britannique Richard Branson a fait de même pour Virgin Management. Il a écrit un article concernant sa décision, qu'il expliquait ainsi :

La première fois que j'ai entendu parler du plan de Netflix, c'est par ma fille Holy, qui venait de lire un papier à ce propos dans le *Daily Telegraph*. Elle m'a immédiatement envoyé le lien avec un e-mail très enthousiaste : « Papa, jette un coup d'œil là-dessus. » C'était un sujet que j'évoquais depuis quelque temps déjà et j'étais persuadé que ce serait très « Virgin » de ne pas pointer les vacances des employés. Elle ajoutait : « Une amie travaille dans une entreprise qui s'y est mise et apparemment ils connaissent un boom significatif sur tous les plans – le moral, la créativité, la productivité ont explosé. » Inutile de dire que j'ai été tout de suite intrigué et j'ai cherché à en savoir plus.

Il est toujours intéressant de voir les adjectifs « intelligent » et « simple » qualifier les innovations les plus fines – et il faut avouer, en l'occurrence, qu'il s'agit là de l'une des initiatives les plus simples et les plus intelligentes dont j'aie entendu parler depuis longtemps. Je suis ravi de vous annoncer que nous avons introduit les congés illimités dans notre société mère au Royaume-Uni et aux États-Unis, où les politiques en matière de congés peuvent être particulièrement draconiennes.

Trenton Moss, P.-D.G. de Webcredible, a également opté pour les congés illimités, il explique que cela attire de bons candidats et augmente le taux de satisfaction des employés :

La philosophie de Netflix s'énonce à peu près en ces termes : une superstar vaut mieux que deux personnes moyennes. Nous leur avons emboîté le pas, pour ainsi dire. Il existe actuellement une très forte demande pour de bons spécialistes de l'expérience utilisateur, garder son personnel est un véritable défi (les congés illimités y contribuent). Les membres de notre équipe sont constamment contactés via LinkedIn, de nombreux professionnels dans notre domaine sont des millennials, qui ont la bougeotte. Les vacances illimitées sont simples à mettre en place – il suffit de créer un environnement de confiance, le nôtre repose sur trois règles : (1) toujours agir dans l'intérêt de l'entreprise, (2) ne jamais faire quoi que ce soit qui empêche les autres d'atteindre leurs objectifs, (3) faire son maximum pour atteindre ses propres objectifs. En dehors de cela, pour ce qui est de définir ses temps de congés, le personnel est libre de faire ce qu'il veut.

Une autre société, Mammoth, a découvert un point intéressant, lorsqu'elle a décidé d'imiter Netflix durant une période test afin de mesurer les réactions que susciteraient les congés illimités. Voici ce qu'en a conclu le P.-D.G., Nathan Christensen :

> Nous sommes une petite entreprise et nous avons été séduits par cette idée qui est à la fois une marque de confiance vis-à-vis de nos employés et un allègement des formalités administratives. Nous avons décidé d'essayer pendant une année puis de réévaluer à ce moment-là. En un an, c'est devenu l'un des avantages les plus appréciés de notre personnel. Dans une étude que nous avons réalisée juste avant la date butoir d'un an, nos employés ont placé les vacances illimitées en troisième position parmi les avantages que nous leur proposons, juste derrière l'assurance santé et notre plan de retraite. Elles étaient citées avant les assurances optiques, dentaires et même formation professionnelle, qui toutes restaient très bien notées.

Les employés de Christensen ont beaucoup apprécié cet avantage alors même qu'ils ont été peu nombreux à en avoir véritablement profité : « Bien que les congés soient illimités, le personnel a pris à peu près un nombre de jours identique à celui de l'année précédente (soit environ quatorze jours, la plupart s'accordant entre douze et dix-neuf). »

Netflix ne compte pas les jours de congé de ses salariés, il n'existe donc aucune donnée concernant la quantité moyenne, mais une personne a tenté d'en savoir plus. En 2007, Ryan Blitstein, journaliste pour le *Mercury News* de San Jose, a enquêté sur ce sujet. Il est arrivé au bureau un matin, enthousiasmé à l'idée du scoop, il imaginait déjà la une pour l'édition régionale de Bay Area : « L'incroyable politique de Netflix en matière de temps libre ! ». Il a interrogé Patty : « Est-ce que les gens s'absentent pendant des mois pour s'en aller explorer des régions exotiques ? Parvenez-vous à travailler correctement ? » Au lieu de lui répondre directement, Patty a envoyé un e-mail à tous les employés qui disait : « N'hésitez pas à discuter avec le journaliste présent dans les locaux. » Il s'est installé dans la cafétéria et a bombardé de questions tous les salariés.

À la fin de la journée, Blitstein s'est avoué vaincu. « Il n'y a rien à raconter ! Personne ne fait rien d'inhabituel. Vous savez ce que m'ont dit les employés ? Qu'ils adoraient les vacances illimitées, mais qu'ils partent en vacances au même rythme qu'avant. Pas plus pas moins. Il n'y a pas de scoop là-dedans ! »

DONNEZ LA LIBERTÉ, VOUS OBTIENDREZ LA RESPONSABILITÉ

Quand nous avons cessé de décompter les jours de congé, j'ai cru que le ciel allait nous tomber sur la tête, mais en gros, rien n'a changé. Simplement, les gens semblaient plus satisfaits et nos employés les plus excentriques, comme celle qui préférait travailler quatre-vingts heures trois semaines d'affilée puis partir à la découverte de la tribu Yanomami en Amazonie, étaient particulièrement ravis de cette souplesse. Nous avions trouvé un moyen d'accorder à nos salariés les plus performants davantage de contrôle sur leur vie et ceci a permis à tous de se sentir un peu plus libres. Parce que nous avions une haute densité de talent, notre personnel était déjà consciencieux et responsable. Parce que nous cultivions la franchise, un individu qui abuserait du système ou tirerait profit de la liberté ainsi allouée aurait été directement interpellé par ses collègues, qui lui auraient expliqué l'impact indésirable de ses actes.

À peu près au même moment, un autre événement est survenu qui nous a permis de tirer une leçon essentielle. Patty et moi avons remarqué que les gens commençaient à prendre davantage d'initiatives dans le bureau. De simples détails, par exemple quelqu'un jetait le lait s'il avait tourné dans le réfrigérateur.

Accorder davantage de liberté aux salariés a favorisé leur autonomie ainsi qu'un comportement plus responsable. C'est à ce moment-là que Patty et moi avons inventé l'expression « liberté et responsabilité ». L'un et l'autre ne sont pas seulement nécessaires ; en réalité, l'un mène à l'autre. Je commençais à comprendre. La liberté n'est pas le contraire de la responsabilité comme je l'avais d'abord cru. Au lieu de ça, c'est une voie qui y mène tout droit.

En ayant cela à l'esprit, j'ai commencé à chercher quelles autres règles supprimer. Celle concernant les frais professionnels et voyages d'affaires était la suivante sur la liste.

CONTINUEZ À VOUS DÉBARRASSER
DES CONTRÔLES !

CHAPITRE 3b

TERMINÉE, L'APPROBATION DES FRAIS PROFESSIONNELS ET DE DÉPLACEMENT

En 1995, avant Netflix, un des directeurs commerciaux chez Pure Software, Grant, est arrivé en trombe dans mon bureau, les oreilles toutes rouges, et il a claqué la porte derrière lui. Le manuel de l'employé disait : *lorsque vous vous rendez chez un client, vous pouvez louer une voiture ou prendre un taxi, mais pas les deux.* « J'ai loué une voiture ! Le client est à deux heures de route ! Un taxi aurait coûté une fortune. C'était la bonne solution, a expliqué Grant. Une soirée était organisée avec quelques clients à quinze minutes de mon hôtel. Je savais que tout le monde allait boire alors j'ai commandé un taxi. Et maintenant la compta refuse de me rembourser mes 15 dollars de taxi parce que j'avais une voiture de location. » Le principe mettait Grant en colère. « Tu aurais préféré que je prenne le volant alcoolisé ? » Patty McCord et moi avons passé une heure à essayer de régler le problème et de réécrire utilement le manuel pour des urgences futures.

Quelques mois plus tard, Grant a démissionné. « Quand j'ai vu à quoi le personnel de direction consacrait son temps, j'ai perdu confiance dans l'entreprise », a-t-il déclaré dans son entretien de départ.

Grant avait raison. Chez Netflix, je voulais que *personne* ne perde de temps avec ce genre de discussion. Surtout, je refusais que nos talentueux employés aient l'impression que des règles idiotes les empêchaient d'utiliser leur cerveau pour agir au mieux. C'était clairement une manière de tuer dans l'œuf cette créativité qui est source d'innovation sur un lieu de travail.

Aux débuts de Netflix, nous étions comme toutes les start-up. Il n'existait aucune règle écrite encadrant qui pouvait dépenser quoi ou dans quels hôtels réserver en cas de voyage d'affaires. La société était si petite que n'importe quelle sortie d'argent importante était remarquée. Les employés étaient libres d'acheter ce dont ils avaient besoin et s'ils dépassaient les bornes, quelqu'un le repérait et recadrait la personne concernée.

En 2004, nous étions cotés en Bourse depuis deux ans. Et c'est en général à ce moment-là que la plupart des entreprises commencent à instaurer certaines règles. Notre P.-D.G. Barry McCarthy m'a proposé une nouvelle politique de frais professionnels et de déplacement ; son document reprenait en fait le type de règles qu'utilisaient beaucoup de moyennes ou grandes entreprises. Il comprenait toutes sortes de détails : quel niveau de managers pouvait voler en business, combien chaque employé était autorisé à dépenser en fournitures de bureau sans faire valider par la comptabilité, les signatures nécessaires pour l'approbation d'un achat coûteux tel qu'un nouvel ordinateur.

Dans la foulée de notre récent passage aux congés illimités, j'étais très opposé à tout contrôle supplémentaire. Nous avions prouvé qu'avec les bons employés, un management qui montre l'exemple et assez de contextualisation, nous étions capables de nous en sortir parfaitement sans être encadrés par des règles. Barry en convenait, mais il m'a également rappelé que nous devions être très clairs sur le contexte pour aider les employés à comprendre comment dépenser sagement l'argent de la société.

J'ai convoqué une réunion à Half Moon Bay. À l'ordre du jour : en l'absence de règlement écrit, comment expliquer aux employés les directives en matière de dépenses. Nous avons étudié une série de cas. Certains étaient très clairs. Si un salarié envoie un colis de Noël à un membre de sa famille par FedEx, les frais ne doivent pas être facturés à Netflix. Mais nous sommes très vite arrivés à de nombreuses situations ambiguës. Si Ted assiste à une fête à Hollywood dans un cadre professionnel et qu'il achète une boîte de chocolats pour son hôte, peut-il faire une note de frais pour Netflix ? Si Leslie travaille de la maison tous les mercredis, une ramette de papier pour son imprimante entre-t-elle dans les frais professionnels ? Et si sa fille utilise ce même papier pour une fiche de lecture à l'école ?

La seule situation sur laquelle nous avons réussi à nous accorder est le licenciement de tout employé coupable de vol vis-à-vis de l'entreprise. Mais soudain Chloe, une directrice, est intervenue : « J'ai volé quelque chose à l'entreprise lundi. J'ai été obligée de travailler jusqu'à 23 heures pour finir un projet. Je n'avais rien à mettre sur la table du petit déjeuner pour le lendemain alors j'ai récupéré quatre petites boîtes de céréales dans la cuisine pour mes enfants. » Bon, cela semblait raisonnable. Cet exemple venait même souligner à quel point les règles fixes ne fonctionnent jamais parfaitement. La vie est tellement plus nuancée que tout ce que pourraient en dire des règlements.

J'ai suggéré que nous demandions simplement aux gens de dépenser l'argent de façon frugale. Les employés devaient réfléchir soigneusement avant d'engager la moindre dépense, exactement comme ils le feraient avec leur propre argent. Nous avons rédigé notre première directive sur les frais :

DÉPENSEZ L'ARGENT DE L'ENTREPRISE
COMME SI C'ÉTAIT LE VÔTRE

J'étais ravi de cette décision. J'étais économe avec mon propre argent, économe avec celui de la société, je partais du principe que tout le monde serait comme moi. Mais voilà, la pingrerie n'est pas partagée par tous et les usages excessivement variables que font les uns et les autres de l'argent ont créé quelques problèmes. Voici un exemple avec David Wells, qui a rejoint notre groupe en tant que vice-président de la direction financière pile au moment où nous avions ces discussions en 2004. Il est ensuite devenu notre DAF de 2010 à 2019.

J'ai été élevé dans une ferme en Virginie. Notre maison était située en dehors des sentiers battus, il fallait rouler pendant plus d'un kilomètre sur une route de terre pour arriver chez nous. Avec mon chien Starr, je passais mes journées à chasser les insectes et à lancer des bâtons dans les 80 hectares de bois autour de la maison.

Je ne suis pas né avec une cuillère en argent dans la bouche, je n'ai pas besoin de luxe. Quand Reed m'a donné pour consigne de voyager comme je le ferais avec mon propre argent, pour moi il était clair qu'il s'agirait de vols en classe éco et de séjours en hôtels modestes. Étant du service financier, cela me semblait fiscalement responsable.

Peu de temps après la mise en place de la nouvelle directive, une réunion des dirigeants a été convoquée au Mexique. À bord de l'avion, j'ai rejoint mon siège en classe éco. Et c'est à ce moment-là que j'ai découvert la totalité de l'équipe contenu de Netflix tranquillement installée en première classe avec leurs chaussons offerts par la compagnie. Ce sont des places qui coûtent cher et le vol entre Los Angeles et Mexico ne dure que quelques heures. Je suis allé les saluer, certains d'entre eux paraissaient gênés. Voici le plus crucial dans cette histoire. Ils n'étaient pas gênés de se trouver en première. Ils étaient gênés pour moi – un cadre clé de la société voyageant en classe éco !

Nous avons rapidement compris que *Dépensez l'argent comme si c'était le vôtre* n'était pas tout à fait le comportement que nous attendions de nos employés. Un des vice-présidents, un certain Lars qui gagnait un salaire substantiel, avait pour habitude de dire, par plaisanterie, qu'à cause de son amour du luxe, il vivait un chèque après l'autre. Nous ne souhaitions pas les dépenses associées à ce style de vie.

Nous avons donc changé la directive concernant les frais professionnels et opté pour quelque chose de plus simple. Aujourd'hui le règlement intérieur concernant les sorties d'argent se résume encore à ces quelques mots :

AGISSEZ AU MIEUX DES INTÉRÊTS DE NETFLIX

La règle est plus adaptée. Il n'est pas dans l'intérêt de Netflix que l'ensemble de l'équipe contenu vole en business entre L.A. et

Mexico. Mais si vous n'arrivez pas à fermer l'œil entre L.A. et New York alors que vous faites une présentation le lendemain matin, il serait certainement dans l'intérêt de l'entreprise de voyager en business, pour ne pas avoir des cernes sous les yeux et une élocution pâteuse à l'instant T.

Quoi de plus exaltant que de pouvoir dépenser comme bon vous semble l'argent qui ne vous appartient pas pour acheter des objets qui vous sont utiles à vous et à votre travail ?

Imaginez les possibilités. Vous partez pour la Thaïlande pour rendre visite à vos collègues et assister à quelques réunions. Le climat de Bangkok vous fera du bien et les massages sont divins. Vous pourriez en profiter pour remplacer cette valise dont la roue s'est cassée lors de votre précédent voyage d'affaires – ces valises Tumi sont tellement chères ! Bien sûr, les sociétés ne payent généralement pas les bagages, mais c'est de toute évidence à cause d'un voyage d'affaires que la valise a été endommagée, alors ce peut être justifié.

D'un autre côté, si vous êtes à la tête de cette entreprise, cette même directive peut faire naître chez vous quelques poussées d'urticaire inattendues. Laisser vos employés en toute liberté dépenser l'argent de la société exactement comme ça leur chante, sans qu'aucune validation ne soit requise ? Voilà qui va coûter cher – peut-être même provoquer votre faillite. Bien sûr, certains sont honnêtes et économes, mais la vaste majorité va chercher une manière de maximiser le gain personnel.

Ce n'est pas seulement une intuition pessimiste. Des études montrent que plus de la moitié de la population est prête à tricher pour obtenir davantage pour elle-même si elle estime qu'elle ne se fera pas prendre.

Gerald Pruckner, chercheur à l'université de Linz, et Rupert Sausgruber, de l'université d'économie de Vienne, ont lancé une étude afin de découvrir comment réagiront les gens confrontés à ce type de scénario. Des journaux ont été mis en vente dans une boîte, sans surveillance. Le prix était affiché et les passants étaient censés glisser les pièces dans la boîte s'ils prenaient un exemplaire. Un message écrit rappelait à tous d'être honnêtes. À peu près un tiers de ceux qui ont récupéré le journal ne l'ont pas payé. Les personnes malhonnêtes sont nombreuses. Il serait naïf de croire que seules les plus honnêtes travaillent avec vous.

Aussi attirant et terrifiant cela puisse-t-il paraître, les dépenses, chez Netflix, ne ressemblent en rien à l'expérience des journaux. Cela n'a rien d'aussi amusant, d'aussi effrayant qu'on pourrait le croire. Ceci grâce au contexte mis en place au départ et aux contrôles qui arrivent à la fin. Les employés ont une large liberté pour décider par eux-mêmes comment gérer l'argent de la société, mais ce n'est clairement pas synonyme de laisser-faire général.

D'ABORD CONTEXTUALISEZ, ET ENSUITE GARDEZ UN ŒIL SUR LES DÉPENSES

Pour aider les nouvelles recrues Netflix à comprendre quelles dépenses sont autorisées et lesquelles ne le sont pas, nous leur fournissons le contexte qui permet de faire les bons choix. David Wells, durant ses dix années en tant que DAF de Netflix, a été parmi les premiers à contextualiser pour les petits nouveaux lors de notre « formation nouvel employé ». Voici comment il expliquait sa vision :

> Avant d'engager toute dépense, imaginez que votre patron direct et moi-même vous demandons des comptes : debout face à nous, vous devrez justifier pourquoi vous avez préféré tel avion, tel hôtel, tel modèle de téléphone. Si vous pouvez expliquer sans problème pourquoi cet achat est dans l'intérêt de la société, alors inutile de nous poser la question, allez-y, achetez. Mais si vous avez l'impression que vous vous sentiriez un peu mal à l'aise pour motiver votre choix, laissez tomber, vérifiez auprès de votre n+1 ou achetez moins cher.

C'est ce que je veux dire quand je parle de « contexte dès le départ ». L'instruction de David, s'imaginer en train de rendre des comptes à propos de ses achats devant ses patrons, n'était pas une simple vue de l'esprit. Si vous ne faites pas attention à vos dépenses, il est fort probable que vous DEVREZ vous en expliquer.

Chez Netflix, pour acheter quelque chose, il n'y a pas de bons de commande, pas d'attente d'une validation. On achète, on prend une photo du reçu et on l'envoie directement au bureau concerné pour se faire rembourser. Mais cela ne signifie pas que personne ne se soucie de ce que vous faites. L'équipe du service financier a proposé deux options pour éviter les dépenses peu judicieuses. Les managers peuvent choisir entre les deux, ils peuvent aussi combiner. La première méthode tend légèrement vers une philosophie de liberté et responsabilité (ou L&R comme on dit chez Netflix). La seconde saute en plein dedans.

Si le manager préfère tendre légèrement vers la L&R, voilà comment fonctionnent les choses : à la fin de chaque mois, le service financier lui envoie un lien qui récapitule la totalité des dépenses par collaborateur pour les semaines précédentes. Le manager peut cliquer sur ces factures et examiner ce que chacun a acheté. Patty McCord, qui avait opté pour cette voie, ouvrait avec zèle le message de la direction financière à la fin du mois et passait au crible les dépenses de tous les salariés du service RH. Il lui arrivait souvent de constater que les gens dépassaient les bornes. Patty se souvient d'un incident, en 2008, impliquant Jaime, une recruteuse de son équipe :

Un vendredi après-midi, je m'apprêtais à rentrer chez moi quand je croise deux types du service produits venus chercher Jaime pour aller chez Dio Deka, le restaurant grec une étoile au Michelin de la Silicon Valley. Je leur demande s'ils sortent boire un verre, mais Jaime me répond qu'il s'agit d'un dîner de travail.

Le mois suivant, dans la liste des dépenses de mon équipe, j'ai trouvé un reçu de Jaime pour 400 dollars chez Dio Deka. Ça ne m'a pas paru correct. J'ai interrogé Jaime : « Hé, est-ce que c'est la note de la soirée passée avec l'équipe produits il y a quelques semaines ? » C'était le cas ! Elle m'a expliqué que John avait commandé une bonne bouteille : « John et Greg aiment le bon vin. » J'ai pété un plomb ! J'ai dit : « Si ces deux-là veulent boire des bouteilles à cent dollars, pas de problème ! Vu le salaire qu'on leur verse, ils peuvent se les payer eux-mêmes ! »

Patty en a alors profité pour remettre les choses en contexte pour Jaime, qui avait besoin de l'entendre :

> « Tu peux te permettre ce genre de dépense si tu invites un candidat à dîner. Et si le ou la candidate commande une bonne bouteille, ok, c'est validé. Ça fait partie de ton boulot. Mais dans le cas qui nous occupe, l'entreprise a carrément payé votre dîner au restaurant. C'est n'importe quoi ! Si tu veux t'amuser avec tes collègues, tu règles la note toi-même. Si tu as besoin d'un lieu pour une réunion, réserve une salle de conférences. Ce n'était pas dans l'intérêt de Netflix ! Fais preuve de discernement. »

En général, une ou deux conversations suffisent à clarifier le contexte pour votre employé qui va comprendre comment utiliser sagement l'argent de la société, et ce sera résolu. Lorsque les salariés se rendent compte que leur manager garde un œil sur leurs dépenses, ils ont plutôt tendance à ne pas tester les limites. C'est une manière de maintenir des dépenses raisonnées, mais beaucoup de managers Netflix préfèrent une version plus radicale de la ligne liberté et responsabilité.

Pour ceux qui se sentent prêts à sauter à pieds joints dans le grand bain de la L&R, il existe une autre voie, qui éradique tout le tracas administratif du pointage des factures et laisse au service audit interne le soin de repérer les abus. Mais si abus il y a, alors c'est terminé pour l'employé.

Leslie Kilgore l'explique ainsi :

Mon équipe marketing était sur la route non-stop. Ils sélectionnaient eux-mêmes leurs vols, leurs hôtels. Nous avons essayé, ensemble, d'échafauder un certain nombre de scénarios pour les aider à trancher les choix de dépenses. Si vous avez un vol de nuit et que vous devez être opérationnels le lendemain, opter pour un siège en business paraît logique. Si vous pouvez prendre l'avion de nuit en classe éco et arriver un jour plus tôt, c'est mieux et Netflix paiera la nuit d'hôtel supplémentaire. Il n'est quasiment jamais dans l'intérêt de Netflix de voyager en business pour les courts et moyens courriers.

Je les ai prévenus que je n'éplucherais jamais leurs dossiers de frais professionnels, mais que le service financier procédait annuellement à l'audit de 10 % de l'ensemble des dépenses. Je fais confiance à mes collaborateurs pour se comporter de manière économe et prudente avec l'argent de l'entreprise et si le service financier découvre des excès, l'employé concerné sera immédiatement licencié. Vous n'avez pas droit à un avertissement ; c'est « si tu abuses de ta liberté, tu es viré » et tu serviras d'exemple à ne pas suivre pour les autres.

C'est là le cœur de la L&R. Si vos salariés choisissent de profiter abusivement de la liberté que vous leur octroyez, il faut les renvoyer avec pertes et fracas, pour que tout le monde comprenne bien les conséquences. Sans cela, la liberté ne fonctionne pas.

OUI, IL Y AURA DE LA TRICHE, MAIS LES BÉNÉFICES SURPASSERONT LES PERTES

Lorsqu'on offre la liberté, même en contextualisant, même en clarifiant les conséquences des abus, un petit pourcentage de personnes va forcément tenter de rouler le système. Dans ce cas, ne surréagissez pas en créant davantage de règles. Gérez la situation individuelle et tournez la page.

Netflix a eu son lot de tricheurs. L'affaire qui a fait le plus de bruit concernait un employé de Taïwan qui voyageait beaucoup pour affaires et en profitait pour faire passer de nombreuses vacances de luxe sur le compte de la société. Son manager ne vérifiait pas les reçus et il a échappé à l'audit du service financier pendant trois années complètes. Lorsqu'il a finalement été rattrapé par la patrouille, il avait dépensé plus de 100 000 dollars en voyages personnels. Inutile de dire qu'il a été renvoyé.

Dans la plupart des cas, la fraude n'est pas si manifeste, les employés testent ce qui peut passer ou non. Le vice-président chargé des opérations, Brent Wickens, supervise l'ensemble des espaces de bureaux de la société, partout dans le monde. Un printemps, une certaine Michelle, membre de son équipe, a fait plusieurs allers-retours à Las Vegas pour affaires. Brent vérifiait personnellement les dépenses de son service, mais seulement quelques fois par an.

Une nuit que je n'arrivais pas à dormir, j'ai cliqué sur le lien envoyé par e-mail intitulé « Dépenses du service détaillées par employé ».

J'en ai passé en revue un certain nombre quand soudain quelque chose d'inhabituel m'a sauté aux yeux. Michelle avait une dépense liée à un voyage professionnel marquée *Boisson et nourriture* au casino Wynn à Las Vegas dont le montant était *1 200 dollars*. Cela faisait beaucoup de frais de bouche pour un voyage de deux jours ! Cela a piqué ma curiosité et j'ai commencé à scruter ses dépenses des mois précédents. J'ai repéré beaucoup de petites choses qui ne m'ont pas paru très normales. Elle s'était rendue à Boston pour une conférence un jeudi et y avait passé le week-end avec sa famille. Le vendredi soir, elle avait facturé une dépense de 180 dollars dans un restaurant. S'agissait-il d'un dîner en famille ?

J'ai attendu que Michelle et moi soyons tous les deux au bureau pour lui demander de quoi il retournait. À ce moment-là, elle s'est figée. Elle n'avait pas d'explication. Elle n'a pas présenté ses excuses, n'a apporté aucune justification, elle n'avait rien à dire. La semaine suivante, elle était remerciée. Elle a préparé ses cartons sans cesser de répéter que tout ça n'était qu'une erreur monumentale. Je me sentais mal, je ne comprends toujours pas vraiment ce qui s'est passé. Elle est partie poursuivre sa carrière ailleurs. La liberté que nous proposons ne lui convenait pas.

À la réunion suivante de revue trimestrielle de l'activité, la responsable des talents est montée sur scène pour raconter l'histoire de Michelle aux trois cent cinquante participants, détaillant l'abus sans préciser ni son nom ni son service. Elle a demandé à chacun de partager cette histoire avec leurs équipes pour que tout le monde comprenne la gravité de la situation. Brent se sentait mal pour Michelle, mais il a compris l'importance de raconter cette histoire au plus grand nombre. Sans ce niveau de franchise, la liberté de travailler sans validation des dépenses ne fonctionne pas.

Les plus gros frais directement liés à la liberté correspondent sûrement aux vols en business. Des débats récurrents ont lieu chez Netflix pour savoir s'il faut oui ou non créer une règle pour réduire ces voyages, mais les managers seniors continuent de préférer l'approche actuelle. David Wells, du temps où il était DAF, estimait que les frais des voyages professionnels seraient réduits d'environ 10 % si Netflix adoptait un système d'approbation formel. Mais, à en croire Reed, ces 10 % sont un bien faible prix à payer au vu des bénéfices significatifs qui y sont associés.

DES BÉNÉFICES FORMIDABLES : GRATUITS, RAPIDES ET (ÉTONNAMMENT) BON MARCHÉ

Vous vous souvenez de Grant, le directeur commercial du temps de Pure Software ? Lorsqu'il est venu se plaindre de sa note de taxi, il était furieux. Il avait l'impression d'être cloué au sol par la paperasse. Il se sentait incapable de faire ce qui lui semblait adéquat, encombré par le poids des règlements et politiques maison.

Lorsqu'il m'a présenté sa situation en ces termes, je me suis rendu compte que ce sentiment était partagé par l'ensemble de notre personnel. J'ai eu une vision de nos centaines de salariés, tels des oiseaux prêts à décoller, leurs pattes enfouies sous les kilos de documents posés sur leur bureau. Je n'avais pas eu l'intention d'étouffer dans l'œuf la créativité et la réactivité des employés par la bureaucratie. Les politiques de dépenses m'avaient paru un bon moyen de minimiser les risques et d'économiser de l'argent.

Mais voilà le message important de ce chapitre : même si votre personnel dépense un peu plus quand il est libre, le coût reste moindre que dans une entreprise où les gens ne sont pas autorisés à prendre l'avion. Si vous limitez leur choix, parce qu'il y a des cases à cocher, des permissions à demander, non seulement vos employés sont frustrés, mais en plus l'entreprise y perd la rapidité et la flexibilité associées à un environnement peu réglementé. Un de mes exemples préférés remonte à 2014. Un ingénieur junior a alors remarqué un problème qu'il fallait résoudre.

Le vendredi 8 avril au matin, Nigel Baptiste, directeur des partenariats, est arrivé au bureau Netflix de la Silicon Valley à 8 h 15. C'était une belle journée ensoleillée, Nigel s'est servi en sifflotant une tasse de café dans la cuisine du quatrième étage, puis il a rejoint la salle où son équipe et lui testent le streaming de la plateforme sur des téléviseurs fabriqués par des partenaires officiels tels que Samsung et Sony. Mais dès son arrivée à son espace de travail, il a soudain cessé de siffler et s'est figé sur place. Ce qu'il a vu, ou plutôt ce qu'il n'a pas vu à ce moment-là, l'a fait paniquer. Il raconte :

> Netflix avait investi un paquet d'argent pour permettre à nos clients de regarder *House of Cards* sur des nouveaux écrans 4K ultra haute définition. Le problème était que jusque-là, à peu près aucun téléviseur n'avait ce type de configuration. Nous avions obtenu un visuel super net et frais, mais rares étaient ceux qui pouvaient y accéder. Notre partenaire Samsung avait sorti la seule télévision 4K sur le marché à l'époque, mais elle était chère et nous

ne savions pas encore si elle se vendrait. Mon objectif principal, cette année-là, était de travailler avec Samsung pour inciter un maximum de gens à regarder *House of Cards* en 4K.

Le journaliste Geoffrey Fowler, qui teste les produits high-tech pour le *Washington Post* et compte environ deux millions de lecteurs, a accepté de se prêter au visionnage de *House of Cards* sur le nouvel écran Samsung – potentiellement un gros coup médiatique pour nous. Pour que la 4K décolle, il faudrait que sa critique soit excellente. Le jeudi, les ingénieurs Samsung étaient venus chez Netflix avec la télévision 4K et ils s'étaient assurés, avec mon équipe technique, que tout fonctionnerait pour le mieux pour la présentation du produit à M. Fowler. Le jeudi soir, après les tests, nous sommes tous rentrés à la maison.

Mais le vendredi matin, à mon arrivée au bureau, l'écran avait disparu. Après avoir vérifié avec le service des équipements, j'ai compris qu'elle avait été mise au rebut avec un tas de vieux téléviseurs que nous leur avions demandé de retirer des bureaux.

Catastrophe. Cette télé était attendue dans le salon de M. Fowler d'ici deux heures. Il était trop tard pour rappeler les gens de chez Samsung. Nous allions devoir en racheter une avant 10 heures. J'ai contacté des magasins d'électronique en ville. Les trois premiers m'ont répondu : « Désolé monsieur, nous n'avons pas ce modèle. » J'avais la gorge nouée. Nous allions rater le rendez-vous.

J'étais quasiment en larmes quand Nick, le plus jeune ingénieur de notre équipe, a débarqué dans le bureau ventre à terre. « Ne t'inquiète pas Nigel, a-t-il dit. J'ai la solution. Je suis passé hier soir et j'ai vu que la télé n'était plus là. Comme tu n'as pas répondu à mes coups de fil ni à mes SMS, j'ai foncé au Best Buy de Tracy, j'ai acheté la même et je l'ai testée ce matin. Ça coûtait 2 500 dollars, mais j'ai pensé que c'était le mieux à faire. » Je n'en revenais pas. 2 500 dollars ! Imaginez un peu : un ingénieur junior s'est senti autorisé à dépenser une telle somme sans demander l'approbation de qui que ce soit, simplement parce qu'il pensait que c'était la réaction adaptée. J'ai été submergé par une vague de soulagement. À cause de tous les processus de validation, ce genre de situation n'aurait jamais pu se produire chez Microsoft, HP ni n'importe quelle autre société pour laquelle j'ai travaillé.

Et Fowler a adoré ce streaming en haute définition, comme on peut le lire dans son article pour le *Wall Street Journal* daté du 16 avril : « Même l'imperturbable Francis Underwood transpire en ultra HD. J'ai remarqué une goutte de sueur sur la lèvre supérieure du vice-président fictif interprété par Kevin Spacey devant le streaming de *House of Cards* de Netflix. »

Je ne veux pas que les règles empêchent les employés de prendre de bonnes décisions au bon moment. Pour Netflix et Samsung, cette critique de Fowler valait cent, deux cents fois le prix de cette télé. Nick n'avait que cette devise en tête pour guider ses actions : *Agis au mieux des intérêts de Netflix*. Et cette liberté lui a permis de faire preuve de discernement afin de déterminer ce qui était préférable pour l'entreprise. Quand on supprime toute politique de dépense, les salariés sont plus libres. Ce n'est pas le seul avantage : tout va aussi plus vite.

À mesure que les entreprises se transforment, de start-up rapide et flexible en un business plus solide, elles créent souvent des services entiers dévolus à la supervision des dépenses des salariés, ce qui donne au management un sentiment de contrôle, mais ralentit tout. La directrice de l'innovation de produit, Jennifer Nieva, nous en propose un exemple, qui remonte au temps où elle travaillait pour Hewlett-Packard.

J'adorais mon poste chez HP, mais en 2005, j'ai vécu une semaine d'enfer, j'étais tellement énervée que de la fumée me sortait par les oreilles.

On m'avait demandé de prendre la tête d'un gros projet et il était entendu dès le départ que j'aurais besoin de trouver plusieurs consultants extérieurs très pointus pour travailler avec moi pendant six mois. J'ai contacté huit sociétés de consulting, j'en ai choisi une. Pour six mois de contrat, le devis se montait à 200 000 dollars, j'avais hâte de m'y mettre. Les consultants étaient disponibles immédiatement, mais si j'attendais trop, ils seraient réaffectés à un autre client.

J'ai suivi la procédure, j'ai enregistré une demande pour approbation de dépense dans le système HP du service des achats. Puis j'ai jeté un coup d'œil à l'ensemble du process. VINGT personnes devaient apposer leur signature sur le formulaire avant que je puisse commencer. Ma patronne, son patron, le patron de son patron, mais aussi une dizaine de noms dont je n'avais jamais entendu parler, des gens dont j'ai bientôt découvert qu'ils appartenaient à notre service des achats situé à Guadalajara, au Mexique.

Allais-je perdre ces consultants que j'avais eu tant de mal à trouver ? Ma patronne a signé, son patron aussi, ainsi que le patron de son patron. Puis j'ai commencé à harceler le service des achats, tous les jours d'abord, puis toutes les heures. La plupart du temps, personne ne répondait. Pour finir, j'ai eu une certaine Anna au téléphone, j'ai usé de tout mon charme pour obtenir un coup de main de sa part. L'approbation a pris six semaines et j'ai appelé si souvent Anna que lorsqu'elle a décidé de changer de poste, elle m'a demandé de lui écrire une recommandation sur LinkedIn.

Pensez à l'impact sur la rapidité organisationnelle d'avoir des centaines – des milliers peut-être – de Jennifer confrontées aux mêmes obstacles chaque mois. Les process donnent au management une impression de contrôle, mais ils ralentissent tout. L'histoire de Jennifer a une seconde partie, beaucoup plus satisfaisante.

En 2009, j'ai rejoint Netflix en tant que responsable marketing. Trois mois après mon arrivée, je préparais une campagne de mailing direct de trois millions de pièces. Nous avions prévu d'envoyer par la poste des brochures avec les photos de nos films les plus populaires. Le projet, clé en main, coûtait près d'un million de dollars. J'ai imprimé le cahier des charges et je suis allée voir mon chef. « Steve, comment je fais pour lancer la validation pour cette dépense d'un million de dollars ? » ai-je demandé, me préparant au pire. « Tu signes et tu l'envoies par fax au vendeur », m'a-t-il répondu. Je ne plaisante pas. J'ai failli tomber à la renverse.

À partir des exemples de Nigel et de Jennifer, on voit comment une directive simple pour les dépenses comme « Agissez au mieux dans l'intérêt de l'entreprise » peut offrir à vos employés à la fois la liberté de choix et la possibilité d'agir vite. Mais ce ne sont pas les seuls bénéfices. Un troisième existe, plus étonnant : certains se montrent plus économes quand la politique de dépense est supprimée. Claudio, réalisateur basé à Hollywood qui travaille au service insight consommateur, nous explique comment :

Une partie de mon boulot consiste à recevoir les clients. Chez Viacom, mon précédent employeur, il existait une politique claire précisant à quelle gamme de restaurants on pouvait les inviter, qui devait payer quoi et quelle quantité d'alcool la société acceptait de rembourser. Ça me plaisait. Cela me permettait de m'assurer que je restais bien dans les clous. La règle était, dans le cadre d'un dîner professionnel, seule la première bouteille de vin est prise en charge. J'annonçais donc, au début du repas « Viacom nous offre le dîner et la première bouteille de vin. Après ça, chacun devra payer ses consommations. » Avec cette règle à l'esprit, il pouvait nous arriver de dépenser au maximum, en commandant du homard et un vin particulièrement cher. Mais la règle était claire dès le départ, alors on s'en arrangeait.

Quelques semaines après mon arrivée chez Netflix, je me préparais pour mon premier dîner avec un client. J'ai demandé à ma cheffe, Tanya : « Quelle est la politique en matière de dépenses pour les restaurants avec les clients ? » Sa réponse m'a agacé : « Il n'y en a pas. Fais preuve de discernement. Agis au mieux dans l'intérêt de Netflix. » J'ai eu l'impression qu'il s'agissait d'un test, pour savoir si oui ou non mon jugement était fiable.

J'étais déterminé à montrer à Tanya combien j'étais raisonnable. J'ai commandé l'un des plats les moins chers sur la carte et j'ai décidé de ne prendre qu'une bière (moins chère que le vin). À la fin du repas, quand j'ai constaté que les clients commandaient une nouvelle tournée, je me suis excusé, j'ai réglé l'addition et je suis parti. Hors de question de payer leur soirée.

Au fil du temps, je me suis rendu compte que Tanya n'avait pas essayé de me tester. Elle ne pointe pas du tout mes factures de restaurant. Néanmoins, sans règle, on ne sait jamais quand votre jugement sera remis en question. Je me sens plus à l'aise en me cantonnant à cette pratique de la commande prudente utilisée le premier soir. Pas de homard, pas de bouteille hors de prix.

L'histoire de Claudio démontre le curieux impact des règles. Une fois qu'elles sont définies, certains chercheront d'abord à en profiter. Si Viacom avait dit à ses employés « Commandez une entrée, un plat et une bouteille de vin pour deux personnes », ils auraient pu choisir du caviar, de la langouste, une bouteille de champagne. Très cher, mais la consigne est respectée. Quand on demande aux gens de se comporter en ayant à l'esprit l'intérêt de la société, ils commandent une salade César, des blancs de poulet et une bière chacun. L'entreprise dotée d'une politique n'est pas forcément celle qui fait des économies.

LE TROISIÈME POINT

Quand votre main-d'œuvre se compose quasi exclusivement de personnes ultra-performantes, vous pouvez compter sur leur comportement responsable. Une fois que vous avez développé la culture de la franchise, les employés vont garder un œil les uns sur les autres et ainsi s'assurer que les actes de leurs collègues restent bien dans l'intérêt de l'entreprise. Ensuite, il ne reste plus qu'à supprimer les contrôles et offrir plus de liberté à votre personnel. Commencez par les congés illimités, la suppression des politiques de frais professionnels et de voyages d'affaires. Ces éléments permettent aux salariés de mieux contrôler leur vie, c'est une manière de signifier clairement que vous leur faites confiance pour agir au mieux. Cette confiance suscitera en retour chez vos salariés un sentiment de responsabilité, ainsi tout le monde se sentira davantage partie prenante dans l'entreprise.

À RETENIR DU CHAPITRE 3a :

- Au moment de la mise en place des congés illimités, expliquez qu'il est inutile de demander une autorisation préalable et que ni les employés ni les managers ne sont censés pointer les jours hors du bureau.
- Il revient à l'employé seul de décider si et quand il ou elle a envie de s'accorder quelques heures, une journée, une semaine ou un mois de congé.
- La disparition des limites des congés laisse un vide. Ce qui le remplit, c'est le contexte fourni par le patron à son équipe. De longues discussions doivent avoir lieu, plantant le décor pour aider les employés à envisager leurs décisions pour leurs vacances.
- L'exemple que montre le patron sera déterminant pour guider son personnel en matière de comportement approprié. Si la société pratique les congés illimités et que le patron n'en prend jamais, personne dans l'entreprise n'osera jamais s'accorder de vacances.

▶ *À RETENIR DU CHAPITRE 3b :*

- Au moment où vous faites disparaître les politiques de dépenses professionnelles et de voyages d'affaires, encouragez les managers à contextualiser au préalable les manières de dépenser et à vérifier les reçus des employés a posteriori. Si les gens ne se restreignent pas assez, donnez plus de contexte.

- Sans contrôle des dépenses, votre service financier doit procéder annuellement à un audit d'une partie des reçus.

- Quand vous apprenez que certains abusent du système, licenciez-les et discutez ouvertement des excès constatés – même s'il s'agit de personnes de grande qualité par ailleurs. Ceci est nécessaire pour que les autres comprennent bien les conséquences d'un comportement irresponsable.

- Certaines dépenses vont peut-être augmenter à cause de la liberté que vous accordez. Mais les coûts de ces excès sont loin d'être aussi élevés que les avantages qu'apporte la liberté.

- Avec la liberté des dépenses, les salariés seront capables de prendre des décisions plus rapidement s'il s'agit d'aider l'entreprise.

- Les bons de commande et les process d'achat constituent un coût en temps et en administratif, en faire l'économie, c'est perdre moins de ressources.

- Confrontés à cette nouvelle liberté, de nombreux employés réagiront en dépensant moins qu'ils ne l'auraient fait dans un système régulé. Lorsqu'on dit aux gens qu'on leur fait confiance, ils ont à cœur de prouver qu'ils en sont dignes.

Vers une culture de liberté et de responsabilité

L'été qui a suivi l'adoption des congés illimités, je me préparais à participer à une course en compagnie de Tristan, le fils de Patty McCord, âgé de onze ans. Nous nous entraînions le long de la côte à Santa Cruz quand j'ai repensé à mon expérience, une dizaine d'années auparavant, chez Pure Software.

Les deux premières années, chez Pure, nous formions un petit groupe qui n'avait pas besoin de règlements ou de politiques pour travailler. Mais en 1996, à force d'acquisitions principalement, nous étions sept cents. Parmi les nouveaux venus, certains avaient agi de manière irresponsable, ce qui nous avait coûté de l'argent. Nous avions réagi comme beaucoup d'autres entreprises en mettant en place des politiques afin de contrôler le comportement des gens. À chaque société que nous achetions, Patty prenait notre manuel, le leur, et créait un composite à partir des deux.

Toutes ces règles ont fini par peser sur notre travail, qui est devenu moins amusant – et les plus têtes brûlées parmi nous, qui étaient aussi les plus innovants, ont quitté l'entreprise pour rejoindre des environnements beaucoup moins rigides. Choisissaient de rester ceux qui appréciaient l'uniformité et la cohérence. On leur enseignait que l'adhésion à la politique maison était la valeur suprême. J'ai pris conscience, durant ces longues séances de course avec Tristan, que chez Pure Software nous avions, sans vraiment y réfléchir, créé un système « béton », autrement dit balisé l'environnement de travail pour les nuls. Résultat : seuls les nuls avaient envie de travailler là (enfin, pas les vrais nuls, mais vous voyez l'idée.)

Cet été-là, je me suis rendu compte que Netflix avait atteint un point où, si l'on n'y prenait pas garde, nous risquions de basculer dans le même scénario que Pure Software. L'entreprise se développait, il devenait de plus en plus compliqué pour nos leaders de savoir ce que faisaient les uns et les autres. En temps normal, c'est à ce moment-là que doivent apparaître de nouvelles politiques, de nouveaux processus de contrôle afin de gérer la complexité liée à la croissance. Mais après le succès de nos expériences en matière de vacances et de frais professionnels, je commençais à me demander si nous pouvions aller à contre-courant, une fois encore. De quelles autres règles pouvions-nous nous débarrasser ? Au lieu de renforcer les contrôles sur les employés au fur et à mesure de notre croissance, pouvions-nous développer leur liberté ?

Pour ne pas multiplier les règles et les process, nous avons décidé de poursuivre deux lignes.

1. Nous allions trouver de nouvelles manières d'augmenter la densité de talent. Afin d'attirer et de garder avec nous les meilleurs, nous allions offrir les méthodes de compensation les plus attractives qui soient.

2. Nous allions trouver de nouvelles manières de développer la franchise. Pour pouvoir supprimer les contrôles, nos employés devaient avoir toute l'information nécessaire permettant de prendre de bonnes décisions sans supervision. Il faudrait plus de transparence organisationnelle et éliminer les secrets dans l'entreprise. Pour de bonnes décisions, il faut que les employés dans leur ensemble comprennent aussi bien que ceux tout en haut de la hiérarchie ce qui se passe dans la société.

Ces deux points sont les sujets de nos deux prochains chapitres.

P.-S. : Tristan m'a battu à plates coutures à la course.

DEUXIÈME PARTIE

PROCHAINES ÉTAPES VERS UNE CULTURE DE LIBERTÉ ET DE RESPONSABILITÉ

Renforcez la densité de talent...

Chapitre 4 ▶ Payez au-dessus du marché

Toujours plus de franchise...

Chapitre 5 ▶ L'entreprise à livres ouverts

Et maintenant, supprimez d'autres contrôles...

Chapitre 6 ▶ Aucune validation n'est nécessaire

Dans la partie à venir, nous aborderons le processus de mise en place de la culture de liberté et responsabilité. Dans notre chapitre sur la densité de talent, nous évoquerons les systèmes de compensation pour attirer et garder les personnes les plus performantes. Dans notre chapitre sur la franchise, nous passerons de la discussion sur l'indispensable honnêteté dans les feedbacks individuels (tels qu'expliqués au chapitre 2) à la transparence organisationnelle.

RENFORCEZ LA DENSITÉ DE TALENT…

CHAPITRE 4

PAYEZ AU-DESSUS DU MARCHÉ

Un vendredi après-midi de 2015, Matt Thunell, manager du contenu original Netflix, a senti son cœur s'emballer devant le script tout frais qu'il était en train de feuilleter. Assis dans un restaurant à la mode à Hollywood, en face de l'agent Andrew Wang, qui mangeait en silence, Matt s'est plongé dans sa lecture. Depuis la sélection des scénarios jusqu'à la production des pilotes, Matt est considéré comme l'un des dirigeants créatifs les plus talentueux du milieu. Un de ses secrets ? L'art de nouer des liens avec les bons agents. Wang n'avait encore partagé le premier jet de *Stranger Things* avec personne, mais parce qu'il s'entend très bien avec Matt, il le lui avait glissé en exclusivité pendant un de leurs déjeuners.

Matt s'est précipité au bureau pour le faire lire à Brian Wright (l'ancien vice-président de Nickelodeon croisé au chapitre 2). Brian est connu dans le monde de la télévision pour son incroyable capacité à sentir ce qui va plaire au public. « Ce script était merveilleux, s'est extasié Brian. Des personnages géniaux, un rythme incroyable. » Les arguments contradictoires qu'on lui opposerait étaient évidents : « Les protagonistes préados sont trop vieux pour les enfants et trop jeunes pour les adultes donc inintéressants pour la majeure partie des téléspectateurs » ou « C'est une série années 1980 qui n'intéressera qu'un public de niche ». Brian voyait les choses différemment : « Tout le monde regardera cette série. *Stranger Things* va connaître un succès énorme et Netflix va la réaliser. »

Au printemps 2015, le script était acheté, la date du tournage approchait dangereusement. Mais à l'époque, Netflix n'avait pas encore de studio en propre. *House of Cards* et *Orange is the New Black* avaient été réalisés par d'autres studios puis diffusés sous licence exclusive Netflix. La société, qui n'avait jamais produit de contenu elle-même, entrait désormais dans une nouvelle phase. « Ted l'avait annoncé clairement, nous produirions nous-mêmes les prochains programmes originaux. »

À ce moment-là, l'équipe de production Netflix ne comptait qu'une poignée de personnes, quand plusieurs dizaines sont généralement nécessaires pour faire tourner un studio. Matt se souvient :

> Nous avons réussi à produire *Stranger Things* car les membres de cette équipe étaient tous extraordinairement compétents. Rob était un négociateur hors pair. Aussi lorsqu'une des stars de la série a refusé de signer un contrat sur plusieurs années, il a tout de suite su ce qu'il fallait faire. Laurence, aux finances, était censé surveiller l'argent. Mais tout en gérant en professionnel sa mission d'origine, il a endossé le rôle de producteur exécutif, y consacrant

la totalité de son temps libre – il a par exemple trouvé des espaces où les auteurs pouvaient travailler. Laurence et Rob ont abattu à eux seuls le boulot d'une vingtaine de personnes.

Il a fallu un peu plus d'un an pour que la première saison de *Stranger Things* voie le jour. Elle a été diffusée le 15 juillet 2016. Quelques mois plus tard, elle était nommée aux Golden Globes dans la catégorie « meilleure série dramatique ».

Le succès de Netflix repose sur ce genre d'histoires improbables : de petites équipes composées exclusivement d'individus aux performances significativement au-dessus de la moyenne – ce que Reed appelle des *dream teams*, des équipes de rêve – qui travaillent sur de gros problèmes bien effrayants. Matt, à nouveau :

Dans la plupart des organisations, il existe des employés formidables et d'autres, plus moyens. Ces derniers ont besoin d'être dirigés et on compte sur les stars pour se donner à fond. Chez Netflix, c'est différent. Nous vivons dans une bulle d'excellence dans laquelle tout le monde est ultra-performant. En réunion, on a l'impression qu'avec tout le talent et la puissance des cerveaux rassemblés dans la pièce on pourrait générer suffisamment d'électricité pour tout le bureau. Les gens se remettent en question les uns les autres, ils construisent des arguments et chacun pris séparément est presque plus intelligent que Stephen Hawking. Voilà pourquoi on parvient à en faire autant à une telle vitesse ici. À cause de la densité de talent complètement dingue.

La haute densité de talent chez Netflix est le moteur à l'origine du succès de la plateforme. Reed a découvert cette stratégie aussi simple qu'essentielle après les licenciements en 2001. Il était plus compliqué de déterminer quelles mesures prendre afin d'attirer et de garder les talents les plus exceptionnels.

PROPOSEZ DES RÉMUNÉRATIONS DE ROCK-STAR

Durant les premières années, Netflix a connu une croissance rapide, nous avons très vite eu besoin de nouveaux ingénieurs logiciels. Ayant désormais compris que notre point fort viendrait de la haute densité de talent, nous avons cherché à recruter les personnes les plus performantes sur le marché. Dans la Silicon Valley, beaucoup travaillaient pour Google, Apple, Facebook et ils gagnaient énormément d'argent. Nous n'avions pas les fonds nécessaires pour les débaucher en masse.

Mais en tant qu'ingénieur moi-même, j'étais familier avec un concept qui a été compris dans mon domaine depuis 1968, que l'on appelle « le principe de la rock-star ». Il se fonde sur une étude célèbre qui s'est tenue dans un sous-sol de Santa Monica. À 6 h 30 un matin, neuf programmeurs stagiaires ont été emmenés dans une salle équipée de dizaines d'ordinateurs. Chacun a reçu une enveloppe détaillant les diverses tâches de codage et débugage qu'ils devraient réaliser du mieux qu'il leur serait possible durant les 120 minutes suivantes. Les résultats de ce test ont généré d'innombrables débats sur internet.

Les chercheurs s'attendaient à trouver une différence d'un facteur de deux ou trois entre le meilleur et son adversaire moyen. Mais parmi ce groupe de neuf personnes, qui toutes étaient au minimum des programmeurs capables, la meilleure a de très loin écrasé la pire : vingt fois plus rapide pour coder, vingt-cinq fois plus rapide pour débuguer et dix fois plus rapide dans l'exécution de programme que celui ayant reçu le score le plus bas.

Le fait que l'un de ces programmeurs ait à ce point surpassé les autres a provoqué dans l'industrie du logiciel une onde de choc encore perceptible aujourd'hui. En effet, comment appréhender cette réalité : certains programmeurs valent beaucoup, beaucoup plus que leurs collègues pourtant parfaitement compétents ? Avec une somme d'argent donnée pour les salaires et un projet à mener à bien, j'avais le choix. Je pouvais engager entre dix et vingt-cinq ingénieurs moyens ou bien une seule « rock-star » que je paierais considérablement plus que ce que je donnerais aux autres, le cas échéant.

Depuis j'ai pu constater que les meilleurs programmeurs ne multiplient pas la valeur par dix, mais plutôt par cent. Bill Gates, avec qui j'ai travaillé du temps où j'étais au conseil d'administration de Microsoft, serait même allé plus loin si l'on en croit ces propos, qu'on lui attribue souvent : « Un excellent tourneur-fraiseur mérite plusieurs fois le salaire d'un tourneur moyen, mais un excellent codeur de logiciel vaut dix mille fois le prix d'un moyen. » Dans l'industrie du logiciel, c'est un principe connu (quoique encore largement débattu).

Ce modèle pouvait-il s'appliquer en dehors de l'industrie du logiciel ? Les raisons qui font que l'ingénieur rock-star vaut tellement plus que ses homologues ne sont pas limitées à la programmation. L'ingénieur logiciel est incroyablement créatif, il voit des motifs conceptuels là où d'autres n'en verraient pas. Il a une perspective flexible, de sorte que lorsqu'il se trouve coincé dans une certaine manière de penser, il a les moyens de pousser, tirer, se hisser par-dessus pour voir ce qu'il y a derrière. Ces mêmes talents sont nécessaires dans n'importe quel métier créatif. Patty McCord et moi avons commencé à chercher où exactement le principe de la rock-star pouvait s'appliquer au sein de Netflix. Nous avons divisé les métiers entre rôles opérationnels et créatifs.

Si vous embauchez quelqu'un pour un poste opérationnel, laveur de carreaux par exemple, ou chauffeur, le meilleur employé pourra peut-être offrir le double de la valeur de l'employé moyen. Un très bon vendeur de glaces pourra sûrement remplir deux ou trois fois plus de cornets que son collègue moyen. Un excellent chauffeur aura peut-être deux fois moins d'accidents que la moyenne. Mais il y a une limite à la valeur qu'un vendeur de glaces ou un chauffeur peut offrir. Pour les rôles opérationnels, le salaire proposé peut être moyen et votre entreprise s'en tirera très bien.

Chez Netflix, nous n'avons pas de métier comme ceux-là. La plupart de nos postes reposent sur la capacité des employés à innover et à produire de façon créative. Parmi tous ces rôles créatifs, le meilleur vaut facilement dix fois son collègue moyen. Le plus fort des experts en publicité peut rêver d'un coup qui attirera des millions de clients de plus que le moyen. Pour revenir sur le scénario de *Stranger Things*, la relation de Matt Thunell avec Andrew Wang et de nombreux agents dans son genre lui assure cent fois plus de succès qu'un créatif qui n'a pas ce réseau. L'œil de Brian Wright, qui lui a permis de voir que *Stranger Things* serait un succès, quand d'autres studios croyaient que des protagonistes préados ne pouvaient pas être populaires, lui permet d'être des milliers de fois plus précieux qu'un vice-président contenu qui n'aurait pas son flair pour les scripts. Ce sont tous des métiers créatifs, tous suivent le principe de la rock-star.

En 2003 nous n'étions pas bien riches, mais nous avions beaucoup de projets. Nous devions peser soigneusement chacune de nos dépenses. Nous avons déterminé que, pour n'importe quel rôle opérationnel, nous offririons un salaire dans la moyenne du marché. Mais pour tous les postes créatifs, nous investirions dans un individu incroyable rémunéré au-dessus de sa valeur sur le marché, au lieu d'utiliser la même somme d'argent pour engager une dizaine de personnes aux performances convenables. Résultat, nous aurions une main-d'œuvre réduite. Nous allions devoir nous fier à une seule personne extraordinaire pour mener à bien le travail de beaucoup. Mais la paie serait, elle aussi, extraordinaire.

C'est ainsi que nous avons sélectionné la majorité des salariés de Netflix depuis. Cette approche s'est révélée remarquablement fructueuse. Nous avons augmenté de façon exponentielle notre vitesse d'innovation et notre rendement.

Nous avons également découvert des avantages inattendus à cette main-d'œuvre réduite. Le management en général demande beaucoup d'efforts. C'est encore plus compliqué et chronophage s'il s'agit d'individus aux résultats médiocres. Parce que nous maintenons une organisation réduite et des équipes resserrées, chaque manager encadre moins de personnes, sa tâche en est simplifiée. Et quand ces équipes limitées sont uniquement composées de personnes aux performances exceptionnelles, les managers s'en sortent mieux, les employés aussi ; toute l'équipe fonctionne mieux et plus vite.

IL Y A LE SALAIRE, MAIS IL Y A AUSSI LA MANIÈRE

La stratégie de Reed paraît formidable. Mais si vous êtes à la tête d'une start-up dont personne n'a jamais entendu parler, vous vous demandez peut-être si des personnes ultra-performantes vont accepter de venir travailler pour vous, même si vous êtes prêt à payer.

Les études montrent que oui. Un sondage réalisé en 2018 pour OfficeTeam a demandé à 2 800 salariés quelles raisons pourraient les motiver à abandonner leur poste actuel. Près de 44 % des personnes interrogées, bien plus que toute autre catégorie, ont affirmé qu'elles quitteraient leur travail pour une place mieux rémunérée.

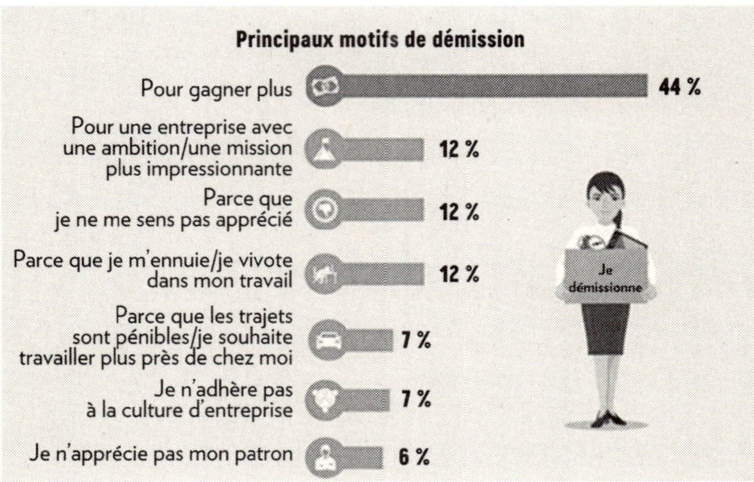

Si dans votre petite société inconnue, vous espérez appliquer la théorie de Reed, vous trouverez probablement la personne dont vous avez besoin.

Mais le salaire n'est pas le seul enjeu. La forme qu'il prend est également importante. Dans une vaste majorité de sociétés, des cols blancs très cher payés reçoivent un salaire plus un bonus, qui ne leur est accordé que s'ils atteignent un certain nombre d'objectifs prédéterminés. Une grande partie des salaires des plus hauts talents est liée à leur performance.

La formule n'est pas aussi formidable qu'elle pourrait le sembler. Quand Reed et Patty réfléchissaient aux meilleurs moyens d'attirer des rock-stars chez Netflix, ils ont d'abord cherché à se différencier des entreprises où ils iraient débaucher. Ils ont donc élaboré un plan, encore effectif aujourd'hui.

Imaginons que vous avez consacré toutes vos économies au développement d'un scooter ultra-moderne qui permet aux gens de se rendre au travail en volant au-dessus des voitures. Vous dénichez un pro du marketing hyper-talentueux et vous aimeriez trouver une méthode de compensation susceptible de le motiver à travailler dur pour vous, à faire de son mieux et à rester dans votre entreprise pour les années à venir. Vous envisagez deux options :

1. Lui offrir un salaire annuel de 250 000 dollars.
2. Lui offrir un salaire annuel de 200 000 dollars plus 25 % de bonus sur ses réussites.

Si vous êtes comme de nombreux patrons, vous choisirez l'option 2. Pourquoi mettre tout cet argent dans un salaire alors qu'on pourrait s'en servir pour offrir à cette nouvelle recrue une prime qui l'inciterait à se dépasser ?

Les bonus à la performance semblent une évidence. Une partie du salaire de l'employé est garantie et l'autre est liée à sa performance (généralement entre 2 et 15 %, mais cela peut atteindre les 60 à 80 % pour les cadres seniors). Si vous ajoutez beaucoup de valeur à l'entreprise, vous avez droit à votre bonus. Si vous n'atteignez pas vos objectifs, il ne vous est pas payé. Quoi de plus logique ? Les bonus liés à la performance sont présents quasiment partout aux États-Unis et fréquemment utilisés partout ailleurs.

Mais Netflix n'y a pas recours.

LES BONUS NE SONT PAS BONS POUR LA FLEXIBILITÉ

En 2003, nous avons découvert, à peu près au même moment que le principe de la rock-star, que les bonus ne sont pas bons pour les affaires. Patty McCord et moi nous préparions à une réunion du management hebdomadaire. À l'ordre du jour, une nouvelle structure de bonus pour l'équipe des cadres. Nous étions tellement heureux d'être une société « adulte » que nous souhaitions faire profiter les plus capés du genre de packages qu'ils auraient reçus ailleurs.

Nous avons passé des heures à tenter d'élaborer les objectifs de performance et à essayer de les faire correspondre à des rémunérations. Patty a suggéré que le bonus de Leslie Kilgore, responsable en chef du marketing, soit lié au nombre de nouveaux abonnés. Avant Netflix, Leslie avait travaillé pour Booz Allen Hamilton, Amazon et Procter & Gamble. Sa compensation dans ces diverses entreprises reposait sur la métrique, une compensation liée à la réussite dans certains objectifs prédéfinis. Elle semblait la candidate idéale pour commencer. Nous avons rédigé des indicateurs clés de performance afin de calculer combien d'argent supplémentaire Leslie gagnerait si elle remplissait ses objectifs.

Lors de la réunion, j'ai félicité Leslie pour les milliers de clients qui s'étaient récemment abonnés. Je m'apprêtais à lui annoncer que cela lui vaudrait un gros bonus si elle continuait sur sa lancée, lorsqu'elle m'a interrompu. « Oui, Reed, c'est remarquable. Mon équipe a fait un super boulot. Mais ce n'est plus ce nombre qu'il faut utiliser pour mesurer notre réussite. En fait, ça n'a pas de sens. » Elle nous a alors expliqué, chiffres à l'appui, que si les nouveaux abonnés étaient bel et bien notre objectif le plus important au trimestre précédent, c'était désormais la *rétention* de clients qui comptait le plus. En l'écoutant, je me suis senti gagné par un immense soulagement. Heureusement, je n'avais pas encore rattaché le bonus de Leslie à une mesure de réussite inopérante.

Cet échange montrait bien que le système de bonus dans son ensemble repose sur un présupposé : que l'on peut prédire l'avenir de façon fiable, donc fixer un objectif qui restera valable à tout moment. Chez Netflix, nous devons pouvoir nous adapter rapidement en réaction à des changements au rythme parfois soutenu, alors quel sens cela aurait-il de voir nos employés récompensés en décembre pour avoir atteint des objectifs fixés au mois de janvier précédent ? Le risque est de rester focalisé sur l'objectif préétabli, au détriment de ce qui serait bon au présent pour l'entreprise.

Nombre de nos salariés basés à Hollywood sont issus de studios tels que WarnerMedia ou NBC, chez qui une grosse partie de la compensation des cadres dépend de mesures de performances financières spécifiques. Si une année, on vise à augmenter de 5 % le bénéfice d'exploitation, il faudra se concentrer exclusivement là-dessus pour obtenir son bonus – qui représente souvent un quart des revenus annuels des employés. Mais si, afin d'être compétitif à cinq ans, un service devait opérer une réorientation ? Le changement de cap impliquerait un investissement et un risque susceptible de réduire la marge de profit de l'année. Le cours de l'action pourrait baisser. Quel cadre oserait alors se lancer ? Voilà ce qui pourrait empêcher une entreprise comme WarnerMedia ou NBC de procéder à des changements de direction radicaux, de s'adapter à l'époque, ainsi que nous l'avons souvent fait chez Netflix.

Au-delà de ça, je n'adhère pas à cette idée selon laquelle il faudrait agiter des liasses sous le nez des employés super performants pour qu'ils se dépassent. S'ils sont si exceptionnels, ils souhaitent naturellement réussir et consacreront toutes les ressources à leur disposition à cette fin, qu'ils aient ou non un bonus en ligne de mire. J'adore cette citation de l'ancien responsable de la Deutsche Bank, John Cryan : « Je ne comprends pas pourquoi on m'a fait signer un contrat avec un bonus à la clé, parce que je peux vous assurer que je ne travaillerais pas plus ou moins dur selon les années, selon les jours en fonction de mon salaire. » N'importe quel cadre à la hauteur de sa rémunération pourrait tenir le même discours.

La recherche a confirmé l'instinct de Reed. La rémunération variable fonctionne pour les tâches routinières, mais se révèle en réalité contre-productive dans le cadre des métiers créatifs. Dan Ariely, professeur à l'université de Duke, décrit ce qu'il a découvert dans une de ses études menée en 2008.

Nous avons présenté à quatre-vingt-sept participants une variété de tâches exigeant de l'attention, de la mémoire, de la concentration et de la créativité. Nous leur avons demandé, par exemple, de faire entrer des pièces de puzzle métalliques dans un cadre plastique et de lancer des balles de tennis sur une cible. Nous leur avons promis de l'argent en cas de réussite exceptionnelle. Environ un tiers de sujets a été informé qu'ils recevraient un petit bonus, un autre tiers un bonus moyen et le dernier tiers était susceptible de toucher un haut bonus, selon leur performance.

Nous avons mené la première étude en Inde où le coût de la vie est si bas que nous pouvions rémunérer les gens de manière très substantielle pour eux, tout en restant dans notre budget. Le bonus le moins élevé était à 50 cents – l'équivalent de ce que les participants recevaient en une journée de travail. Le plus haut à 50 dollars, soit cinq mois de salaire.

Les résultats se sont révélés inattendus. Celles et ceux à qui l'on avait proposé un bonus moyen n'ont réussi ni mieux ni moins bien que le groupe au bonus faible. Mais voici le plus intéressant, dans cette expérience : les personnes à qui l'on avait offert de gros bonus ont obtenu des résultats moins bons que les deux autres groupes sur l'ensemble des tâches.

Nous avons répliqué ces résultats dans une étude au Massachusetts Institute of Technology, où des étudiants en première année se voyaient offrir la chance de recevoir un gros bonus (600 dollars) ou un plus faible (60 dollars) en réalisant une tâche impliquant des compétences cognitives (ajouter des nombres) et une autre qui nécessitait seulement une compétence mécanique (taper une touche le plus vite possible). Nous avons découvert la chose suivante : tant que la tâche se limitait à une compétence mécanique, les bonus fonctionnaient comme on avait pu s'y attendre (plus haute était la rémunération, meilleure était la performance). Mais si l'on incluait une tâche basée sur une compétence cognitive, même rudimentaire, l'issue était la même que dans l'étude conduite en Inde : la proposition d'un bonus supérieur entraînait une moins bonne performance.

Ce résultat est parfaitement cohérent. Pour effectuer un travail créatif, votre esprit doit ressentir un certain niveau de liberté. Si vous êtes en partie focalisé sur l'issue de votre performance (vous vaudrait-elle ou non ce gros chèque ?), vous n'êtes pas dans cet espace cognitif ouvert où résident les meilleures idées et les possibilités innovantes. Vous réussissez moins bien.

Chez Netflix, en tout cas, c'est une réalité. Les gens sont plus créatifs lorsqu'ils reçoivent un salaire assez important pour supprimer une partie du stress lié à leur vie en général. Et ils le sont moins lorsqu'ils ignorent si oui ou non ils recevront une prime. Les gros salaires sont bons pour l'innovation, pas les primes au mérite.

Notre décision de ne pas fonctionner par bonus nous a permis, à notre grande surprise, d'attirer un nombre croissant de talents exceptionnels. Beaucoup imaginent perdre leur compétitivité en n'offrant pas de prime. Or c'est tout le contraire : nous avons gagné en compétitivité en attirant les meilleurs, tout simplement parce que nous mettons l'argent dans le salaire, rien que dans le salaire.

Imaginez que vous cherchez du travail et que vous recevez deux propositions. Un poste offre 200 000 dollars plus un bonus de 15 % et un autre un salaire de 230 000 dollars. Lequel choisiriez-vous ?

Bien sûr, vous opteriez pour la proie et pas pour l'ombre, donc pour les 230 000 dollars. Vous connaissez d'avance votre rémunération – pas d'entourloupe.

En évitant les bonus au mérite, l'entreprise peut offrir un meilleur salaire de base et ne garder que les employés les plus motivés. Tout ceci accroît la densité de talent. Mais pour l'accroître davantage, rien ne vaut les très hauts salaires et l'assurance d'augmentations au fil du temps afin de faire en sorte qu'ils restent tout en haut du marché.

OFFREZ DES SALAIRES SUPÉRIEURS À TOUS LES AUTRES

Peu après que nous nous fûmes engagés à payer toutes les sommes nécessaires pour embaucher et garder les meilleurs employés, Han, directeur de l'ingénierie, est venu me voir pour m'annoncer qu'il avait trouvé un candidat extraordinaire pour un poste à pourvoir. Ce candidat, Devin, était doté d'un talent rare qui constituerait un atout majeur pour l'équipe. Mais ses prétentions étaient près du double de ce qu'étaient rémunérés les autres programmeurs de l'équipe. Au-dessus de ce que touchait Han lui-même. « Je sais qu'il serait génial pour Netflix, mais est-ce que c'est bien de le payer autant ? » se demandait Han.

Je lui ai posé trois questions :

1. Parmi son équipe actuelle, y avait-il un programmeur assez fort pour prendre le poste chez Apple que Devin venait de quitter ? *Non.*
2. Trois des employés actuels de Han seraient-ils collectivement capables d'apporter la même contribution que Devin ? *Non.*

3. Si une fée lui proposait d'échanger, en douceur et en silence, quelques-uns de ses programmeurs contre Devin, cela serait-il bon pour l'entreprise ? *Oui.*

J'ai soufflé à Han qu'il pouvait facilement se permettre d'engager Devin. Nous réduirions les embauches de programmeurs à l'avenir et utiliserions cet argent pour satisfaire Devin à la hauteur de ses demandes. Han a commenté d'un air songeur : « Devin a des compétences très recherchées en ce moment. Si nous modifions notre plan d'embauche global pour le recruter, je veux m'assurer qu'on le rémunère suffisamment pour le convaincre de venir, mais aussi qu'il ne sera pas très vite attiré par un concurrent qui paierait encore mieux. »

Nous avons pris le temps d'étudier le marché pour découvrir combien lesdits concurrents étaient prêts à payer pour les talents de Devin. Puis nous lui avons proposé un salaire juste au-dessus de la fourchette haute.

L'équipe de Devin a ensuite été à l'origine de nombreuses spécificités fondatrices qui composent la plateforme Netflix aujourd'hui. Je voulais que tous nos employés aient la même influence que Devin, nous avons donc décidé d'appliquer cette méthode pour déterminer les salaires de tous les recrutements à venir.

PAYEZ PLUS QUE LE MEILLEUR SALAIRE DU MARCHÉ

Dans la plupart des entreprises, la négociation salariale ressemble à l'achat d'une voiture d'occasion. Vous voulez le poste, mais vous ignorez combien on est prêt à vous offrir, vous essayez donc de jauger au mieux quel montant demander et celui que vous accepteriez. L'entreprise se sert de votre ignorance pour vous embaucher au plus bas salaire possible. La recette idéale pour rémunérer une personne en dessous de sa valeur… et risquer, quelques mois plus tard, de la voir filer vers une autre société pour une meilleure paye.

En suivant cette logique, le livre intitulé *Négocier votre salaire : comment gagner 1 000 dollars par minute*, de Jack Chapman, résume ainsi le meilleur moyen d'obtenir un bon deal avec un nouvel employeur :

Employeur potentiel : Nous avons fait un effort budgétaire, nous pouvons vous proposer 95 000 dollars ! Nous sommes ravis, nous espérons que vous aussi !

Vous (Gardant le silence. Chantant une chanson dans votre tête. Comptant les points sur le tapis. Passant votre langue sur votre appareil dentaire.)

Employeur potentiel (Nerveux.) : Nous pouvons peut-être monter jusqu'à 110 000. C'est un gros effort, mais nous espérons que vous accepterez.

Vous (Continuant à chanter dans votre tête.)

Netflix, à l'inverse, **veut** mettre l'argent nécessaire pour attirer et garder les talents, leurs conversations avec les employés sert avant tout à confirmer (a) qu'ils ont estimé correctement ce que leur potentiel employé pourrait gagner n'importe où ailleurs et (b) qu'ils paieront juste au-dessus.

Prenez l'expérience de Mike Hastings (aucun lien avec Reed). Quand vous naviguez sur Netflix, vous vous demandez peut-être pourquoi la plateforme vous recommande spécifiquement le film *Okja* par exemple. Chacune des séries, chacun des films est associé à un ensemble de catégories. *Okja* fait partie des films classés dans les catégories : anti-système, cérébral, visuellement éblouissant et insolite. Si vous regardez d'autres films cérébraux anti-système, alors *Okja* vous sera proposé. Mike est un de ceux qui ont rendu cela possible.

Mike travaillait chez Allmovie.com à Ann Arbor, dans le Michigan, quand il a décroché un entretien pour rejoindre l'équipe Netflix responsable des catégories. Il avait très envie de s'installer dans la Silicon Valley « mais le coût de la vie est tellement élevé en Californie, je ne savais pas combien demander ». Il a lu quelques ouvrages sur la négociation salariale et discuté avec ses amis. Tous lui ont conseillé de garder pour lui les informations précises. « Tu vas sûrement te sous-évaluer et Netflix va tenter d'en profiter », lui a précisé un ami. Avec un convertisseur de salaire régional, Mike a calculé que dans le cas où il serait obligé d'annoncer un chiffre, il demanderait le double de son salaire actuel, « ce qui paraissait beaucoup ».

Il s'est entraîné à évacuer poliment toutes les questions de salaire, « mais finalement pendant l'entretien, j'ai dit au recruteur combien je gagnais et ce que j'espérais obtenir, total je suis reparti dans le Michigan en me flagellant d'être aussi idiot ». Mike était allongé sur son lit à Ann Arbor, en train de contempler son affiche d'Hitchcock préférée, quand le recruteur de Netflix l'a rappelé.

« Ils m'ont proposé 30 % de plus que la hausse de 100 % que j'avais demandée ! J'ai dû m'étrangler parce que mon futur patron a clarifié : "c'est au-dessus de la fourchette pour ce poste et vos compétences ici". »

RESTER AU TOP

Au départ, toute personne nouvellement arrivée dans l'entreprise se sentira motivée par son haut salaire. Mais très vite, à mesure que ses compétences vont se développer, des concurrents vont commencer à la contacter pour lui offrir mieux. Si elle le mérite, sa valeur sur le marché va s'envoler et le risque sera plus grand de la voir s'en aller. Il est donc paradoxal de voir, en matière d'ajustement des salaires, à peu près toutes les entreprises de la planète suivre un système susceptible de faire baisser la densité de talent en encourageant les gens à trouver une place ailleurs. Voici un e-mail du directeur des relations publiques João décrivant le problème rencontré avec son précédent employeur :

> Avant Netflix, je travaillais pour une agence de publicité américaine à São Paulo. C'était mon premier poste après mes études, j'y ai mis tout mon cœur. Il m'est même arrivé de dormir dans la salle des photocopieuses pour ne pas perdre une seule minute dans les transports. J'ai eu la chance incroyable de faire signer quatre très gros clients, et en douze mois je ramenais déjà plus d'argent que ceux qui étaient dans l'entreprise depuis des années et des années. J'étais tellement enthousiaste à l'idée de construire ma carrière dans cette société que j'adorais. Je savais que mes collègues seniors gagnaient très bien leur vie – deux voire trois fois mon

salaire – et je ne doutais pas qu'à la révision annuelle, j'obtiendrais une belle augmentation, à la hauteur de ma contribution.

Fin d'année, première évaluation de performance, je reçois un feedback très largement positif (98/100) et la société venait de connaître son année la plus profitable à ce jour. Je n'attendais pas un doublement de mon salaire, mais mon patron m'avait assuré qu'il veillerait à ce que je ne sois pas oublié. Au fond de moi, je misais sur une hausse comprise entre 10 et 15 %.

Le jour de l'entretien, j'étais tellement surexcité que j'ai chanté à tue-tête tout ce qui passait à la radio en allant au boulot. Imaginez ma déception quand mon patron m'a proposé une augmentation de 5 %. Pour être tout à fait honnête, j'ai failli fondre en larmes. Le pire, c'était que mon manager me l'a annoncé en lançant un « félicitations ! » enthousiaste, ajoutant que c'était la meilleure augmentation qu'il ait accordée cette année. Mentalement, je hurlais « Tu me prends pour un con ? »

Après ça, ma relation avec mon patron est allée de mal en pis. Je plaidais en permanence pour une meilleure augmentation. Lui, tout en pleurnichant qu'il ne voulait pas me perdre, m'a accordé 7 % au lieu de 5. Ensuite, il m'a expliqué que mes attentes étaient « inconsidérées » et « naïves » et qu'aucune entreprise ne proposait d'augmentation supérieure à celle-là. C'est à ce moment-là que j'ai commencé à chercher un autre boulot.

João était extrêmement précieux à son entreprise. Son patron l'avait embauché à un salaire qui le motivait. Mais en l'espace d'une seule année, ses réussites non démenties ont encore accru sa valeur pour ses employeurs et son attractivité pour leurs concurrents.

Pourquoi son patron lui proposait-il cette augmentation qui, clairement, n'était pas à la hauteur de sa valeur sur le marché ?

La réponse à cette question est la suivante : quand vient le temps des évaluations, au lieu d'estimer ce que vaut l'employé sur le marché, la plupart des entreprises utilisent des « enveloppes d'augmentation » et des « échelles salariales ». Imaginez que le Père Noël a huit elfes à son service, payés 50 000 dollars chacun et que chaque année, le 26 décembre, il augmente leurs salaires. Mme Noël et lui mettent de côté une grosse quantité d'argent pour ces augmentations, disons 3 % des coûts salariaux totaux (la moyenne pour les entreprises américaines se situe entre 2 et 5 %). 3 % de 400 000 dollars = 12 000 dollars.

Le couple Noël doit maintenant décider comment procéder au partage. Mary Bonbon est leur employée la plus performante, ils aimeraient lui offrir une augmentation de 6 % – il ne resterait alors plus que 6 000 dollars à distribuer entre ses collègues. Mais elle insiste pour avoir 15 %, sans quoi elle quittera son poste, il ne reste alors plus que 4 500 dollars pour sept elfes qui ont tous de grandes familles et des tas de bouches d'elfes à nourrir. Le Père Noël se trouve contraint de punir tous ses autres assistants pour payer Mlle Bonbon à sa juste valeur sur le marché. C'est probablement ce qui est arrivé à João. Imaginons que son patron ait tablé sur une hausse de 3 % : les 5 % qu'il a offerts étaient déjà extrêmement généreux. En passant à 7 %, cela signifiait que le reste de l'équipe en pâtirait largement. Quant à offrir à João les 15 % supplémentaires qu'il pourrait obtenir sur le marché ouvert ? Impossible.

Le même problème survient avec les échelles salariales. Imaginons que dans l'atelier du Père Noël, l'échelle des salaires pour un elfe va de 50 000 à 60 000 dollars. Mlle Bonbon est embauchée à 50 000, et les trois premières années le Père Noël augmente son salaire entre 5 et 6 %, ce qui la place à 53 000, 56 000 puis 58 800 dollars. Mais à la quatrième année, même si Mary Bonbon est désormais plus expérimentée, plus performante que jamais, elle ne pourra obtenir que 2 % de plus. Car elle a atteint le haut de l'échelle salariale ! Il est temps de partir en quête d'un nouvel atelier, mademoiselle Bonbon.

Les recherches confirment ce que João et Mary avaient déjà compris instinctivement. On obtient davantage d'argent en changeant d'entreprise. En 2018, l'augmentation de salaire moyenne par employé aux États-Unis était d'environ 3 % (5 % pour les plus performants d'entre eux). Une personne qui quitterait son emploi pour rejoindre une autre société aurait droit en revanche à une augmentation située entre 10 et 20 % en moyenne. Autrement dit, rester à son poste est mauvais pour son portefeuille.

Voici ce qui est arrivé à João :

Netflix m'a engagé à près de trois fois mon salaire et je suis parti vivre à Hollywood. Neuf mois plus tard, les réévaluations salariales étaient loin d'occuper mon esprit. Je me suis rendu à mon entretien hebdomadaire avec mon patron Matias, entretien qui consistait en un tour du pâté de maisons où se situe le bâtiment de Netflix à Hollywood. À peu près au milieu du parcours, on passe devant une fresque sur le mur d'un restaurant qui représente un gros dim sum avec des yeux bleus et une langue rouge. À cet endroit précis, Matias m'a annoncé qu'il m'accordait une augmentation de 23 % afin de maintenir mon salaire au-dessus de ma valeur sur le marché. La nouvelle m'a tellement secoué que j'ai dû m'asseoir par terre à côté du dim sum.

J'ai continué à rencontrer beaucoup de succès, je me sentais très bien payé. Un an après, réévaluation annuelle, je me demandais si je bénéficierais à nouveau d'une augmentation conséquente. Matias, là encore, m'a étonné. Cette fois il a dit : « Tu as d'excellentes performances, je suis ravi de t'avoir dans cette équipe. Le marché, concernant ton poste, n'a pas tellement évolué, alors je ne te prévois pas de hausse cette année. » Ça m'a paru juste. Matias a précisé que si je n'étais pas d'accord, je pouvais venir lui présenter des données à propos de l'état du marché actuel sur mon poste.

Je repense souvent à ce que m'a dit mon premier patron sur ma naïveté. En sachant comment fonctionne le monde de l'entreprise, je vois bien qu'il avait raison. J'ai été naïf dans ma compréhension des processus des affaires. Mais d'un autre côté, n'est-il pas naïf pour tant d'entreprises d'utiliser des process d'augmentation qui finissent par pousser leurs meilleurs talents à prendre la porte ?

João défend bien son point de vue. Alors pourquoi les entreprises continuent-elles d'adopter les méthodes classiques en matière de rémunération ? La théorie de Reed est que les enveloppes d'augmentation et les échelles salariales qu'utilisent la plupart des sociétés fonctionnaient bien du temps où les emplois étaient souvent à vie et que la valeur individuelle sur le marché n'était pas susceptible de varier sensiblement en quelques mois ni d'atteindre des sommets. Mais de toute évidence, ces conditions ne s'appliquent plus aujourd'hui, au rythme où les gens changent de poste et étant donné la nature fluctuante de notre économie moderne.

Cela dit, le modèle qui a cours chez Netflix, le salaire supérieur à la valeur du marché, est si inhabituel qu'il est difficile à comprendre.

Comment un manager peut-il savoir, constamment, quelle est la fourchette haute en matière de salaire pour chacun de ses employés ? Il lui faudrait consacrer des dizaines d'heures chaque année à passer des coups de fil à des gens qu'il connaît à peine pour savoir combien il ou elle gagne, ainsi que les membres de leurs équipes. Imaginez comme ces conversations peuvent être gênantes. Russel, directeur juridique de Netflix, trouvait tout cela très irritant.

La collaboratrice la plus précieuse parmi mon équipe en 2017 s'appelait Rani. Elle a quitté l'Inde pour la Californie à l'adolescence. Sa mère était professeure de mathématiques à Stanford et son père un chef bien connu pour sa cuisine indienne innovante. Rani, elle-même juriste, était un parfait mélange entre cette mathématicienne brillante et ce cuisinier de génie. Elle était capable de manipuler des idées précises et imbriquées avec une dextérité que je n'avais jamais vue. Elle avait une sorte de sixième sens que j'appellerais « finesse », faute de mieux, qui faisait d'elle une juriste hors pair.

J'ai embauché Rani à un haut salaire – qui m'avait paru au-dessus de ce qu'elle valait sur le marché – et sa première année chez nous s'est formidablement bien déroulée. Quand est arrivé le moment des augmentations, j'ai été confronté à un problème. Contrairement aux autres juristes de mon équipe, Rani avait un poste unique en son genre, il était donc difficile de trouver des comparaisons sur le marché. Cette année-là, certains ont bénéficié d'une hausse conséquente – jusqu'à 25 % –, résultat de gros changements sur le marché.

J'ai passé des heures et des heures à essayer de me renseigner sur Rani. Après beaucoup de recherches, j'ai appelé quatorze personnes, dans différentes sociétés, mais aucun n'a accepté de partager les chiffres des salaires avec moi. Alors j'ai commencé à contacter des chasseurs de têtes. J'ai fini par recevoir trois chiffres, de la part des recruteurs. Ils partaient dans tous les sens, mais le plus haut était 5 % supérieur à ce que gagnait Rani. Si j'en croyais ces données, une augmentation de 5 % plaçait Rani au-dessus du marché. C'est donc ce que j'ai appliqué.

Le moins qu'on puisse dire, c'est que ça n'a pas été une bonne journée ! Quand j'ai annoncé à Rani son augmentation, elle a serré les dents et a refusé de croiser mon regard. Quand je lui ai expliqué comment j'en étais arrivé à ce chiffre, j'ai vu ses yeux filer vers la fenêtre. C'était comme si elle était déjà en train de calculer dans quelle entreprise elle continuerait sa carrière. À la fin de l'entretien, elle est restée assise sans un mot pendant un long moment et puis elle a dit : « Je suis déçue. » Je lui ai proposé, si l'augmentation ne lui convenait pas, de venir me montrer des données allant dans son sens. Elle ne l'a pas fait.

L'année suivante, lors de la révision des salaires, j'ai supplié les ressources humaines de m'aider. Les chiffres fournis par les RH étaient près de 30 % supérieurs à ceux que j'avais trouvés par moi-même. Rani elle-même avait cette fois pris les devants et appelé ses propres contacts. Elle m'a transmis le nom de quatre personnes dans d'autres sociétés avec des postes similaires et des salaires comparables à ceux que m'avaient présentés les RH. Je l'avais sous-payée l'année précédente parce que les données en ma possession n'étaient pas un reflet exact de l'échelle de salaires la concernant.

Obtenir des comparaisons salariales, que ce soit pour vous ou pour les personnes de votre équipe, est chronophage et pesant. Imaginez appeler des gens parmi votre réseau et leur poser cette embarrassante question : « Combien tu gagnes ? »

Non seulement ça, mais que dire du coût de toute cette affaire ? Matias a accordé à João une augmentation de 23 % qu'il n'avait pas demandée et qu'il était loin d'envisager. Russell a offert à Rani 30 % d'augmentation lors de sa deuxième année. Combien d'entreprises ont les reins assez solides pour proposer à leurs employés ce type de promotion ? Votre marge bénéficiaire ne doit-elle pas être absolument énorme pour ça ? Sans quoi, ces réévaluations annuelles auront tôt fait de vous mettre sur la paille.

La réponse à cette dernière question est oui. Pourtant, de manière générale, l'investissement paye.

Dans un environnement de haute performance, payer au-dessus du marché est plus rentable sur le long terme. Il vaut mieux avoir des salaires un peu plus haut que nécessaire, proposer une augmentation avant que l'employé n'y pense, ou avant qu'il ou elle ne file chercher un nouveau travail, car cela permet d'attirer ou de garder les meilleurs talents sur le marché année après année. Cela coûte plus cher de perdre des gens et d'être forcé de recruter pour les remplacer que de payer un peu plus dès le départ.

Certains employés verront leurs salaires augmenter de façon spectaculaire sur un temps bref. Si la valeur du marché grimpe pour l'un ou l'une d'entre eux parce que ses compétences se sont améliorées ou parce qu'il y a une pénurie de talent dans son domaine, nous augmenterons son salaire. Celui des autres pourrait bien rester identique d'une année sur l'autre, malgré leur bon travail.

Nous évitons autant que possible d'ajuster les salaires vers le bas même en cas de chute du marché (cela peut toutefois se produire si délocalisation). Ce serait en effet le meilleur moyen de réduire la densité de talent. Si nous ne parvenons pas à nous acquitter du paiement des salaires pour une raison ou une autre, alors, afin d'augmenter la densité de talent, nous sommes obligés de nous séparer de certains employés, ce qui nous permet de réduire les coûts sans baisser les salaires individuels.

Déterminer la valeur au-dessus du marché peut prendre un temps certain, mais pas autant que trouver et former un ou une remplaçant(e) quand les meilleurs partent gagner plus d'argent dans une autre entreprise. Même si ça n'est pas simple, cela fait partie du travail de Russell (avec l'aide des RH) de comprendre combien d'autres organisations rémunéreraient Rani. C'est aussi une responsabilité que doit partager Rani. Personne ne doit mieux connaître sa place sur le marché que vous (d'abord) et votre patron (ensuite).

Mais il y a une personne à tout moment qui connaît probablement bel et bien votre valeur mieux que vous-même ou votre n+1. Et il est conseillé d'avoir une petite discussion avec elle.

QUAND LES RECRUTEURS VOUS APPELLENT, DEMANDEZ « COMBIEN ? »

Revenons un moment à Mary Bonbon. Qui au monde connaît mieux la valeur de cette employée en dehors d'elle-même, de Mme Noël et du Père Noël en personne ? Le recruteur de l'atelier des lutins au bout de la rue. Par définition, cette personne proposera exactement le tarif du marché à l'instant où vous la contactez. Si vous voulez vraiment savoir combien vous valez, adressez-vous aux recruteurs.

Ceux-ci appellent souvent les employés Netflix (et sûrement les plus talentueux de votre entreprise aussi), pour essayer de les convaincre de passer des entretiens pour d'autres postes. Vous pouvez être certain que les sociétés qui embauchent ont l'argent et qu'elles paieraient bien volontiers. Quelle réaction attendriez-vous de la part de vos salariés et salariées au moment de ce coup de téléphone ? Qu'ils ou elles filent aux toilettes afin que personne n'entende leur conversation, conduite à voix basse dans un bruit de robinet qui coule ? Si vous ne leur avez pas donné d'instructions claires, il y a fort à parier que c'est ce qui se produira – c'était d'ailleurs aussi le cas chez Netflix, jusqu'en 2003, lorsque les discussions ont commencé sur les salaires supérieurs au marché.

Peu après, Neil Hunt, responsable en chef des produits, est venu trouver Patty pour signaler que l'un de ses ingénieurs les plus précieux, George, venait de recevoir une offre pour un poste mieux payé chez

Google. Nous étions tous les deux opposés à l'idée de surenchérir pour qu'il reste et nous avions l'impression qu'il avait manqué de loyauté en acceptant cet entretien sans nous en parler. Dans la voiture qui nous ramenait à Santa Cruz ce soir-là, Patty a commenté, vexée : « Aucun employé ne devrait être irremplaçable ! » Mais dans la nuit, nous avons elle comme moi réfléchi à la valeur que perdrait notre entreprise si George faisait défection.

Lorsqu'elle s'est installée sur le siège passager le lendemain, Patty a déclaré : « Reed, j'ai cogité dans tous les sens. On est idiots ! George n'est pas remplaçable. Pas vraiment. » Elle avait raison. Il n'existait que quatre personnes au monde qui maîtrisaient cette programmation algorithmique très précisément et trois d'entre elles travaillaient chez Netflix. Si nous laissions George nous échapper, d'autres entreprises pourraient bien tenter de débaucher les deux qui restaient.

Nous avons réuni l'équipe des cadres dirigeants – parmi lesquels Neil, Ted Sarandos et Leslie Kilgore – pour discuter du cas George en particulier, mais aussi de façon plus générale, des recruteurs qui venaient piocher parmi nos talents.

Ted avait une opinion bien tranchée, inspirée par sa propre expérience chez son précédent employeur. Voici ce qu'il nous a raconté :

> Du temps où je vivais à Phoenix, je travaillais pour un distributeur de vidéo à domicile basé à Houston. Ma société m'a proposé un poste de directeur d'agence pour le centre de distribution de Denver. C'était alors une grosse promotion pour moi – je l'ai acceptée. Non seulement j'ai bénéficié d'une sympathique augmentation,

mais ils ont bien voulu payer mon logement à Denver pendant six mois, le temps que ma maison de Phoenix soit vendue.

Mais voilà, je n'ai pas réussi à la vendre. Financièrement, j'étais sous l'eau. J'ai été obligé de louer un appartement pourri à Denver avec ma femme, tout en continuant de rembourser cette magnifique maison à Phoenix que je ne pouvais pas habiter. Sur ce, un chasseur de têtes m'appelle pour la Paramount. J'ai accepté ce coup de fil précisément parce que j'étais malheureux là où je vivais. Ils m'ont proposé un poste beaucoup mieux rémunéré et qui me permettait de repartir pour Phoenix. J'étais heureux dans mon travail, mais cette offre était la solution à tous mes problèmes.

Je suis allé voir mon patron pour lui annoncer mon départ. « Pourquoi ne nous as-tu pas prévenus que tu n'arrivais pas à vendre ta maison ? m'a-t-il demandé. Tu comptes pour nous. Nous pouvons changer ton contrat pour te garder ! » Ils se sont alignés sur la somme de la Paramount, ils ont même acheté ma maison de Phoenix. Je me suis dit : « Pendant six ans, je n'ai pas accepté un seul coup de fil de la part d'un recruteur et je vois à quel point ma valeur sur le marché a grimpé pendant ce temps-là. Ça fait des années que je suis sous-payé, tout ça parce que j'avais l'impression de manquer de loyauté en discutant, simplement, avec quelqu'un qui me confirmerait que j'étais payé comme il se devait. »

J'étais très fâché contre mon patron. J'avais envie de lui demander : « Si tu connaissais ma valeur, alors pourquoi tu ne m'as pas proposé ce salaire ? » Avec le temps, j'ai compris : pourquoi l'aurait-il fait ? C'est à moi de connaître ma valeur et d'exiger une rémunération en conséquence !

Après cette histoire, Ted a conclu : « George a eu raison d'accepter cet entretien avec la concurrence pour savoir combien il vaut – et nous serions bien bêtes de ne pas lui accorder plus que sa valeur sur le marché, maintenant que nous la connaissons nous aussi. En plus de ça, s'il y a d'autres personnes dans l'équipe de Neil susceptibles de se voir proposer le même poste par Google, nous serions bien inspirés d'augmenter leurs salaires à niveau équivalent. Car c'est leur valeur sur le marché actuellement. »

Leslie nous a alors appris qu'elle faisait déjà ce que suggérait Ted.

À chaque embauche, je demande à notre nouvelle recrue de lire *Rites of Passage at $100 000 to $1Million+* qui dans les années 1980 et 1990 était *le* manuel de référence pour les recruteurs de cadres. Il permet de connaître sa valeur sur le marché et d'élaborer les meilleures façons de s'adresser aux recruteurs pour obtenir cette donnée.

Je dis à tous mes collaborateurs et collaboratrices : « Comprenez votre marché, comprenez ce livre puis rencontrez les chasseurs de têtes – et je leur donne une liste de noms de personnes spécialisées dans leur domaine. J'attends de tous mes employés qu'ils fassent le choix actif de rester. Je ne veux pas qu'ils soient là par manque d'options. Si vous êtes assez forts pour travailler chez Netflix, alors, immanquablement vous aurez d'autres possibilités. Si vous avez l'impression d'avoir le choix, vous pouvez prendre la bonne décision. Travailler chez Netflix doit être un choix, pas un piège.

Ces interventions de Ted et Leslie m'ont définitivement convaincu. Leurs commentaires étaient tout à fait dans la ligne de tout ce que nous mettions en place par ailleurs. Nous avons décidé, non seulement d'accorder à George une promotion, mais aussi de permettre à Neil de déterminer qui d'autre, dans son équipe, risquait de se voir débaucher par Google, afin de les augmenter à leur tour. C'est là tout l'intérêt de payer des salaires au-dessus du marché. Ensuite, nous avons annoncé à l'ensemble du personnel qu'ils devaient accepter ces coups de fil des chasseurs de têtes et nous répéter ce qu'ils avaient appris. Patty a mis en place une base de données où chacun pouvait entrer les indications de salaire reçues soit au téléphone, soit en entretien.

Après quoi, nous avons demandé aux managers de ne pas attendre que leurs collaborateurs se présentent avec une offre concurrente avant d'augmenter les salaires. Pour garder les employés dont la valeur sur le marché s'envole, il faut les augmenter en conséquence.

Dans à peu près n'importe quelle société, partout sur la planète, le simple fait de se rendre à un entretien d'embauche alors que l'on est en poste aurait pour résultat de fâcher, décevoir ou braquer votre patron actuel. Plus vous êtes précieux pour votre manager, plus il se sentira agacé et il n'est pas difficile de comprendre pourquoi. Quand un de vos excellents employés décide d'aller voir si l'herbe est plus verte ailleurs, le risque pour vous est une perte d'investissement. Si, pendant l'entretien, cette personne juge le nouveau poste bien plus intéressant que celui qu'elle occupe actuellement – vous la perdrez, ou du moins son enthousiasme. C'est pourquoi dans la plupart des entreprises, on accuse de traîtrise les salariés qui s'aventurent simplement à discuter avec les chasseurs de têtes de la concurrence.

Netflix ne voit pas les choses ainsi. Le vice-président du contenu, Larry Tanz, se souvient de la façon dont il l'a découvert. En 2017, Netflix venait d'atteindre le palier des 100 millions d'abonnés. Larry se préparait pour une soirée organisée au Shrine Auditorium à Hollywood, animée par Adam Sandler. Il s'apprêtait à franchir la porte, manteau sur le bras, quand son téléphone a sonné : « C'était une recruteuse de chez Facebook qui me proposait de les rencontrer pour un entretien. Cette simple conversation m'a paru déplacée, alors je lui ai murmuré que je n'étais pas intéressé. »

Un mois plus tard, Ted Sarandos, le patron de Larry, faisait un point annuel à son équipe : « Le marché chauffe un peu, vous allez recevoir des coups de fil de la part des chasseurs de têtes. Probablement Amazon, Apple et Facebook. Si vous n'êtes pas sûr d'être payé à votre valeur salariale sur le marché, je vous conseille de répondre, pour voir quel montant ils vous offrent. Si vous apprenez qu'ils proposent plus que nous, faites-le-nous savoir. » Larry était étonné : « Netflix doit être la seule société qui vous encourage à discuter avec la concurrence et même à accepter des entretiens. »

Lors d'un voyage à Rio quelques semaines plus tard, Larry a reçu un deuxième appel de Facebook : « Nous avions rendez-vous avec la célèbre chanteuse brésilienne Anitta, chez elle, pour évoquer son documentaire *Vai Anitta*, bientôt disponible. Pour les 200 millions de Brésiliens, Anitta, c'est un peu à la fois Beyoncé et Madonna, autant dire que quand mon portable a sonné, je n'ai pas décroché. » Mais cette fois, lorsque Larry a entendu le message de Facebook, il a rappelé. « Ils m'ont proposé de les rencontrer, sans pour autant annoncer quel montant ils offraient pour le poste. J'ai prévenu que je ne cherchais pas à bouger, mais que j'acceptais de venir discuter avec eux. »

Larry en a informé son n+1. « C'était déjà bizarre. Partout ailleurs, assister à un entretien est perçu comme un manque de loyauté. » Larry a bien reçu une proposition d'embauche de la part de Facebook et le salaire était au-dessus de celui qu'il gagnait chez Netflix. Ted, comme promis, l'a augmenté selon la valeur du marché.

Désormais, Larry encourage sa propre équipe à accepter les appels des recruteurs : « Mais je n'attends pas qu'ils viennent m'en parler. Si je constate que l'un ou l'autre pourrait gagner plus ailleurs, je leur accorde aussitôt une augmentation. » Pour garder vos meilleurs éléments, il vaut toujours mieux anticiper.

Bien sûr, cela a fonctionné pour Larry, dont la rémunération a été réévaluée à la hausse ainsi que pour Ted, qui a gardé avec lui le talentueux Larry. Mais les instructions de Ted semblent excessivement risquées. Combien d'autres ont accepté ces appels, sont tombés amoureux du poste qu'on leur proposait et ont quitté leur entreprise ? Ted explique son raisonnement comme suit :

> Lorsque le marché chauffe, que les recruteurs contactent nos employés, ceux-ci deviennent curieux. Quoi que je dise, certains forcément accepteront de discuter et de se rendre en entretien. Si je ne leur accorde pas la permission, ils ou elles fileront en douce sans même me laisser l'occasion de les retenir. Un mois avant mon annonce à l'équipe, nous avons perdu une cadre exceptionnelle au talent irremplaçable. Lorsqu'elle est venue me trouver, elle avait déjà accepté l'autre poste. Je ne pouvais plus rien faire.

> Lorsqu'elle a ajouté qu'elle avait adoré bosser pour Netflix, mais qu'on lui proposait un salaire 40 % supérieur, j'ai eu un coup au cœur. J'aurais pu lui faire la même offre, si seulement j'avais su à quel point sa valeur sur le marché avait changé ! Voilà pourquoi je préfère que mes collaborateurs et collaboratrices sachent qu'ils peuvent discuter autant qu'ils le souhaitent avec d'autres entreprises, tant qu'ils le font ouvertement et nous répètent ce qu'ils ont appris.

Aujourd'hui, quand les nouvelles recrues lui posent la question « Tu es sûr de vouloir que je prenne cet appel, Ted ? N'est-ce pas déloyal ? », il répond la même chose que lorsque George est venu trouver Neil avec sa proposition de la part de Google : « Ce qui est déloyal, c'est de faire des cachotteries, de ne pas dire à qui tu parles, mais se rendre ouvertement à un entretien puis transmettre à Netflix les données salariales bénéficie à nous tous. »

La règle chez Netflix, à l'appel d'un chasseur de têtes, est la suivante : « Avant de répondre “non merci”, demandez “combien ?”. »

LE QUATRIÈME POINT

Afin de renforcer la densité de talent parmi votre main-d'œuvre, pour tous les postes créatifs, embauchez un ou une employé(e) d'exception au lieu d'une dizaine de gens moyens. Rémunérez cette personne extraordinaire au plus haut de la fourchette salariale correspondant à sa valeur sur le marché. Ajustez ce salaire au moins annuellement pour continuer à lui offrir davantage que ne le feraient vos concurrents. Si vous ne pouvez pas payer vos meilleurs éléments au-dessus de leur valeur sur le marché, alors, pour y parvenir, séparez-vous des individus les moins éblouissants. Ainsi, la densité de talent augmente.

À RETENIR DU CHAPITRE 4 :

- Les méthodes utilisées par la plupart des sociétés pour rémunérer leurs salariés ne sont pas idéales pour une main-d'œuvre créative à haute densité de talent.
- Divisez votre main-d'œuvre selon qu'elle est créative ou opérationnelle. Payez les créatifs au-dessus de leur tarif sur le marché. Cela implique d'embaucher un individu exceptionnel plutôt que dix personnes adéquates.
- Ne proposez pas de bonus à la performance. Au lieu de quoi, investissez ces ressources dans les salaires.
- Incitez vos employés à développer leur réseau et à consacrer du temps à connaître en permanence leur propre valeur sur le marché (ainsi que celle de leurs équipes). Cela implique d'accepter les appels des recruteurs, voire de se rendre dans les entreprises concurrentes. Ajustez les salaires en conséquence.

Vers une culture de liberté et de responsabilité

Maintenant que votre densité de talent augmente, vous êtes presque prêt à adopter ces mesures spectaculaires qui permettront d'accroître la liberté des salariés. Mais d'abord, il va falloir redoubler de franchise. Dans la plupart des entreprises, la majorité des employés – même extrêmement talentueux – ne peuvent se voir attribuer de liberté décisionnaire significative, parce qu'ils ne connaissent pas tous les secrets à l'œuvre dans leur société, ceux qui permettent aux dirigeants de prendre des décisions informées.

Dès lors que votre organisation déborde de ces rares personnes responsables qui sont à la fois motivées, conscientes d'elles-mêmes et disciplinées, vous pouvez commencer à partager avec elles une quantité sans précédent d'informations concernant l'entreprise – du genre de celles qui sont en général soigneusement gardées sous clé.

Tel est le sujet de notre chapitre 5.

TOUJOURS PLUS DE FRANCHISE…

CHAPITRE 5

L'ENTREPRISE À LIVRES OUVERTS

En 1989, après les Peace Corps, mais avant Pure Software, j'étais un ingénieur logiciel de vingt-neuf ans dans une start-up en difficulté du nom de Coherent Thought. Un vendredi matin, à mon arrivée au bureau, j'ai vu derrière la paroi vitrée qui me séparait de la salle de conférences, les dirigeants tous regroupés debout près de la fenêtre, porte close. Ce qui m'a frappé, c'était leur immobilité. Lors d'un récent voyage, j'ai observé un gecko sur le point d'être dévoré par une grosse aigrette blanche. Il était figé par la peur, une patte en l'air. C'était exactement à ça que ressemblaient ces patrons. Leurs lèvres s'agitaient avec frénésie, mais leur corps était parfaitement statique. Pourquoi ne s'asseyaient-ils pas ? Cette image m'a mis mal à l'aise et j'ai commencé à m'inquiéter.

Le lendemain matin, les patrons étaient déjà de retour en salle de conférences avant même que je m'installe à mon poste. Ce jour-là, ils étaient bel et bien assis autour de la table, mais chaque fois que quelqu'un ouvrait la porte pour aller se chercher un café, je percevais la peur qui émanait de cette pièce. L'entreprise avait-elle des ennuis ? De quoi discutaient-ils ?

À ce jour, je n'en sais toujours rien. J'aurais peut-être été terrorisé si je l'avais découvert. Mais à l'époque, je leur en ai énormément voulu – ils ne me faisaient pas assez confiance pour me dire de quoi il retournait, alors que je travaillais dur et que je me consacrais au succès de cette société. Ils partageaient un gros secret, mais le cachaient à tout le personnel.

Évidemment, nous avons tous des secrets. Nous sommes, pour beaucoup d'entre nous, fondamentalement persuadés que les secrets nous préservent. Quand j'étais jeune, mon instinct était de garder pour moi n'importe quelle information risquée ou gênante. En 1979, à l'âge de dix-neuf ans, j'étais étudiant à Bowdoin College, dans le Maine, un petit établissement confortable. Mon colocataire, en première année, était un certain Peter, qui venait de Californie. Peu après la rentrée, nous étions en train de plier notre linge dans notre chambre sur le campus, quand il a mentionné, en passant, qu'il était puceau. Il a partagé cette information comme s'il s'agissait de la plus banale qui soit, aussi facilement que s'il allait se servir une tasse de café. Et moi j'étais là, aussi puceau que lui, totalement mortifié à l'idée que quelqu'un d'autre puisse découvrir cette vérité.

Lorsqu'il me l'a dit, je n'ai pas été capable de lui avouer mon secret en retour. J'étais trop gêné, même face à son honnêteté. À cause de mon silence, je l'ai appris plus tard, Peter a eu du mal à me faire confiance au départ. Comment faire confiance à quelqu'un dont on sent qu'il nous cache des choses ? Peter, à l'inverse, s'épanchait avec franchise sur ses émotions, ses craintes, ses erreurs et moi j'étais épaté par son aisance à parler de tous ces sujets ouvertement. J'ai éprouvé pour lui une confiance que je n'avais jusque-là jamais accordée aussi rapidement. Cette amitié m'a transformé, car j'ai compris les incroyables avantages liés à l'abandon des secrets et à la transparence.

Je ne suis pas en train de dire qu'il est conseillé ni même approprié d'évoquer sa vie sexuelle avec ses collègues. Peter, bien entendu, n'était pas un ami de travail. Mais il est beaucoup plus répandu et encore plus dommageable de garder un secret au travail que dans une résidence universitaire.

Selon une étude de Michael Slepian, professeur de management à la Columbia Business School, chaque personne garde en moyenne treize secrets, dont cinq qu'elle n'a jamais partagés avec quiconque. Je parierais que le cadre dirigeant de base en a plus encore.

À en croire Slepian, si vous êtes dans la moyenne, vous avez 47 % de chances que l'un de vos secrets implique un abus de confiance, 60 % qu'il s'agisse d'un mensonge ou d'une malversation financière et environ 33 % d'un vol, d'une relation cachée quelle qu'elle soit ou de souffrance au travail. Cela fait beaucoup de contenu confidentiel à garder dans votre placard et cela a un coût psychologique : stress, anxiété, dépression, solitude, faible estime de soi. Les secrets occupent également beaucoup de place dans notre cerveau. Une étude montre que les gens consacrent deux fois plus de temps à penser à leurs secrets qu'à les dissimuler activement.

D'un autre côté, lorsqu'on confie un secret, le récepteur se sent investi d'un sentiment de confiance et de loyauté. Si je vous raconte une énorme erreur que j'ai commise ou si je partage une information qui pourrait nuire à ma réussite, vous allez penser : « Eh bien, si elle me confie ça, alors elle pourrait me dire n'importe quoi. » Votre confiance en moi va grimper en flèche. Il n'existe pas de moyen plus efficace pour accélérer les liens de confiance que de mettre l'accent sur un supposé secret.

Avant de poursuivre cette discussion, nous avons besoin d'un terme plus approprié que « supposé secret ». Le problème, avec le mot « secret », est qu'une fois qu'il est confié à une personne, ce n'en est plus un.

UN SECRET EN PUISSANCE

Nous parlerons de « secret en puissance » (l'expression n'est pas tirée du jargon Netflix) pour désigner les informations que vous choisiriez largement de ne pas partager car leur divulgation vous semble dangereuse. Le risque encouru pourrait être un jugement négatif, blesser des personnes, provoquer le chaos ou rompre une relation. Sans quoi nous ne ressentirions pas le besoin de les garder pour nous.

Les secrets en puissance, dans le cadre professionnel, pourraient ressembler à ceux-ci :

- Vous envisagez une réorganisation et des gens risquent de perdre leur travail.
- Vous avez licencié un ou une employé(e) et expliquer pourquoi pourrait nuire à sa réputation.
- Vous avez une « recette secrète » : une information que vous ne voulez pas voir fuiter à la concurrence.

- Vous avez commis une erreur qui pourrait écorner votre réputation, voire ruiner votre carrière.
- Deux patrons sont en conflit et si leur équipe l'apprenait, cela provoquerait une certaine agitation.
- Des employés risqueraient la prison s'ils partageaient certaines informations financières autour d'eux.

Les organisations sont pleines de secrets en puissance. Chaque jour, des managers sont confrontés à ces questions : « Dois-je en parler à mes collaborateurs ? Et si oui, à quel risque ? » Mais le silence n'est pas gage de tranquillité, ainsi que l'ont bien montré la peur éprouvée par Reed et sa baisse de productivité chez Coherent Thought il y a des années.

Tous les managers, ou presque, aiment l'idée de la transparence. Mais si vous voulez sérieusement un environnement à fort partage, la première chose à faire est de regarder les symboles autour de vous, dans vos locaux, qui pourraient bien suggérer l'existence de secrets. Je suis un jour allé rendre visite à un confrère P.-D.G. dans une autre société de la Silicon Valley. Cette personne évoque constamment l'importance de la transparence organisationnelle, la presse mentionne régulièrement ses innovations visant à créer un lieu de travail plus ouvert.

À mon arrivée, j'ai pris l'ascenseur direction le dernier étage du siège de l'entreprise. Le réceptionniste m'a accompagné dans un long couloir silencieux. Le bureau du P.-D.G. se trouvait dans l'angle. Sa porte était ouverte (puisqu'il parle de « politique de la porte ouverte »), mais juste devant était installée une secrétaire qui semblait monter la garde. Je suis certain que ce monsieur avait une excellente raison d'avoir ce coin calme équipé d'une porte qu'il verrouille la nuit et quelqu'un qui veille à ce que personne ne se glisse à l'intérieur en douce. Mais ce bureau le clamait haut et fort : « Nous avons des secrets ici ! »

C'est la raison pour laquelle je n'ai pas de bureau propre, ni même un espace de travail avec des tiroirs qui ferment à clé. En journée, il peut m'arriver de m'installer dans une salle de conférences pour discuter, mais mon assistant sait que la plupart de mes entretiens se font dans le bureau de la personne que je rencontre. J'essaie toujours de rejoindre mes interlocuteurs ou interlocutrices sur leur lieu de travail au lieu de les faire venir à moi. J'aime tout particulièrement les rendez-vous promenades, où je croise souvent d'autres employés qui se retrouvent en extérieur.

Ce n'est pas seulement une question de bureau. N'importe quel espace sous clé symbolise des choses cachées et laisse entendre que nous ne nous faisons pas confiance. Lors d'une de mes premières visites à nos bureaux de Singapour, j'ai constaté qu'on avait attribué à nos salariés des casiers dans lesquels ils pouvaient ranger leurs affaires sous clé chaque soir. J'ai insisté pour qu'on les supprime.

Mais les signaux de ce genre ne suffisent pas en soi. Il revient au patron de donner vie au message de la transparence en partageant le plus possible avec tout le monde : de grandes révélations ou d'autres, plus anodines, qu'elles soient bonnes ou mauvaises. Si votre premier réflexe est de mettre sur la place publique la plupart des informations, les autres vous imiteront. Chez Netflix, on parle de « publicité des débats » et on fait l'effort de se prêter au jeu très souvent.

La première fois que j'ai rencontré Reed, pour discuter des entretiens inclus dans ce livre, j'avais imaginé que nous nous retrouverions dans une salle de conférences fermée ou bien dans un coin tranquille où il pourrait répondre à des questions sensibles. Au lieu de ça, il m'a entraîné vers une mezzanine ouverte où nous nous sommes installés à un endroit où tout le monde pouvait nous entendre. Reed m'a raconté quelques anecdotes pittoresques à propos d'un de ses premiers emplois, la vente d'aspirateurs en porte à porte, de bagarres au collège, d'un grave accident de la route survenu à l'époque où il voyageait en Afrique en stop en compagnie d'une ancienne petite amie, des défis qu'avait posés son mariage au début. Des gens passaient sans cesse à proximité. Sa voix n'a jamais baissé d'un décibel.

Quelques mois plus tard, j'ai envoyé à Reed le premier jet du chapitre un de ce livre, pour avoir son point de vue. La semaine suivante, je rencontrais un manager du bureau d'Amsterdam quand, au milieu de notre entretien, celui-ci a fait référence à un passage bien précis du brouillon que j'avais transmis à Reed. Il a certainement lu la confusion sur mon visage parce qu'il a expliqué : « Reed a fait circuler le document à tout le monde. »

« À tous les employés Netflix ? » j'ai demandé.

« Non, pas tous, juste les sept cents managers les plus importants. Il voulait nous montrer ce que vous fabriquez tous les deux. »

Dès la fin du rendez-vous, j'ai décroché mon téléphone, tout en répétant mentalement la conversation que je voulais avoir avec Reed : « Qu'est-ce qui t'a pris ? Tu ne peux pas envoyer nos premiers jets à des centaines de personnes ! Je n'ai même pas fait le fact-checking ! » Je m'apprêtais à appuyer sur le bouton quand j'ai imaginé sa réaction : « Tu préfères que je garde pour moi les chapitres non terminés ? Pourquoi ? » Et je me suis rendu compte que je n'avais pas de réponse convaincante à cette question.

SAVOIR QUAND PARTAGER

La transparence, c'est bien. Vous n'entendrez jamais aucun grand patron se vanter de promouvoir le secret organisationnel. Mais la transparence n'est pas sans risque. Avec son instinct de partage, Reed a envoyé un chapitre non définitif à sept cents personnes. Parmi eux, des dizaines auraient pu avoir envie de se plaindre auprès de moi de l'inexactitude de mes propos. Ça n'est pas arrivé, mais ça aurait pu.

Il existe des raisons au secret et souvent il n'est pas si évident de savoir quand être transparent et quand garder le silence. Pour essayer de comprendre comment Reed procédait pour trancher, je lui ai préparé un test, que je vais partager ici avec vous.

J'ai écrit quatre scénarios qui pourraient inciter au secret et je lui ai demandé de choisir entre plusieurs réponses, de m'expliquer son raisonnement et de me présenter des dilemmes similaires ayant réellement eu lieu chez Netflix.

Vous pouvez vous aussi faire ce quiz. Avant de lire les réponses de Reed, posez-vous la question de savoir ce que vous auriez fait et pourquoi. Ensuite, voyez si vous êtes d'accord avec lui.

UN QUIZ POUR REED (ET POUR VOUS)

SCÉNARIO 1 :
DES INFORMATIONS QU'IL SERAIT ILLÉGAL
DE FAIRE FUITER

Vous êtes le fondateur d'une start-up qui compte cent salariés. Vous avez toujours cru à la transparence organisationnelle, vous enseignez à votre personnel comment comprendre les comptes de résultat, vous tenez d'ailleurs à leur disposition toutes les informations financières et stratégiques. Mais la semaine prochaine, votre société va entrer en Bourse, la donne va changer. Après ça, si vous annoncez les revenus trimestriels à votre personnel avant Wall Street et qu'un employé en parle à un ami, le cours de la société pourrait chuter et la personne responsable de la fuite finir en prison pour délit d'initié. Que ferez-vous ?

a- Vous continuez à partager les résultats trimestriels, mais seulement APRÈS les avoir annoncés à Wall Street.

b- Vous continuez à transmettre tous les chiffres à votre personnel avant que tout le monde les connaisse tout en les avertissant que la moindre fuite à ce sujet pourrait les conduire en prison.

Réponse de Reed : Ôtez le parapluie.

Ma réponse au scénario 1 est b : continuer à partager les données financières trimestrielles avec les employés avant l'annonce publique – tout en les prévenant des terribles conséquences des fuites éventuelles.

J'ai découvert le management « à livres ouverts » en 1998. Netflix avait un an et je suivais une formation en développement du leadership à l'Aspen Institute qui réunissait des cadres de nombreuses entreprises. Il s'agissait d'échanger sur différentes lectures plus ou moins originales. L'une d'entre elles était une étude de cas sur un patron appelé Jack Stack.

Jack, qui vit à Springfield, dans le Missouri, a redonné vie à une usine de transformation industrielle appartenant autrefois à International Harvester qui était sur le point de fermer. Il est parvenu à trouver l'argent et s'est endetté pour racheter l'entreprise. À ce moment-là, dans un effort pour motiver son personnel, il s'est fixé deux objectifs :

1. Créer une culture d'entreprise basée sur la transparence financière, rendant chaque aspect des affaires visible à l'ensemble des employés.
2. Consacrer beaucoup de temps et d'efforts à la formation de tous les membres du personnel afin que ceux-ci soient capables de lire et comprendre en détail les rapports hebdomadaires opérationnels et financiers.

Jack a formé ses salariés à la lecture des rapports financiers, depuis l'ingénieur en chef jusqu'au dernier ouvrier de l'atelier. Il a instruit ces gens qui n'ont pas forcément été au lycée pour leur permettre de comprendre les tenants et les aboutissants des comptes de résultat – une chose que beaucoup de vice-présidents ayant suivi de hautes études ont du mal à faire dans certaines entreprises. Puis il a fourni chaque semaine les données opérationnelles et financières à tous les salariés pour qu'ils sachent comment l'organisation progresse et comment leur travail contribue à sa réussite. Cela a fait naître chez eux des sentiments d'enthousiasme, de responsabilité et d'appropriation, au-delà de toutes ses espérances. Voilà quarante ans que cette société affiche de magnifiques résultats.

Nous discutions de ce cas à Aspen et un des leaders nous a signifié son désaccord avec cette démarche : « Je considère que mon travail est de tenir un parapluie au-dessus de la tête de mes employés afin qu'ils ne soient pas distraits par des choses sans rapport direct avec leur travail proprement dit. Je ne veux pas qu'ils perdent des heures à entendre parler des détails commerciaux auxquels ils ne s'intéressent pas et qui ne sont pas leurs points forts. »

Je n'étais pas sur la même ligne : « Jack a réussi à ce que ses salariés s'approprient l'entreprise simplement en les guidant pour qu'ils comprennent mieux les raisons qui motivent le travail qu'on leur demande. Je n'ai pas envie que mes salariés aient l'impression de *travailler pour* Netflix, je préfère qu'ils sentent qu'ils *font partie de* Netflix. » C'est à ce moment-là que j'ai décidé la chose suivante : chez Netflix, personne ne tiendra de parapluie au-dessus de vos têtes. Et vous serez mouillés.

Suite à ce séminaire, nous avons commencé à tenir des réunions générales tous les vendredis. Patty McCord, debout sur une chaise comme une crieuse publique, réclamait l'attention de tous et nous nous dirigions vers le parking, le seul endroit où nous avions la place de rassembler la totalité des employés. Je faisais circuler les copies des comptes de résultat et nous passions en revue les chiffres hebdomadaires. Combien d'envois avions-nous faits ? Quelles étaient nos recettes moyennes ? Parvenions-nous à répondre correctement au premier et second choix de film des clients ? Nous avons également créé un document stratégique rempli d'informations que nous n'aurions pas voulu voir entre les mains de nos concurrents et nous l'avons punaisé sur le panneau d'affichage à côté de la machine à café.

Nous avons rendu publique cette information pour faire naître des sentiments de confiance et d'appropriation chez nos employés, dans l'espoir d'obtenir de leur part la même réaction que celle du personnel de Jack Stack. Et ça a fonctionné. J'ai refermé le parapluie et personne ne s'est plaint. Depuis, tous les résultats financiers, mais aussi toutes les informations que les concurrents de Netflix aimeraient dénicher, sont mis à disposition de l'ensemble de nos employés. Le plus remarquable est un document de quatre pages de « Paris stratégiques » qui apparaît sur la page d'accueil de l'intranet.

Mon but était de donner le sentiment aux employés que cette entreprise leur appartient et, en retour, d'augmenter la quantité de responsabilités qu'ils endossent afin d'assurer la réussite de notre société. Cependant, le fait de dévoiler ces secrets industriels a eu une autre conséquence : le personnel est devenu plus intelligent. Lorsqu'on donne aux salariés tout en bas de l'échelle un accès à des informations généralement réservées aux plus hauts cadres, ils acquièrent de l'autonomie. Ils travaillent plus vite sans avoir à s'interrompre pour se renseigner ou obtenir une approbation. Ils prennent de meilleures décisions sans avoir besoin d'éclairage de la part de leur patron.

Dans la plupart des entreprises, sans même s'en rendre compte, les dirigeants, en gardant pour eux les informations stratégiques et financières, inhibent les capacités et l'intelligence de leur personnel. Toutes les sociétés ou presque parlent de donner plus de pouvoir à leurs salariés ; pourtant, dans une vaste majorité de cas, cela se résume à un projet chimérique parce que les informations ne circulent pas assez pour que les gens s'approprient quoi que ce soit. Jack Stack l'expliquait très bien :

> Le problème le plus handicapant dans le monde des affaires est l'ignorance sur le fonctionnement de l'entreprise. En gros, c'est un peu comme si une foule de gens se rendaient à un match de base-ball sans que personne ne leur ait expliqué les règles. Ce match, ce sont les affaires. Les gens essaient de foncer de la première à la deuxième base, sans même savoir comment cela s'articule globalement.

Si un manager ignore combien de clients se sont abonnés ces dernières semaines, ces derniers mois et quelles discussions stratégiques sont en cours, comment pourrait-il savoir combien de personnes il peut se permettre d'embaucher ? Il doit interroger son patron. S'il ne connaît pas les détails du développement de l'entreprise, il ne pourra pas prendre une décision pertinente sans se tourner vers son ou sa supérieure. Plus les employés sont nombreux, et à tous les niveaux, à comprendre la stratégie, la situation financière et le contexte quotidien de ce qui se passe, plus ils seront à même de prendre des décisions éclairées sans avoir à impliquer la hiérarchie.

Jack Stack, bien sûr, n'est pas le seul patron d'une société privée à partager la totalité des résultats financiers avec son personnel. C'est au moment de l'entrée en Bourse que les managers commencent à dire : « Maintenant il va falloir grandir et se montrer plus prudents avec l'information. Maintenant nous devons éviter les risques et nous assurer qu'aucun secret ne tombe entre de mauvaises mains. »

Ceci nous ramène au premier scénario du quiz, où je déconseille de rouvrir le parapluie simplement parce que l'entreprise sera bientôt cotée en Bourse. Après l'OPI de Netflix en 2002, j'ai rencontré le même dilemme que le patron inventé par Erin pour son quiz. Un vendredi, Patty est montée dans ma voiture comme tous les jours et elle a commencé à se plaindre : « Dans TOUTES les sociétés cotées en Bourse, les résultats financiers trimestriels sont réservés à une poignée de quelques initiés tout en haut de la hiérarchie tant que ça n'a pas été annoncé à Wall Street. Si l'information sort, l'employé va en PRISON ! Comment allons-nous faire ? »

Mais j'étais décidé. « Si brusquement nous empêchons l'accès aux données financières, quel signal envoyons-nous ? Nous signifions aux salariés qu'ils sont des étrangers dans leur propre entreprise ! ai-je réagi. Nous n'allons pas devenir plus secrets parce que nous nous développons. Tu sais quoi, nous allons même faire le contraire. Chaque année nous allons faire en sorte d'être plus audacieux, de partager encore plus d'informations qu'avant. »

Nous sommes peut-être la seule société cotée en Bourse à dévoiler des résultats financiers en interne plusieurs semaines avant la fin du trimestre. Nous annonçons ces chiffres lors d'une réunion trimestrielle de résultats qui rassemble les sept cents plus hauts cadres environ. Le monde financier considère que c'est imprudent. Mais l'information n'a jamais fuité. Quand cela arrivera un jour (car j'imagine que ça arrivera), nous ne surréagirons pas. Nous nous occuperons du cas en question et nous continuerons à faire preuve de transparence.

Pour nos employés, la transparence est devenue le principal symbole de la confiance que nous plaçons en eux pour agir de façon responsable. Cette confiance, en retour, génère un sentiment d'appropriation, d'engagement et de responsabilité.

Tous les jours ou presque, un nouvel employé me fait part de son étonnement face à la transparence qui règne chez Netflix. Cela me réjouit énormément. Par exemple, le vice-président des relations avec les investisseurs et du développement, Spencer Wang, auparavant analyste financier à Wall Street, racontait ainsi sa première semaine de travail :

Netflix, bien sûr, fonctionne à partir des abonnements donc pour déduire nos recettes il suffit de multiplier le prix moyen d'un abonnement (que tout le monde connaît) par le nombre d'abonnés. Celui-ci est top secret jusqu'à sa publication une fois par trimestre. N'importe quel investisseur qui mettrait la main dessus en avance pourrait s'en servir illégalement pour vendre ou acheter des actions Netflix et ainsi gagner beaucoup d'argent. Si cette fuite vient d'un employé Netflix, il ou elle pourrait finir en prison.

Il était 8 heures en ce lundi matin du mois de mars. Tout nouveau dans l'entreprise, j'étais encore un peu sur la réserve, je cherchais à comprendre comment les choses fonctionnaient. J'ai pris un café, je me suis installé à mon bureau, j'ai allumé l'ordinateur. Et voilà, parmi mes e-mails, un message intitulé « Mise à jour quotidienne du nombre d'abonnés, 19 mars 2015 ». On y trouvait, détaillés à l'aide de graphiques et de tableaux, le nombre de nouveaux abonnés que nous avions signés la veille, répartis par pays.

Mon cœur a fait un bond. Était-il normal que des données aussi sensibles soient ainsi transmises par e-mail ? J'ai tourné l'ordinateur et je me suis installé dos au mur pour que personne n'y jette un coup d'œil par-dessus mon épaule.

Un peu plus tard, notre DAF, mon n+1, s'est arrêté près de mon bureau. Je lui ai montré l'e-mail. « C'est super utile, mais très dangereux si ça sort d'ici. Combien de personnes l'ont reçu ? » j'ai demandé. J'ai cru qu'il allait me répondre : Reed, toi et moi, point à la ligne. Mais il m'a répondu un truc dingue : « N'importe qui peut le demander. C'est ouvert à tous ceux que cela intéresse dans l'entreprise. »

Bien sûr, la transparence, comme tous nos principes culturels chez Netflix, peut parfois mal tourner. En mars 2014, un directeur des acquisitions de contenus a téléchargé des tas de données confidentielles et les a emmenées chez un concurrent. Cela a donné lieu à pas mal de migraines et de procès, nous y avons consacré beaucoup de temps. Mais lorsqu'un salarié abuse de votre confiance, gérez le cas personnel et renouvelez votre engagement à poursuivre la transparence avec les autres. Ne punissez pas la majorité pour le comportement lamentable de quelques-uns.

SCÉNARIO 2 :

POSSIBLE RESTRUCTURATION ORGANISATIONNELLE

Vous êtes en discussion avec votre patron, au siège, à propos d'une éventuelle restructuration qui entraînerait le licenciement de plusieurs chefs de projets parmi votre équipe. Vous n'en êtes qu'aux premiers arbitrages à ce moment-là, et il y a 50 % de chances pour que cela n'arrive pas. Allez-vous en parler à vos chefs de projets dès à présent ou attendre d'être sûr ?

a- Vous laissez le temps au temps. Il est inutile de causer du stress dès maintenant. De plus, si vous l'annoncez, vos chefs de projets vont probablement commencer à chercher un nouveau poste et vous risquez de perdre d'excellents éléments.

b- Vous optez pour un compromis. Vous craignez que vos employés ne soient pris en traîtres si vous les licenciez sans les prévenir. Pourtant vous ne voulez pas non plus qu'ils paniquent inutilement. Vous faites allusion à des changements dans l'air, sans décrire précisément ce dont il retourne. Quand vous entendez parler d'une autre société qui recherche des chefs de projets, vous laissez discrètement l'annonce sur leur bureau pour qu'ils ou elles puissent commencer à envisager d'autres options.

c- Vous leur dites la vérité. Vous vous asseyez avec eux et vous expliquez qu'il y a 50 % de risques que leur place soit supprimée d'ici six mois. Vous leur dites combien vous les appréciez, que vous espérez qu'ils ou elles resteront – mais vous préférez être transparent, pour que les informations soient entre leurs mains, ce qui leur permettra de mieux anticiper leur avenir.

Réponse de Reed : Chamboulez tout.

Ma réponse au scénario 2 est c : leur dire la vérité.

Personne n'a envie d'entendre qu'il existe une possibilité pour qu'il ou elle perde son emploi. La perspective d'un changement est toujours déstabilisante et souvent angoissante, même à petite échelle, quand par exemple vous devez changer de service ou simplement de bureau. Si vous l'annoncez aux gens avant d'en être certain, vous susciterez de l'anxiété, ce qui entraînera de la distraction et de l'inefficacité et peut-être cela incitera-t-il certains ou certaines à chercher du travail ailleurs ? Pourquoi tout chambouler si vous n'êtes sûr de rien ?

Mais si vous tenez à mettre en place une culture de la transparence et que vous ne prévenez pas votre personnel de potentiels changements en amont, vous montrez à vos employés que vous êtes un hypocrite en qui l'on ne peut pas avoir confiance. Vous prêchez la transparence puis vous évoquez leur poste dans leur dos à voix basse. Mon conseil est de tendre au maximum vers la transparence. Allez-y, chamboulez tout. Il y aura peut-être un peu de casse, certains auront peut-être du mal à encaisser le choc, mais c'est normal. Une fois que les choses auront décanté, votre personnel vous fera d'autant plus confiance.

Bien sûr, chaque cas est différent et chez Netflix chaque employé a son opinion concernant des situations aussi sensibles d'un point de vue émotionnel. Parfois, nous partageons l'information et c'est apprécié ; parfois ils ou elles auraient préféré que l'on garde ça pour nous. Nous avons demandé à des employés de Netflix de proposer leurs réponses au scénario 2, en voici deux.

La première vient de Rob Caruso, vice-président des produits numériques, et elle ressemble beaucoup à ma première réaction. Ayant travaillé autrefois dans une entreprise qui ne partageait pas ouvertement ses informations sensibles, il a bien perçu toutes les implications derrière.

Avant Netflix, je travaillais pour HBO, en tant que vice-président des produits numériques. Chez HBO, quel que soit le niveau hiérarchique où vous évoluez, vous avez l'impression qu'il reste audessus de vous cinq portes fermées que vous ne réussirez jamais à entrouvrir. Les discussions stratégiques sont réservées aux personnes directement concernées. Et dans la vaste majorité des situations, les plus hauts dirigeants estiment que vous n'avez pas à savoir. Je ne cible pas HBO en particulier – selon moi, c'est une approche assez répandue dans le monde des affaires.

Un jour, en décembre, nous étions sur un gros dossier dont la date butoir approchait, j'arrive au bureau, personne. Je me souviens qu'il faisait mauvais et, à cause de la neige fondue dans la rue, j'avais enfilé une vieille paire de baskets au lieu de mes chaussures normales, habillées. J'ai trouvé un message à mon poste de travail qui me demandait de passer voir le directeur général de la division dès mon arrivée. Je me suis aussitôt senti nerveux parce qu'il ne m'avait jamais convié à aucun entretien improvisé. Je regrettais amèrement d'avoir opté pour ces vieilles baskets.

Le directeur était assis en compagnie d'un gars à l'allure assez sympathique qu'il m'a présenté comme étant mon nouveau chef. La peur m'a saisi à cet instant – que cela signifiait-il pour moi et l'équipe ? Dix minutes plus tard, j'avais compris que c'était en réalité une bonne nouvelle. Personne n'avait été viré. Le nouveau chef était génial. Le message de la société était le suivant : « Nous allons investir dans ton service et nous avons embauché un leader vraiment capable de tirer le maximum de vos initiatives. »

Mais en quittant ce bureau, au lieu de me sentir ravi, comme j'aurais dû l'être, j'ai au contraire éprouvé, avec une certaine amertume, un sentiment de défiance. Je ne savais même pas que ces discussions étaient en cours. Combien de personnes avaient été au courant de cette ouverture de poste sans m'en parler ? Encore un secret de la hiérarchie qui me donnait l'impression d'être un étranger dans ma propre entreprise.

Le secret régnait en maître chez HBO, à tel point que Netflix a vraiment été un choc pour moi, quand je suis arrivé.

Je n'oublierai jamais la première réunion de revue trimestrielle de l'activité. J'avais rejoint la boîte depuis une semaine environ. Je suis entré seul dans l'auditorium. Je ne connaissais quasiment personne et je m'attendais à une de ces éternelles séances visant à épater la galerie vécue chez mes anciens employeurs. Nous étions quatre cents managers dans cette grande salle. Après nous avoir brièvement salués, Reed a éteint les lumières et a fait apparaître un écran blanc sur lequel il était écrit, en gras et en capitales :

VOUS IREZ EN PRISON SI VOUS UTILISEZ CES DONNÉES
POUR JOUER EN BOURSE… VOUS OU VOS AMIS.
CONFIDENTIEL. NE PAS DIFFUSER.

Le vice-président des finances Mark Yurechko est apparu sur scène, tout sourire. Il nous a exposé le détail des finances du trimestre, la tendance du cours de la Bourse ainsi que l'impact des chiffres du jour sur le prix de l'action. Voilà plusieurs dizaines d'années que je travaillais pour d'autres sociétés et je n'avais jamais rien vu de tel. En général, une poignée des plus hauts cadres détiennent ces informations confidentielles et personne d'autre.

Durant les vingt-quatre heures qui ont suivi, les tenants et les aboutissants des dilemmes de la stratégie actuelle – y compris les réorganisations et autres grands changements envisagés par Reed et sa garde rapprochée – étaient mis sur la table et débattus par petits groupes. Moi je me disais : « Je n'en reviens pas, une telle ouverture ! »

Netflix traite ses employés en adultes capables de gérer des informations difficiles et j'adore ça. Cela crée un grand sentiment d'implication et de concertation chez les employés. Pour le scénario 2 du quiz, je choisis la réponse c : partager. Il faut dire la vérité aux employés. Ils vont peut-être paniquer, mais au moins ils sauront que vous vous montrez honnête avec eux. Et ça, c'est énorme.

Je me suis senti très fier de voir Rob sur la même ligne que moi. Mais la deuxième réaction, de la part d'Isabella, cheffe de projet des contenus originaux, est en réalité plus intéressante parce qu'elle illustre bien toute la difficulté des décisions transparentes : aucune réponse n'est parfaite. Voici ce qu'elle a dit :

Je me suis trouvée dans une situation quasi identique à celle qui est décrite dans le scénario 2 du quiz. Et j'ai découvert une chose : si la transparence peut sembler une bonne chose, dans les faits souvent il vaut mieux ne pas savoir.

Pour vous planter le décor, mon mari et moi étions à la recherche depuis quatorze mois d'une nouvelle maison à proximité du bureau Netflix à Los Angeles pour réduire mon temps de trajet quotidien. Un jour, après en avoir visité environ une centaine qui ne nous convenaient pas, j'ai trouvé ma maison de rêve – largement ouverte, dans laquelle on peut parler à quelqu'un dans la chambre en haut depuis la cuisine du rez-de-chaussée, parce que aucun mur ne vient bloquer la communication. Je pouvais chanter une chanson à ma fille au lit tout en débarrassant la table.

J'adorais mon travail, je le faisais bien. Je travaillais sur le talk-show de Chelsea Handler. En général, nous mettons en ligne les saisons entières d'une série Netflix d'un coup. Mais *Chelsea* était diffusé trois fois par semaine et nous avions vingt-quatre heures après chaque tournage pour faire traduire l'émission dans tout un tas de langues et la mettre à disposition des abonnés. J'étais chargée de coordonner tout ça. Puis un jour, mon patron, Aaron, a ajouté une réunion à mon agenda, intitulée « L'avenir ».

Nous étions installés dans la salle de conférences Out of Africa. C'est une pièce toute jaune – les murs, la moquette, les chaises sont jaunes. Aaron a placé sa chaise face à la mienne et il a annoncé : « Rien n'est décidé. Mais il y a 50 % de chances pour que ton poste de gestion de projet soit supprimé. Nous sommes en pleine discussion pour une réorganisation, ton emploi pourrait disparaître. Cependant, nous ne le saurons pas avant six ou douze mois. » J'ai senti la tête me tourner. La moquette jaune s'est mélangée au plafond jaune, j'avais du mal à me concentrer sur son visage.

Après ça, j'ai complètement sombré. Nous avons laissé filer la maison, qui a été achetée par quelqu'un d'autre. Comment aurais-je pu investir dans l'immobilier alors que je risquais de perdre mon travail ? Ensuite j'ai été en colère. Quel besoin Aaron avait-il eu de m'angoisser alors que rien n'était joué ? Je regardais la télé, le soir, avec mes deux garçons. Quand le logo Netflix apparaissait, au lieu du sentiment de fierté qui m'animait auparavant, j'étais envahie par l'anxiété et la contrariété. Le plus bête, c'est que mon poste n'a PAS disparu. Il s'est simplement transformé en autre chose. J'ai tiré un trait sur la maison et vécu des mois dans le stress pour rien.

C'est pourquoi je vote a – pourquoi gâcher la vie de vos employés sans raison ?

Isabella a raison, il est stressant d'apprendre que l'on risque de perdre son emploi puis irritant de découvrir plus tard que toutes ces insomnies étaient infondées. Pourtant, malgré son vote pour la réponse a, je crois que son histoire, au contraire, plaide pour la c : partager.

Imaginez que la situation se soit déroulée différemment. Disons qu'Aaron ait préféré ne pas l'informer tant qu'il n'était sûr de rien, et qu'elle ait acheté la maison. Elle déménage puis un jour arrive au bureau et là, Aaron lui annonce « Je suis vraiment désolé, mais ton poste a été supprimé, tu n'as plus de travail. » À ce moment-là, elle aurait eu des raisons d'être fâchée contre lui de l'avoir tenue à l'écart des discussions en cours qui auraient un impact sur sa vie.

Ce n'est pas à nous, chez Netflix, de nous impliquer dans vos histoires de logement ni dans aucun autre aspect majeur de votre vie. Mais cela fait partie de nos missions de vous traiter en adulte et de vous transmettre toutes les informations en notre possession, afin de vous permettre de prendre des décisions éclairées.

Cela dit, la transparence est notre ligne de conduite, mais nous ne sommes pas des puristes pour autant. Je tiens un Google Doc ouvert à mes seuls six collaborateurs directs sur lequel nous pouvons écrire n'importe quoi – y compris des choses comme « inquiétudes concernant la performance d'Ira » – et qui n'est pas en accès libre au reste de l'entreprise. Mais ces cas sont rares. En général, nous essayons de partager le processus très en amont, pour créer une implication et pour aider les gens à comprendre que, bien que la situation soit en constante évolution, au moins ils resteront informés.

SCÉNARIO 3 :
COMMUNICATION POST-LICENCIEMENT

Vous avez décidé de vous séparer d'un membre senior de l'équipe marketing, un certain Kurt. Il est travailleur, gentil et, de façon générale, efficace. Mais il peut lui arriver de temps en temps d'être maladroit verbalement, de parler sans réfléchir, ce qui met l'entreprise dans l'embarras tant en interne qu'en externe. Le risque est devenu trop grand.

Lorsque vous lui annoncez qu'il a perdu son emploi, il est effondré. Il vous explique combien il est attaché à la société, à ses collègues et à son service. Il vous demande de dire à tout le

monde qu'il a décidé de partir de lui-même. Comment allez-vous communiquer vis-à-vis de votre personnel à propos de ce licenciement ?

a- Vous dites toute la vérité à ceux qui y auront intérêt. Vous envoyez un e-mail aux collègues de Kurt chez Netflix pour expliquer que malgré tout son travail, sa gentillesse, son efficacité, Kurt a tendance à faire des gaffes et à mettre l'entreprise dans l'embarras. Le risque étant trop grand, vous avez décidé de vous séparer de lui.

b- Vous dites une partie de la vérité. Vous informez l'équipe du départ de Kurt, en précisant que vous n'êtes pas libre d'en discuter les détails. Il est parti. Les raisons de son départ sont-elles importantes ? Il est inutile d'en rajouter et de nuire à sa réputation.

c- Vous annoncez que Kurt a décidé de partir de lui-même parce qu'il voulait consacrer davantage de temps à sa famille. Kurt a travaillé dur pour vous. Vous l'avez déjà viré. Inutile de l'humilier pour couronner le tout.

Réponse de Reed : Si vous aimez raconter de belles histoires, devenez conteur.

Ma réponse au scénario 3 est a : dites toute la vérité. Manipuler le message pour embellir le rôle de l'organisation, le vôtre ou celui d'un autre employé est tellement répandu dans le monde des affaires que de nombreux leaders ne s'en rendent même plus compte. Nous édulcorons la vérité dès lors qu'on choisit de partager les faits de façon sélective, en accordant trop d'importance au positif, en minimisant le négatif, tout cela pour tenter d'influencer la perception des autres.

Voici quelques autres exemples de belles histoires que vous reconnaîtrez peut-être :

- « Après avoir joué un rôle clé dans le service de Ramon, Carol cherche une occasion de tirer parti de ses talents administratifs dans un autre domaine. »
  > Traduction : « Ramon ne veut plus de Carol dans son équipe. Quelqu'un d'autre serait d'accord pour l'accueillir pour qu'on ne soit pas obligés de la virer ? »
- « Afin de créer des synergies dans l'entreprise, Douglas va peu à peu seconder Kathleen. Leurs talentueux collaborateurs ne formeront désormais qu'une seule et même équipe, qui s'attaquera à ce projet motivant : booster les ventes organisationnelles. »
  > Traduction : « Douglas est rétrogradé, il va travailler sous les ordres de Kathleen. Tous les collaborateurs directs de Douglas seront désormais incorporés dans le service de Kathleen. »

Édulcorer la situation, fait fréquent chez les dirigeants, c'est saper la confiance. Je ne le dirai jamais assez clairement : ne faites pas ça. Votre personnel n'est pas idiot. Quand vous tentez de les embobiner, ils le voient et vous passez pour un escroc. Parlez simplement, sans essayer de faire croire que les situations sont bonnes quand elles sont mauvaises et vos salariés sauront que vous dites la vérité.

Je comprends que ça peut être difficile. Il suffit d'appliquer la transparence pour s'en rendre compte : parfois cela va à l'encontre du respect des droits individuels à la vie privée. Les deux sont essentiels. Quand quelqu'un est remercié, tout le monde veut comprendre pourquoi. Cela finit toujours par sortir. Mais si vous expliquez simplement, honnêtement que vous avez renvoyé quelqu'un, les ragots cessent et la confiance se renforce.

Il y a quelques années, nous avons connu un exemple peu glorieux, lors du licenciement d'un de nos cadres, Jake, pour manque de transparence dans sa communication. Nous envisagions de lui proposer une promotion quand quelques membres de son équipe sont venus nous trouver pour évoquer son attitude trop politique avec ses subalternes, ajoutant qu'ils avaient l'impression qu'il ne prenait pas très bien les critiques. Ils nous ont fourni des exemples de situations où ils avaient émis des critiques honnêtes et où lui, en retour, avait pris des mesures de rétorsion déloyales ou vexantes. Un exemple, en particulier, nous avait paru particulièrement inapproprié. Son n+1 et les RH ont essayé d'en discuter avec lui, mais il a encore enjolivé l'histoire, brisant la confiance avec ses plus proches collaborateurs et collaboratrices.

Lorsque Jake a finalement été licencié, son n+1 a eu, évidemment, un instant de doute. Fallait-il envoyer un e-mail relatant ouvertement ce qui s'était passé ou bien valait-il mieux que Jake s'en aille tranquillement en ajoutant peut-être que nous avions d'un commun accord décidé qu'il était temps de changer ?

Mais la transparence est l'unique réponse en accord avec nos principes. Le chef de Jake a donc envoyé l'e-mail suivant à ceux et celles qui travaillaient avec lui (il s'agit ici d'une version abrégée) :

> Chers tous,
>
> C'est avec des sentiments partagés que j'ai décidé de renvoyer Jake.
>
> Jake était candidat en interne pour une promotion qui aurait fait de lui un cadre exécutif senior. Alors que je procédais à l'audit préalable pour cette promotion, certaines informations me sont parvenues qui laissaient entendre qu'il ne faisait pas toujours montre des qualités que nous attendons expressément chez nos leaders. En particulier, il nous est apparu clairement que Jake a manqué d'honnêteté vis-à-vis de nous concernant un gros problème avec un employé qui impactait l'entreprise, même lorsque nous l'avons interrogé directement.
>
> Jake a eu un impact énorme sur la société au fil de ses nombreuses années chez Netflix et pour certains, la nouvelle pourrait être un choc. Il a accompli beaucoup de choses ici. Mais je ne doute pas que les retours que j'ai reçus le concernant sont exacts, ce qui nous oblige à opérer ce changement.

Bien sûr il est possible d'en dire trop lorsqu'on révèle que quelqu'un a été licencié. Il est important de respecter la dignité de la personne qui s'en va, ainsi que de prendre en considération les différences culturelles à l'étranger le cas échéant. Je recommande à nos managers de se montrer le plus transparents possible tout en s'assurant de pouvoir répondre par l'affirmative à la question suivante : « Ne verrais-je aucun inconvénient à montrer cet e-mail à la personne que je viens de renvoyer ? »

Dans le cas qui nous occupe, les actions de Jake se sont produites au sein du bureau. Mais quand il s'agit d'évoquer publiquement les problèmes personnels d'un ou une employé(e), les choses se compliquent encore davantage. Je recommande alors une approche différente.

À l'automne 2017, un de nos leaders, qui à notre insu souffrait d'un problème d'addiction à l'alcool, s'est remis à boire pendant un voyage d'affaires. Il est aussitôt parti en cure de désintoxication. Que devions-nous dire à ses collaborateurs ? Son chef estimait que, fidèles aux principes de la culture Netflix, nous leur devions à tous la vérité. Les ressources humaines insistaient qu'il devrait avoir le droit de choisir ce qu'il voulait dévoiler de sa vie. Dans ce cas, j'étais d'accord avec les RH. En matière de problèmes personnels, le droit d'un individu à sa vie privée l'emporte sur le désir de transparence de l'organisation. Nous n'avons donc pas opté pour la voie de la plus grande franchise. Sans pour autant raconter de belles histoires. Nous avons dit à tout le monde qu'il avait pris deux semaines de congé pour raisons personnelles. À lui de leur donner plus de détails s'il le souhaitait.

De manière générale, je crois que si le dilemme est lié à un incident au travail, tout le monde devrait être informé. Mais s'il s'agit d'une situation personnelle, il revient à la personne d'en dire plus si elle le veut.

SCÉNARIO 4 :
QUAND ON FOIRE

Vous êtes toujours ce fondateur d'une start-up qui compte cent employés. C'est un boulot difficile et malgré tous vos efforts, vous enchaînez une série d'erreurs graves. La plus remarquable étant l'embauche puis le licenciement successif de cinq directeurs commerciaux en cinq ans. Chaque fois vous êtes persuadé d'avoir trouvé un bon candidat. Mais systématiquement, quand vous commencez à travailler ensemble, vous prenez conscience que la nouvelle recrue n'a pas ce qu'il faut pour ce poste. Et que toutes ces embauches ratées sont entièrement dues à vos manques de discernement. Le reconnaissez-vous devant votre personnel ?

a- Non ! Vous ne voulez pas que le groupe perde confiance dans vos capacités de meneur. Certains de vos meilleurs éléments risqueraient même de partir, en quête d'un patron plus compétent. D'un autre côté, tout le monde voit bien que le cinquième directeur commercial vient de quitter la société. Vous êtes obligé de prendre la parole – mais vous vous contentez de dire combien il est compliqué de recruter le candidat idéal. Vous mettez toute votre énergie à en trouver un qui convienne parfaitement.

b- Oui ! Vous tenez à encourager votre personnel à prendre des risques et à voir les erreurs comme des étapes inévitables de ce processus. De plus, quand vous vous exprimez ouvertement sur vos erreurs, les autres vous font davantage confiance. Lors de la prochaine réunion, expliquez combien vous êtes gêné d'avoir échoué à recruter et gérer le directeur commercial cinq fois de suite.

Réponse de Reed : Allez-y doucement avec vos succès, mais n'hésitez pas à clamer haut et fort vos erreurs.

Ma réponse au scénario 4 est b : oui ! Reconnaissez vos erreurs.

Au tout début de ma carrière, au lancement de Pure Software, je n'avais pas l'assurance nécessaire pour évoquer sans tabou mes manquements avec mon personnel, mais une expérience m'a servi de leçon. Je commettais beaucoup d'erreurs de management, ce qui me préoccupait énormément. Au-delà de mon incompétence générale pour gérer le personnel, j'avais effectivement engagé puis renvoyé cinq directeurs commerciaux en cinq ans. Les deux premières fois, j'ai pu rejeter la faute sur la personne embauchée, mais lorsque sont arrivées les quatrième et cinquième, il est devenu assez clair que je ne pouvais m'en prendre qu'à moi-même.

J'ai toujours donné la priorité à l'entreprise. Persuadé que ma propre incompétence lui était nuisible, je me suis rapproché du conseil d'administration et, comme au confessionnal, j'ai détaillé mes insuffisances et proposé ma démission.

Mais le CA de Pure ne l'a pas acceptée. Financièrement, l'entreprise allait bien. Ils ont convenu que j'avais commis des erreurs dans la gestion du personnel, mais ils ont ajouté que s'ils engageaient un nouveau dirigeant, celui-ci ou celle-là en ferait également. Il s'est produit deux choses intéressantes durant cette réunion. D'abord, ainsi que je m'y attendais, j'ai éprouvé un immense soulagement d'avoir dit la vérité et tout mis sur la table. Ensuite, et c'est plus remarquable, le fait d'exposer ma vulnérabilité a semblé renforcer la confiance que le CA plaçait en moi.

J'ai ensuite procédé à la même autocritique devant l'ensemble du personnel. J'ai longuement insisté sur mes erreurs et exprimé mes regrets d'avoir nui à l'entreprise. Cette fois, en plus du soulagement, j'ai senti la confiance des salariés, qui ont commencé à me parler de leurs erreurs de tout type, qu'ils avaient jusque-là dissimulées sous le tapis. Eux aussi s'en sont sentis soulagés, ce qui a permis d'améliorer notre relation et, pour ma part, j'en ai tiré de précieux enseignements, afin de mieux me débrouiller dans la gestion de l'entreprise.

En 2007, près de dix ans plus tard, j'ai rejoint le CA de Microsoft. Steve Ballmer, P.-D.G. de Microsoft à l'époque, est un grand type sympa et remuant. Il s'exprime très librement sur ses erreurs, n'hésitant pas à tenir ce genre de propos : « Regarde, là, j'ai vraiment foiré. » Du coup, je me suis senti proche de lui. Quel type honnête et réfléchi ! Et je me suis rendu compte que c'était tout simplement un comportement humain normal d'avoir plus confiance en une personne qui admet ses erreurs.

Depuis lors, chaque fois que j'ai l'impression d'avoir fait une bêtise, je m'en ouvre largement, publiquement, abondamment. Très vite, j'ai compris le plus intéressant dans le fait de rendre publiques les erreurs des dirigeants : cela encourage tout le monde à trouver cela normal. Ce qui, en retour, encourage les employés à prendre des risques même quand le succès n'est pas certain… et entraîne ainsi davantage d'innovations à tous les niveaux dans l'entreprise. En jouant franc-jeu on construit la confiance, en demandant de l'aide on stimule l'apprentissage, en reconnaissant ses erreurs on encourage le pardon et en rendant publics ses échecs on incite les gens à faire preuve de courage.

C'est pourquoi, dans le scénario 4, je n'ai absolument aucune réserve. L'humilité est essentielle chez un dirigeant et modèle.

Exprimez-vous avec modestie sur vos réussites, ou laissez les autres les mentionner à votre place. Mais quand on fait une bêtise, il faut le dire clairement, pour que tout le monde puisse apprendre et profiter de vos erreurs. En d'autres termes, « allez-y doucement avec vos succès, mais n'hésitez pas à clamer haut et fort vos erreurs ».

Reed parle si fréquemment, si ouvertement de ses erreurs du temps où il était P.-D.G. de Pure Software que l'expérience prend parfois des airs de gigantesque catastrophe. Pourtant les recettes annuelles de la société ont doublé quatre années d'affilée avant que Morgan Stanley ne la fasse entrer en Bourse en 1995 ; deux années plus tard, elle était revendue pour 750 millions de dollars, dont une partie est revenue à Reed, devenant ainsi la mise de fonds initiale pour Netflix.

La recherche confirme les ramifications positives évoquées par Reed du dirigeant s'exprimant ouvertement sur ses erreurs. Dans son livre *Le Pouvoir de la vulnérabilité : la vulnérabilité est une force qui peut transformer votre vie*, Brené Brown explique, à partir de ses propres études qualitatives : « nous adorons voir la vérité brute et la franchise chez les autres, mais nous craignons de les montrer en nous [...]. La vulnérabilité c'est le courage chez toi et l'inadéquation chez moi. »

Anna Bruk et son équipe de l'université de Mannheim en Allemagne ont tenté de reproduire les découvertes de Brown quantitativement. Elles ont demandé à des sujets de se projeter dans diverses situations de vulnérabilité – par exemple être la première personne à demander pardon après une grosse dispute ou reconnaître devant son équipe avoir fait une grave erreur dans le cadre du travail. Lorsque les personnes s'imaginent dans ces situations, elles ont tendance à penser que montrer sa vulnérabilité donnerait l'impression qu'elles sont « faibles » et « inadéquates ». Mais en se figurant quelqu'un d'autre dans cette même situation, elles décrivent plutôt la démonstration de vulnérabilité comme « désirable » et « positive ». Bruk concluait que l'honnêteté vis-à-vis de ses erreurs est positive pour les relations, la santé et la performance professionnelle.

À l'inverse, il existe aussi des recherches qui prouvent que le fait de mettre en lumière les erreurs d'une personne déjà considérée comme inefficace ne fait que conforter cette opinion chez les autres. En 1966, le psychologue Elliot Aronson a mené une expérience. Il a demandé à des étudiants d'écouter des enregistrements de candidats souhaitant participer à un quiz. Deux des candidats, brillants, répondaient à la plupart des questions correctement, tandis que les deux autres ne donnaient que 30 % de réponses correctes. Puis un groupe entendait un vacarme de bruits de vaisselle, suivi d'une interjection d'un des candidats brillants qui disait « Oh non, j'ai renversé du café partout sur mon nouveau costume. » Un autre échantillon d'étudiants entendait le même bruit, mais ensuite c'était un des candidats médiocres qui disait avoir renversé du café. Les étudiants ont ensuite témoigné apprécier davantage le candidat brillant parce qu'ils l'avaient entendu en difficulté. En revanche, l'inverse était vrai du candidat médiocre. Il était encore moins apprécié après avoir traversé une situation de vulnérabilité.

Cette tendance a un nom : l'effet Pratfall (pratfall : chute sur le derrière) – l'attractivité d'une personne augmente ou décroît après qu'elle a fait une erreur, selon que cette personne est ou non perçue comme compétente en général. Dans une étude dirigée par la professeure Lisa Rosh de Lehman College, une femme se présentait, sans mentionner ni son titre ni ses études, mais en évoquant la nuit qu'elle venait de passer à s'occuper de son bébé malade. Il lui fallait des mois pour rétablir sa crédibilité. Si la même femme était annoncée comme une prix Nobel, le même discours, mot pour mot, à propos du bébé, provoquait des réactions de sympathie et de connexion de la part du public.

En associant les données aux conseils de Reed, voici ce qu'il faut retenir : un leader qui s'est montré compétent, qui est apprécié de son équipe, bâtira des liens de confiance et suscitera les prises de risque s'il ne cache pas ses propres erreurs. L'entreprise en bénéficiera. La seule exception concerne un ou une dirigeant(e) qui n'aurait pas fait ses preuves ou en qui on n'aurait pas confiance. Dans ces cas, avant de raconter haut et fort toutes vos erreurs, il faut impérativement instaurer d'abord la confiance quant à vos compétences.

LE CINQUIÈME POINT

Si vous avez les meilleurs employés sur le marché et que vous avez instauré une culture du feedback ouvert, le dévoilement des secrets de la société augmente le sentiment d'appartenance et d'engagement parmi votre personnel. Si vous faites confiance aux gens pour gérer de façon appropriée les informations sensibles, alors naîtra un sentiment de responsabilité, et vos salariés vous montreront à quel point ils sont fiables.

À RETENIR DU CHAPITRE 5 :

- Pour une culture de la transparence, réfléchissez aux messages symboliques que vous transmettez. Finis les bureaux fermés, les assistants qui montent la garde et les espaces clos.

- Ouvrez les livres de comptes pour vos employés. Enseignez-leur comment lire les profits et les pertes. Partagez avec tous les membres de l'entreprise des informations financières sensibles et stratégiques.

- Lorsque vous prenez des décisions qui impacteront le bien-être du personnel, telles que les réorganisations ou les licenciements, parlez-en en amont avec les employés, avant que les choses soient gravées dans le marbre. Cela créera une certaine anxiété, de l'affolement peut-être, mais la confiance ainsi bâtie sera supérieure aux désagréments.

- Quand la transparence interfère avec la vie privée d'un individu, suivez ces principes : si l'information porte sur un événement qui s'est produit au travail, optez pour la transparence, exprimez-vous avec franchise sur l'incident. Si cela engage la vie personnelle d'un employé, expliquez qu'il ne vous revient pas d'en dire davantage et que les gens peuvent interroger directement la personne concernée s'ils le souhaitent.

- Si vous avez déjà fait vos preuves, parlez ouvertement et longuement de vos erreurs – encouragez tous vos cadres à faire de même – car cela augmentera la confiance, la bonne volonté et l'innovation à tous les niveaux de l'entreprise.

Vers une culture de liberté et de responsabilité

Maintenant que vous avez une haute densité de talent, que vous avez instauré la franchise, que la transparence organisationnelle est en place et que vous avez expérimenté quelques libertés symboliques (vacances illimitées, fin des politiques de dépenses et de voyages professionnels), vous êtes prêts à monter d'un cran dans la liberté. Le chapitre suivant – *Aucune validation n'est nécessaire* – ne peut être mis en pratique que si et seulement si vous avez déjà abordé les sujets des chapitres précédents. En partant du principe que vous avez accompli ce travail préparatoire, ce chapitre est celui qui sera le plus susceptible de stimuler l'innovation, l'efficacité et la satisfaction des employés à tous les étages de l'organisation.

ET MAINTENANT,
SUPPRIMEZ D'AUTRES CONTRÔLES...

CHAPITRE 6

AUCUNE VALIDATION N'EST NÉCESSAIRE

En 2004, Netflix envoyait encore les DVD par courrier et Ted Sarandos était responsable des achats. Il décidait s'il fallait commander 60 ou 600 exemplaires de tel ou tel titre. Les DVD étaient ensuite expédiés à nos clients.

Un jour, sort un nouveau film sur des extraterrestres, dont Ted pensait qu'il allait faire un tabac. Nous buvions un café tous les deux pendant qu'il remplissait son bon de commande, il m'a donc demandé mon avis : « Combien devrais-je en réserver, selon toi ? »

Je lui ai répondu : « Je pense que ça ne marchera pas, prends-en seulement quelques-uns. » Dans le mois qui suivait, tout le monde le réclamait et nous étions en rupture de stock. « Mais pourquoi tu n'en as pas commandé plus, Ted ?! » me suis-je exclamé.

« Parce que je t'ai écouté ! » a-t-il protesté.

C'est ainsi que j'ai commencé à comprendre les dangers de la pyramide standard de la prise de décision. Je suis le patron, j'ai des opinions bien arrêtées, que je partage volontiers, mais je ne suis pas la personne la plus avisée en matière de sélection des films ou autres décisions critiques du même acabit, au quotidien, chez Netflix. Je lui ai donc dit :

« Ted, ton boulot n'est pas de me satisfaire ou de prendre la décision que j'approuverais le plus selon toi. C'est de faire ce qui est bon pour nos affaires. Tu n'es pas autorisé à me laisser conduire cette entreprise droit dans le mur ! »

Dans la plupart des sociétés, le patron est là pour valider ou bloquer les décisions des employés. Il n'existe pas meilleur moyen de limiter l'innovation et ralentir la croissance. Chez Netflix, nous insistons pour le dire : ne pas être d'accord avec son ou sa chef(fe) et prendre une décision qu'il ou elle n'apprécie pas n'est pas un problème. Nous ne voulons pas que les uns et les autres se trouvent contraints d'écarter une super idée simplement parce que le manager n'en voit pas l'intérêt. C'est la raison pour laquelle, chez Netflix, nous disons :

NE CHERCHEZ PAS À FAIRE PLAISIR AU BOSS,
MAIS À AGIR AU MIEUX POUR L'ENTREPRISE

Il existe toute une mythologie autour des P.-D.G. et autres cadres seniors tellement impliqués jusque dans les moindres détails que leur produit ou leur service devient absolument incroyable. À en croire la légende, c'est le micromanagement de Steve Jobs qui a fait de l'iPhone un produit hors du commun. Il arrive souvent que les dirigeants des grandes chaînes de télévision ou des studios de cinéma interviennent sur le contenu créatif de leurs projets. Parfois on peut entendre certains cadres se vanter d'être des « nanomanagers ».

Bien entendu, dans la plupart des sociétés, les employés cherchent à prendre les décisions que leur chef est le plus susceptible de soutenir, même si celui-ci ne donne pas dans le micromanagement. Une idée communément répandue veut que le patron ou la patronne en sache plus puisqu'il ou elle a atteint un barreau supérieur de l'échelle hiérarchique. Si vous tenez à votre carrière et si vous ne voulez pas être accusé d'insubordination, écoutez attentivement la solution qu'il ou elle jugera la plus adaptée et appliquez-la.

Nous ne nous appuyons pas sur ces modèles hiérarchiques, car nous sommes persuadés que nous sommes plus rapides, plus innovants lorsque les employés, à tous les niveaux de l'entreprise, prennent leurs propres décisions et assument. Chez Netflix, nous avons pour ambition de renforcer les muscles de la prise de décision absolument partout dans la société – et une de nos fiertés tient au peu de décisions que prennent nos cadres seniors.

Il y a quelque temps de cela, Sheryl Sandberg de Facebook a passé une journée en ma compagnie pour observer ma façon de travailler. Elle a assisté à toutes mes réunions, à tous mes entretiens en tête à tête. C'est un exercice auquel j'ai régulièrement recours avec mes homologues de la Silicon Valley, se voir en action sur le terrain nous permet d'apprendre les uns des autres. Après coup, lors de notre débriefing, Sheryl s'est étonnée : « Le plus incroyable, c'est que durant toute cette journée à tes côtés, à aucun moment tu n'as pris de décision ! »

J'étais ravi – car c'est exactement ce que nous nous sommes fixé comme objectif. Notre modèle de prise de décision dispersée est devenu l'une des bases de notre culture et l'une des raisons pour lesquelles nous avons connu une croissance et une innovation aussi rapides.

Quand nous avons commencé à travailler sur ce livre, j'ai demandé à Reed comment il allait trouver le temps de collaborer avec moi. Il m'a répondu : « Oh, je peux t'accorder à peu près tout le temps que tu jugeras nécessaire. »

J'ai été étonnée. Étant donné le rythme de croissance effréné que connaît Netflix, comment pouvait-il ne pas être submergé de travail ? Pourtant Reed est si profondément persuadé que les prises de décisions doivent être déléguées que, à l'en croire, le P.-D.G. qui fait bien son boulot est celui qui n'est pas surmené.

La prise de décision dispersée ne peut fonctionner que dans un environnement à haute densité de talent au sein d'une transparence organisationnelle maximale. Sans ces éléments, c'est l'effet inverse qui se produit. Une fois que tout ceci est en place, vous êtes prêt à supprimer ces contrôles parfois symboliques (tels que le décompte des jours de vacances), mais qui une fois disparus ont le pouvoir d'augmenter de façon spectaculaire le rythme de l'innovation dans votre entreprise. Paolo Lorenzoni, un expert en marketing qui a travaillé pour Sky Italy avant de rejoindre Netflix à Amsterdam, met en lumière ce principe en comparant son ancien et son nouveau lieu de travail.

En Italie, Sky est l'unique diffuseur de *Game of Thrones*. J'étais chargé de la promotion de la série. Et j'ai eu une idée de génie.

Si vous connaissez l'histoire, vous savez qu'un immense mur de glace protège Westeros. De nombreuses scènes se passent dans cette région très froide. C'est ce qui m'a servi de point de départ pour la publicité.

Quatre amis boivent un verre sur leur terrasse lors d'une chaude soirée à Milan. Le soleil se couche, ils dégustent des cocktails Bellini roses dans des flûtes à champagne. Ils sont en tee-shirt, dans un jardin. On voit le reflet de l'écran de télévision dans la fenêtre derrière eux. Un des amis jette un coup d'œil à sa montre. Constatant que *Game of Thrones* est sur le point de commencer, il dit en riant : « Nous ferions bien de rentrer. L'hiver vient. » (Haha.) Deux des amis récupèrent leurs affaires, ils ne veulent pas non plus rater la série. Mais le quatrième ne comprend pas. « Qu'est-ce que vous racontez ? Il fait chaud ! » Les trois autres se moquent de son ignorance. Apparemment, il n'est pas abonné à Sky TV et ne sait rien du grand mur de glace. « Si tu l'as pas, tu l'as pas ! » lui lancent-ils.

Tous ceux sur qui nous avons testé l'idée l'ont adorée. Mais chez Sky, tout devait passer par le P.-D.G. Et le P.-D.G. a été la seule personne qui n'a pas compris. Il a tué mon projet en trois minutes et demie environ.

Paolo a été embauché afin de promouvoir les séries Netflix pour un public italien. Il était persuadé que la très populaire *Narcos* connaîtrait un grand succès. Il s'agit de l'histoire du baron de la drogue colombien Pablo Escobar. Pablo est bel homme – coiffure années 1980 et grosse moustache « et malgré tous ses actes déplorables, on se surprend à le soutenir, explique Paolo. Les Italiens – qui adorent les séries sur la mafia – allaient sûrement aimer. Après des dizaines de soirées à arpenter mon appartement en long et en large, j'ai pensé à un plan qui selon moi allait appâter toute l'Italie. C'était tellement évident que j'en avais l'eau à la bouche. Ça allait coûter cher, j'aurais besoin d'utiliser la totalité du budget marketing de l'Italie. »

Mais Paolo se demandait si son nouveau patron, le vice-président du marketing Jerret West, un Américain établi à Singapour, serait d'accord avec son idée. Aurait-il le feu vert du management ?

Jerret venait à Amsterdam. J'avais consacré plusieurs semaines à travailler sur cette proposition, un avis négatif de sa part et tout serait réduit à néant. Lundi, mardi, mercredi, jour et nuit, je peaufinais les arguments les plus convaincants que je pouvais coucher sur le papier. Le jeudi midi, j'ai transmis le tout par e-mail à Jerret. Avant d'appuyer sur envoi, j'ai murmuré devant mon ordinateur : « Pourvu que Jerret approuve. »

Le jour de la réunion, j'étais tellement nerveux que j'ai été obligé de garder les mains dans mes poches pour les empêcher de trembler. Mais Jerret a surtout parlé du défi que posaient les nouvelles embauches. J'étais si stressé que j'étais quasiment incapable d'écouter. J'ai pris mon courage à deux mains et je me suis lancé. « Jerret, je voudrais être sûr qu'on aura le temps de discuter de ma proposition pour *Narcos.* »

Lorsqu'il a entendu la réponse de Jerret, Paolo n'en a pas cru ses oreilles.

« As-tu des éléments que tu voulais débattre en particulier ? Sinon, c'est ta décision, Paolo. Tu as besoin de mon aide sur un point précis ? » Ça m'a fait l'effet d'une révélation : J'ai compris ! Chez Netflix, si tu partages tout le contexte autour de ton choix, tu as posé les bases. Tu n'as pas à attendre d'approbation. C'est à toi de voir. À toi que revient la décision.

Le travail que recherchent les gens, grâce auquel ils s'épanouissent, c'est celui qui leur offre la maîtrise de leurs décisions. Depuis les années 1980, la littérature du management pullule d'instructions pour déléguer davantage, de recettes afin « d'émanciper les employés pour qu'ils s'émancipent par eux-mêmes ». C'est exactement ce que Paolo nous a expliqué ici. Plus on accorde de latitude aux gens sur leur projet, plus ils se sentent investis et plus ils sont impliqués pour donner le meilleur d'eux-mêmes. Dire aux salariés ce qu'ils doivent faire est démodé, c'est le meilleur moyen de se voir traiter de « Micromanager ! », « Dictateur ! », « Autocrate ! ».

Mais dans la plupart des entreprises, quelle que soit l'autonomie accordée aux employés pour fixer leurs objectifs, développer leurs propres idées, quasiment tout le monde est d'accord sur ce point : il revient au patron de s'assurer que son équipe ne prend pas de décisions idiotes susceptibles de faire perdre de l'argent et des ressources à la société. Et si c'est vous le patron, alors la devise de Reed « Ne cherchez pas à faire plaisir au patron » vous paraîtra peut-être non seulement bizarre, mais aussi tout à fait terrifiante.

VOUS AVEZ LA DENSITÉ DE TALENT ET LA FRANCHISE : ÊTES-VOUS PRÊT À VOUS DÉBARRASSER DES CONTRÔLES ?

Imaginez ce scénario. Vous héritez d'un super poste de management dans une entreprise à la pointe et en rapide expansion. Vous êtes bien payé, on vous affecte une équipe de cinq personnes hautement expérimentées et travailleuses en supervision directe. Tout va bien... il n'y a qu'un seul petit problème. Cette société est connue pour engager exclusivement les meilleurs et licencier ceux qui n'excellent pas. Vous ressentez une pression énorme.

Vous n'êtes pas un micromanager. Vous savez comment obtenir des résultats sans être constamment penché par-dessus l'épaule de vos collaborateurs, sans avoir à leur indiquer quel stylo ils doivent prendre, quel coup de fil ils doivent passer. Pour tout dire, vos qualités de leader émancipateur étaient souvent vantées à votre poste précédent.

Un matin, une collaboratrice, Sheila, vous présente une proposition. Elle a une idée novatrice pour faire progresser la société et elle préférerait abandonner le projet que vous lui avez suggéré de suivre. Vous êtes de manière générale favorablement impressionné par Sheila, mais vous estimez que son idée, en l'occurrence, va faire un flop. Si vous lui accordez quatre mois pour travailler sur ce projet dont vous avez le sentiment qu'il va échouer, quelle opinion aura votre supérieur direct vous concernant ?

Vous expliquez, avec passion, toutes les raisons pour lesquelles vous y êtes opposé. Mais puisque vous essayez d'inciter votre équipe à davantage d'autonomie, vous laissez Sheila trancher. Elle vous remercie et promet de réfléchir à vos arguments. Une semaine plus tard, elle vous demande un nouveau rendez-vous. Cette fois elle annonce : « Je sais que tu n'es pas d'accord, mais je vais suivre mon idée parce que je crois que nous y gagnerons davantage. Préviens-moi si tu souhaites outrepasser ma décision. » Qu'allez-vous faire ?

À ce moment-là, l'intrigue du scénario imaginaire s'épaissit. Quelques jours plus tard, un autre employé vient vous présenter une autre idée, à laquelle il a consacré la moitié de son temps. Vous êtes certain, là encore, que ce sera un échec. Puis, plusieurs jours après, une troisième personne arrive avec une requête similaire. Vous vous souciez de votre carrière, ainsi que de celle de vos collaborateurs, vous êtes donc terriblement tenté de les empêcher de travailler sur ces initiatives.

Dans notre philosophie, les employés n'ont pas besoin de l'approbation de leur n+1 pour aller de l'avant (mais ils doivent informer celui ou celle-ci). Si Sheila vient vous trouver avec une proposition qui selon vous ne marchera pas, vous devez vous remémorer pourquoi vous avez embauché Sheila et pourquoi vous la rémunérez au-dessus du prix du marché pour l'avoir à vos côtés. Posez-vous ces quatre questions :

- Sheila est-elle une employée exceptionnelle ?
- Estimez-vous qu'elle sait faire preuve de discernement ?
- Pensez-vous qu'elle a la capacité d'avoir un impact positif ?
- Est-elle digne de faire partie de votre équipe ?

Si vous répondez NON à n'importe laquelle de ces questions, vous devriez vous séparer d'elle (voir le chapitre suivant où nous apprendrons que « des performances adéquates valent de généreuses indemnités de licenciement »). Mais si votre réponse est OUI, alors laissez-la aux commandes. Lorsque le patron ne se mêle plus des décisions, l'entreprise progresse, l'innovation aussi. Souvenez-vous du temps que Paolo a consacré à se préparer afin d'obtenir la validation de Jerret pour son initiative. Si Jerret avait mis son veto, Paolo aurait dû annuler une proposition dans laquelle il croyait pour partir sur de nouvelles pistes. Résultat : du temps, et une bonne idée, gâchés.

Bien sûr, toutes les décisions de vos collaborateurs ne se solderont pas par un succès. Et si le patron se retire du processus de validation, il est probable que les échecs seront plus nombreux. C'est précisément pour cette raison qu'il est si difficile de laisser Sheila mener à bien son idée quand on est persuadé qu'elle ne fonctionnera pas.

À QUOI ON CARBURE CHEZ NETFLIX

Il y a quelques années j'assistais à une conférence à Genève. Assis au bar, j'ai surpris la conversation de deux confrères qui discutaient des défis liés à l'innovation. Voici ce que racontait l'un, un Suisse à la tête d'une société d'articles de sport : « Une de mes managers a suggéré que j'installe une piste de roller dans nos magasins pour attirer les jeunes clients qui ont tendance à acheter à la concurrence sur internet, racontait-il. On a besoin de ce genre d'idées innovantes dans notre domaine. Mais elle avait à peine fait cette suggestion qu'elle a commencé à se rétracter. Nous n'aurions pas la place !

Cela coûterait trop cher ! Cela pourrait être dangereux ! En deux minutes elle avait complètement évacué sa propre idée. Elle ne l'a jamais soumise à son chef pour avoir son avis. Tout le monde dans l'entreprise est tellement réticent à prendre des risques ! Comment veux-tu innover dans ces conditions ? »

L'autre P.-D.G., un détaillant américain dans la mode, a acquiescé : « Nous avons des calicots partout dans le bureau sur lesquels il est écrit *Dix minutes pour innover*. Le problème est que nous travaillons tous trop dur pour avoir le temps de réfléchir à de nouvelles manières de faire les choses. Alors j'essaie d'accorder du temps à tout le monde. Nous allons lancer les “vendredis de l'innovation”, un jour par mois durant lequel on n'attendra qu'une chose de la part des employés : des idées neuves. Toute la journée, nous travaillons dans l'univers de Google, nous achetons nos produits sur Amazon, nous écoutons de la musique via Spotify, nous prenons des Uber pour rejoindre nos appartements loués sur Airbnb et nous passons nos soirées devant Netflix. Pourtant nous sommes incapables de comprendre comment ces sociétés de la Silicon Valley font pour aller si vite de l'avant et innover avec une telle rapidité. »

« Je ne sais pas à quoi ils carburent, chez Netflix, a-t-il conclu, mais il nous faut la même chose. »

C'était assez amusant d'entendre ça par hasard. À quoi on carbure, chez Netflix ? Nos employés sont forts, mais au moment où ils intègrent l'entreprise, eux aussi, comme la salariée avec son idée de piste de roller, font tout ce qu'ils peuvent pour minimiser les risques d'échec. Nous n'avons pas de vendredi de l'innovation, pas plus que de calicots incitant à y réfléchir. Et nos employés sont bien occupés, ils n'ont pas plus de temps à accorder à la réflexion que ce type de l'industrie de la vente de mode au détail.

La différence tient à la liberté de prise de décision que nous offrons. Si vos employés sont excellents, si vous leur donnez la liberté de mettre en place les brillantes idées auxquelles ils croient, alors l'innovation arrivera. Netflix n'opère pas dans un domaine comme la médecine ou le nucléaire où la sécurité est critique. Dans certaines industries, il est essentiel d'éviter les erreurs. Nous sommes sur un marché créatif. Notre plus grosse menace, à long terme, n'est pas de commettre une erreur, c'est de manquer d'inspiration. Notre risque est d'échouer à trouver des idées novatrices pour divertir nos clients, ce qui nous mettrait hors jeu.

Si vous espérez davantage d'innovation dans votre équipe, poussez vos employés à chercher des moyens de faire progresser l'entreprise, pas de satisfaire leurs chefs. Coachez votre personnel afin qu'il défie ses managers exactement comme Sheila l'a fait : « Je sais que tu n'es pas d'accord, mais je vais suivre ma nouvelle idée parce que je crois que nous y gagnerons davantage. Préviens-moi si tu souhaites outrepasser ma décision. » En parallèle, incitez vos managers à ne pas rejeter les initiatives de ce genre, quel que soit leur scepticisme ou leur longue expérience. Parfois l'employé(e) échouera et le patron aura envie de dire « Je te l'avais dit » (et s'en abstiendra !). Parfois il ou elle réussira malgré les réserves émises par son chef.

Un formidable exemple nous a été fourni par Kari Perez, directrice de notre service communication chargée de faire connaître la marque Netflix en Amérique latine. Kari est mexicaine, mais elle vit à Hollywood :

Nous étions à la fin 2014 et à l'époque Netflix n'était pas vraiment connu au Mexique. J'avais un plan pour y remédier. J'avais envie de présenter Netflix comme le champion du contenu local, alors même que nous n'avions encore aucune série originale mexicaine.

L'idée était de mettre en avant dix gros films mexicains de cette année-là – réalisés par des Mexicains avec des acteurs locaux. Nous voulions également sélectionner un jury composé de dix personnes, toutes mexicaines, comme Ana de la Reguera (une vedette de telenovela qui s'apprêtait à tourner dans *Narcos*) et Manolo Caro (un réalisateur hyper-connu ayant récemment fait la couverture de *Vanity Fair* dans un smoking froissé allongé entre deux magnifiques actrices), le tout dans l'idée de rendre notre marque plus pertinente aux yeux du public que ces célébrités influençaient.

Ces stars du cinéma et membres du jury feraient campagne via les réseaux sociaux pour soutenir leurs films préférés, encourageant tout le monde à participer au vote sur Twitter, Facebook et LinkedIn. Les deux films ayant recueilli le plus de voix remporteraient un contrat de distribution d'un an avec Netflix. Je prévoyais de conclure cette opération par une grande fête à laquelle serait invité tout le who's who local.

Mais mon patron, Jack, a détesté cette idée. Pourquoi consacrer tout ce temps, tout cet argent sur des films que Netflix n'avait même pas produits ? Pire, nous avions tenté quelque chose de similaire au Brésil, en partenariat avec des festivals de cinéma, mais cela n'avait pas vraiment pris. Jack n'arrêtait pas d'affirmer publiquement, en réunion, que si ça ne tenait qu'à lui, cette opération ne se ferait jamais.

Mais moi, j'y croyais dur comme fer. J'étais prête à prendre le pari et, en cas d'échec, à en assumer les responsabilités. J'ai écouté attentivement les inquiétudes de Jack et j'ai décidé de travailler avec des influenceurs et influenceuses locaux plutôt qu'avec des festivals, pour éviter de reproduire le fiasco du Brésil. Bien sûr, c'est effrayant de suivre son idée tout en sachant que son chef la trouve mauvaise.

Je me suis fait du souci pour rien. Les conférences de presse pour le lancement et la clôture du concours ont été prises d'assaut et Twitter a explosé avec le concours durant les semaines ayant précédé l'événement. Le jury de célébrités a bombardé le message via Facebook et Twitter. Les producteurs, les réalisateurs, les acteurs ont à leur tour lancé leur propre campagne, faisant du Premio Netflix une plateforme essentielle pour l'industrie du cinéma mexicain indépendant.

> **Ana De La Reguera** @ADELAREGUERA · 4 Mar 2015
> #PremioNetflix Mexico. Entra a premionetflixmx.com para votar y apoyar al cine independiente Mexicano !!

Des milliers de personnes ont voté. Ça a été un moment pivot pour nous. Soudain, tout le monde connaissait la marque Netflix. J'ai su que nous avions réussi quand, lors de la cérémonie de remise des trophées, sont apparus sur le tapis rouge des influenceurs de haute volée tels que la fille du président mexicain Enrique Peña Nieto et celle qui était la plus célèbre des actrices mexicaines encore en vie, Kate Del Castillo – emmenées jusque-là en jet privé réservé par nul autre que mon manager (ayant oublié toutes ses réticences !).

Jack a fait son *mea culpa* devant tout le monde lors de la réunion d'équipe suivante : il s'était trompé de bout en bout, la campagne avait été formidable.

Afin d'encourager nos employés et leurs chefs, comme Kari et Jack, à changer d'état d'esprit vis-à-vis de l'expérimentation, nous utilisons l'image des paris. Cela incite les salariés à se considérer comme des entrepreneurs – c'est-à-dire des personnes qui, de toute évidence, ne réussissent qu'au prix de quelques échecs. L'exemple de Kari et celui, quelques pages en arrière, de Paolo, reflètent bien la vie qui est la nôtre au quotidien, chez Netflix. Il est essentiel que nos employés misent sur des initiatives auxquelles ils croient, qu'ils essaient de nouvelles choses, même quand leur n+1 ou leurs collègues trouvent leurs idées idiotes. Quand certains de ces paris se révèlent perdants, nous réparons simplement les problèmes qu'ils génèrent aussi rapidement que possible et discutons de ce que nous en retenons. Dans nos métiers créatifs, le meilleur modèle consiste à se remettre en selle au plus vite.

LES ÉTAPES PRÉALABLES ET ULTÉRIEURES AU PARI

La notion de pari est liée à l'entrepreneuriat depuis bien longtemps. En 1962, Frederick Smith, en cours d'économie à Yale, a écrit un essai qui suggérait un service de livraison en un jour. L'idée était la suivante : on pourrait poster un colis dans le Missouri le mardi et, selon le tarif payé par l'expéditeur, celui-ci pouvait voir son paquet arriver en Californie le mercredi. À en croire la légende, Smith a reçu un C pour ce devoir et le professeur lui a dit que pour avoir une meilleure note, il aurait fallu que son idée soit faisable. Si le professeur de Smith avait été son patron, il aurait sûrement mis le holà sur l'innovation.

Mais Smith était un entrepreneur et cet essai rédigé dans le cadre de ses études est devenu la base de FedEx, qu'il a fondé en 1971. C'était aussi un parieur : un jour, au tout début de FedEx, alors qu'une banque venait de lui refuser un prêt crucial, il est parti jouer les 5 000 derniers dollars de la société à Las Vegas, où il a gagné 27 000 dollars au blackjack, ce qui lui a permis de couvrir la facture d'essence de l'entreprise, qui s'élevait à 24 000 dollars. Bien sûr, Netflix n'encourage pas son personnel à jouer au casino, simplement à instiller un peu de l'esprit de Frederick Smith. Kari se souvient :

> Quand j'ai commencé chez Netflix, Jack m'a expliqué ceci : je devais imaginer qu'on venait de me confier une pile de jetons. Je pouvais les placer sur tous les paris auxquels je croyais. Je devrais travailler dur et bien réfléchir pour m'assurer de faire les meilleurs paris possible, il me montrerait comment procéder. Certains échoueraient, d'autres réussiraient. Ma performance serait finalement jugée, non sur les paris individuels perdus, mais sur ma capacité globale à utiliser ces jetons pour faire progresser l'entreprise. Jack a été très clair : on ne perd pas son poste chez Netflix parce qu'on a parié sur quelque chose qui n'a pas abouti. On le perd si on n'utilise pas ses jetons pour faire advenir de grandes choses ou si l'on fait constamment de mauvais choix.

Jack a expliqué à Kari : « Nous n'attendons pas des employés qu'ils décrochent l'approbation de leur patron avant de prendre des décisions. Mais nous savons que de bonnes décisions requièrent une maîtrise solide du contexte, la prise en compte du feedback venant de personnes aux perspectives différentes et une bonne connaissance de toutes les options. » Si quelqu'un utilise cette liberté pour prendre des décisions importantes sans solliciter les points de vue de ses collègues, Netflix considérera que cette personne manque de discernement.

Puis Jack a présenté à Kari le Cycle d'innovation de Netflix, un cadre qu'elle pouvait suivre afin de donner à ses paris les meilleures chances de réussir. Le principe selon lequel « il ne faut pas chercher à faire plaisir à son patron » fonctionne mieux si les employés suivent ce modèle simple en quatre étapes.

Le Cycle d'innovation de Netflix

Si une idée vous tient à cœur, faites comme suit :

1. Cultivez l'espace pour du dialogue contradictoire ou partagez l'idée.
2. Si c'est une grande idée, testez-la.
3. En tant que capitaine informé, lancez-vous.
4. Si c'est un succès, célébrez-le. Si c'est un échec, parlez-en.

CYCLE D'INNOVATION, ÉTAPE 1 : CULTIVEZ L'ESPACE POUR DU DIALOGUE CONTRADICTOIRE...

Si aujourd'hui nous cultivons l'espace pour du dialogue contradictoire, c'est à cause de la débâcle Qwikster, la plus grosse erreur de l'histoire de Netflix.

Début 2007, nous avons proposé un service qui, pour dix dollars, permettait de combiner la réception de DVD par courrier et le streaming. Mais il était évident que la vidéo en streaming prendrait de plus en plus d'importance et que les gens regarderaient de moins en moins de DVD.

Donc, pour nous concentrer sur le streaming, sans nous laisser distraire par les DVD, j'ai eu l'idée de séparer les deux opérations : Netflix gérerait le flux par internet et nous créerions une nouvelle société, Qwikster, exclusivement consacrée au marché des DVD. Chaque service serait facturé 8 dollars par ces deux entreprises indépendantes. Pour les clients qui tenaient à avoir accès aux deux, la facture totale atteignait donc les 16 dollars. Cet arrangement permettrait à Netflix de bâtir l'entreprise du futur, sans être encombrée de toute la logistique de l'envoi par courrier des DVD, qui représentait notre passé.

L'annonce a provoqué un tollé chez nos abonnés. Non seulement notre nouveau modèle était plus cher, mais cela imposait de jongler entre deux sites web et deux abonnements au lieu d'un. En quelques trimestres, nous avons perdu des millions de clients et la valeur de notre action a connu une baisse de plus de 75 %. Tout ce que nous avions construit était en train de s'effondrer à cause de ma mauvaise décision. Ça a été le pire moment de ma carrière – clairement une expérience que je préférerais ne jamais revivre. Je m'en suis excusé via une vidéo postée sur YouTube, qui trahissait un stress tellement perceptible que *Saturday Night Live* en a fait une parodie.

Mais cette humiliation a eu l'effet d'un signal d'alerte précieux, car après coup des dizaines de managers et de vice-présidents de Netflix sont venus me trouver pour me dire qu'ils n'avaient jamais cru à ce projet. Un a dit : « Je savais que ce serait un désastre, mais j'ai pensé *Reed a toujours raison,* alors je n'ai rien dit. » Un type du service finances a renchéri : « Nous avons trouvé ça dingue parce qu'une grande partie de nos clients payaient les 10 dollars, mais n'utilisaient même pas le service DVD. Pourquoi Reed fait-il ce choix qui ferait perdre de l'argent à Netflix ? Mais puisque tout le monde avait l'air d'accord, nous nous y sommes résolus. » Un autre manager a ajouté : « J'ai toujours détesté le nom de la boîte, Qwikster, mais comme personne d'autre ne s'en est plaint, j'ai gardé ça pour moi. » Pour finir, un des vice-présidents m'a avoué : « Tu es tellement enthousiaste quand tu crois à quelque chose, Reed, que j'ai eu l'impression que tu ne m'écouterais pas. J'aurais dû crier très fort en me plaçant pile devant toi pour arrêter le train en marche et te signaler que je n'y croyais pas, mais je n'en ai rien fait. »

Malgré tous nos discours prêchant la franchise, le message suivant s'était tout de même répandu parmi le personnel : les différences d'opinions ne sont pas toujours les bienvenues. C'est donc à ce moment-là que nous avons ajouté un nouvel élément à notre culture. Nous disons désormais que c'est être déloyal vis-à-vis de Netflix de ne pas être d'accord avec une idée et de *ne pas* exprimer ce désaccord. Taire son opinion, c'est choisir implicitement de ne pas aider l'entreprise.

Pourquoi personne n'a rien dit lorsque Reed pilotait le navire à travers la tempête Qwikster ?

Une des raisons tient en partie à notre désir de conformisme, naturel chez l'humain. Il existe une vidéo amusante de style caméra cachée qui montre trois acteurs, dans un ascenseur, debout dos à la porte. Une femme entre et, au départ, elle paraît perplexe. Pourquoi ces personnes sont-elles tournées du mauvais côté ? Mais soudain, peu à peu, tout en ayant l'air de trouver ce comportement vraiment étrange, elle s'y met à son tour. Les humains sont beaucoup plus à l'aise lorsqu'ils imitent le reste du troupeau. Dans la vie, ce n'est souvent pas une si mauvaise idée. Mais cela peut aussi nous inciter à adopter voire à soutenir activement une idée dont nous savons par instinct ou expérience personnelle qu'elle est dingue.

L'autre raison tient au fait que Reed est le fondateur et P.-D.G. Cela complique les choses parce qu'il est profondément ancré en chacun de nous que nous devons suivre et apprendre de nos chefs. Le livre de Malcolm Gladwell *Tous winners ! Comprendre les logiques du succès* raconte comment le personnel d'un avion Korean Air a été à l'origine d'un accident pour avoir préféré ne pas signaler au commandant de bord qu'il y avait un problème, par respect pour son autorité. Cette tendance est humaine.

Quelques mois après la crise de Qwikster, à la fin d'un séminaire d'une semaine réunissant des cadres, tout le monde s'est assis en cercle et, tour à tour, chacun a résumé ce qu'il avait retenu. Jessica Neal, vice-présidente en ressources humaines aujourd'hui directrice générale chargée de l'acquisition des talents, se souvient : « Reed, qui passait le dernier, a fondu en larmes, expliquant son malaise d'avoir mis la société dans cette situation, il a énuméré tout ce qu'il avait appris et redit à quel point il appréciait que nous soyons restés à son côté pour affronter ça avec lui. C'était très émouvant et il est probable que ce genre de scène ne se produise pas avec d'autres P.-D.G. »

Si je veux prendre les meilleures décisions, je dois avoir des informations de la part d'un maximum de personnes. Voilà pourquoi maintenant je recherche activement, comme tout le monde chez Netflix, à obtenir différents points de vue avant toute décision majeure. Nous appelons ça *cultiver l'espace pour du dialogue contradictoire*. En temps normal, nous évitons de mettre en place des process trop lourds, mais ce principe précis est si essentiel que nous avons développé de multiples systèmes pour nous assurer que les désaccords se font entendre.

Si vous êtes un de nos employés avec une proposition, vous créez un mémo partagé détaillant votre idée et invitant des dizaines de vos collègues à contribuer. Ces derniers laisseront alors, par voie électronique, des commentaires dans la marge de votre document, visibles de tous. Un simple coup d'œil suffit à déterminer la variété des points de vue, en votre faveur ou non. Pour un exemple, voir le mémo ci-dessous qui évoque les téléchargements Android Smart.

Dans certains cas, un employé souhaitant proposer une idée distribuera un tableur demandant à ses collègues de l'évaluer de −10 à +10, note assortie de leurs explications et remarques. C'est un moyen formidable d'appréhender clairement l'intensité du désaccord et de lancer le débat.

Idée plus agressive : associer les boutons « Ma Liste » avec des « Téléchargements Smart ».
Étant donné que l'un comme l'autre (liste et téléchargements) sont une forme de sauvegarde pour regarder plus tard, un ajout à « Ma Liste » pourrait-il déclencher un « Téléchargement Smart » ?

Ce système pourrait exister sur tous les appareils. Par exemple, vous voyez un programme qui vous plaît en naviguant sur Netflix sur votre Smart TV ? Ajoutez-le à Ma Liste et il sera téléchargé sur votre téléphone, prêt pour votre trajet du matin.

Nous allons pousser ce genre d'idées dans les futures réunions stratégiques de produit.
Si vous avez d'autres idées de votre côté, ajoutez-les ci-dessous.

IDÉES

- Téléchargement automatique agressif du premier épisode d'un nouveau contenu ayant un haut score d'enregistrement et largement regardé sur mobile. [Eddy]
- Téléchargement automatique d'épisodes à partir de « Reprendre avec le profil » pas seulement les titres activement téléchargés (Ou « Ma liste » à l'avenir). [Stephen]
- Créer une section différente pour des téléchargements automatiques que je ne regarde pas. Cela permet d'avoir une rubrique « Mes téléchargements » (ce que je télécharge manuellement et a été testé ici) et une autre, pour les téléchargements recommandés – les idées listées ci-dessus comme celles des titres à haut score d'enregistrement et présents sur « reprendre avec ». [Cathy]
- Téléchargement en un clic spécial « Long Courrier » – recommander quelques titres pour moi ou mon/mes enfant(s) et me permettre en un clic de les obtenir (par exemple, un film à succès, quelques épisodes d'une nouveauté ou un programme regardé à de multiples reprises). [Pat]

[redacted] Resolve
2 avril 2018
Je crois que nous n'avons pas besoin de leur donner une option proactive pour y échapper. Le but serait d'introduire en douceur cette caractéristique pour que... (voir plus)
Voir les 7 réponses

Sharon Williamson
4 avril 2018
Ah ok – alors ce n'est pas comme si tous les autres téléchargements étaient là sauf celui-là ? Merci.

Todd Yeilin Resolve
3 avril 2018
Cette présentation devrait peut-être montrer un peu plus d'enthousiasme pour qu'il soit clair que nous offrons aux abonnés une amélioration.
Montrer les 3 réponses.

Zach Schendel
5 avril 2018
Et si n'importe quel épisode que nous téléchargeons...

Avant une réunion importante des cadres Netflix, j'ai fait passer un mémo suggérant une augmentation d'un dollar du prix de l'abonnement ainsi qu'un nouveau modèle de facturation à plusieurs paliers. Des dizaines de managers y ont contribué, attribuant une note et ajoutant leurs commentaires. En voici quelques-uns en format abrégé :

Alex	- 4	Deux changements à la fois, ce n'est pas une bonne idée.
Dianna	8	Le timing est parfait juste avant un grand lancement sur le marché.
Jamal	- 1	Plusieurs paliers, c'est une bonne idée. Mais je ne pense pas que le montant soit correct pour cette année.

Le tableau est un système super simple pour rassembler et visualiser l'ensemble des avis. Quand votre équipe est composée des meilleurs, cela permet un bon apport d'idées. Il ne s'agit pas d'un vote ou de démocratie. On ne vous demande pas d'ajouter les notes et de calculer la moyenne. Mais ainsi vous pouvez réunir toutes sortes de points de vue. Je pratique cet exercice avant toute décision importante.

Plus on cultive les désaccords et plus on encourage les gens à exprimer ouvertement leurs divergences, meilleures sont les décisions prises au sein de l'entreprise. C'est vrai pour toutes, quelle que soit leur taille, quel que soit leur domaine.

… OU ALORS PARTAGER L'IDÉE

Pour les initiatives plus confidentielles, il n'est pas utile de cultiver l'espace pour du dialogue contradictoire, mais il serait sage, tout de même, d'informer les uns et les autres de ce sur quoi vous travaillez et de prendre la température de votre proposition. Revenons à notre employée, Sheila, venue vous présenter cette idée à laquelle vous êtes opposé. Après lui avoir expliqué pourquoi vous n'êtes pas d'accord, vous pouvez lui suggérer de partager l'idée avec ses pairs et d'autres cadres de la société. Cela implique qu'elle prévoie de multiples réunions durant lesquelles elle récapitulera les grandes lignes de son projet, mais aussi qu'elle entreprenne les démarches permettant de soumettre ses réflexions à un test de résistance et collecte de nombreux avis avant de trancher. Le partage, c'est une autre façon de cultiver les désaccords – moins portée sur le désaccord, davantage sur l'échange.

En 2016, j'en ai moi-même fait l'expérience. J'ai partagé une idée et j'ai changé d'avis.

J'ai longtemps été absolument persuadé que les séries et les films pour enfants ne permettraient pas à Netflix de gagner de nouveaux clients, ni même de garder ceux que nous avions déjà. Qui s'abonne à Netflix pour un dessin animé ? J'étais convaincu que les adultes choisissaient notre plateforme parce que son contenu leur plaisait. Leurs enfants se contentaient de regarder ce qui était disponible. Donc, quand nous avons commencé à produire des programmes originaux, nous nous sommes exclusivement concentrés sur des contenus adultes. Pour les enfants, nous avons continué à distribuer les licences Disney et Nickelodeon. Et quand nous avons finalement lancé nos propres séries jeunesse, nous n'y avons pas investi beaucoup d'argent, pas à la hauteur de ce que faisait Disney en tout cas. L'équipe contenu jeunesse n'était pas d'accord avec cette approche : « Ils représentent la prochaine génération de clients Netflix, plaidaient-ils. Nous voulons qu'ils aiment autant la plateforme que leurs parents. » Ils insistaient pour que nous nous lancions aussi dans la production de programmes originaux jeunesse.

Personnellement, je ne trouvais pas l'idée géniale, mais je l'ai partagée quand même. Lors de la réunion de revue trimestrielle de l'activité suivante, nous avons placé nos quatre cents plus hauts dirigeants autour de soixante tables, par groupes de six ou sept. Ils ont reçu une petite carte sur laquelle était écrite cette question : Devrions-nous dépenser plus d'argent, moins d'argent ou rien du tout sur les contenus jeunesse ?

Cela a suscité un véritable tsunami de retours en faveur des contenus pour enfants. Une directrice est montée sur scène et a déclaré avec enthousiasme : « Si je me suis abonnée à Netflix avant d'y travailler, c'est exclusivement pour que ma fille puisse avoir accès à *Dora l'exploratrice*. Je me soucie beaucoup plus de ce que peuvent regarder mes enfants que de ce que je regarde moi-même. » Un père lui a succédé : « Avant de travailler chez Netflix, j'en étais client parce que j'avais confiance dans le contenu mis à disposition des enfants. » Il a expliqué pourquoi : « Ma femme et moi ne regardons pas la télé, mais notre fils oui. Sur Netflix, il n'y a pas de publicités, contrairement aux chaînes du câble, et il n'y a pas non plus de dangereux piège à clics dans lequel mon fils risquerait de tomber comme c'est le cas sur YouTube. Mais s'il n'avait pas aimé ce qu'il avait à sa disposition sur Netflix, il aurait cessé de regarder et nous nous serions désabonnés. » Les uns après les autres, nos employés montaient sur cette scène pour me dire combien j'avais tort. Ils étaient convaincus que les programmes jeunesse étaient essentiels à notre base client.

Dans les six mois qui ont suivi, nous avons embauché un nouveau vice-président chargé des programmes jeunesse et famille, venu de chez DreamWorks, et lancé nos premières séries animées. En deux ans, nous avons triplé notre offre à destination des enfants et en 2018 nous étions nommés pour trois Emmy Awards pour nos programmes originaux *Alexa et Katie*, *La Fête à la maison : 20 ans après* et *Les Désastreuses Aventures des orphelins Baudelaire*. À ce jour, nous avons remporté une douzaine de Daytime Emmy Awards en récompense de programmes comme *Le Show de Mr Peabody et Sherman* ou *Chasseurs de trolls : Les Contes d'Arcadia*.

CYCLE D'INNOVATION, ÉTAPE 2 : SI C'EST UNE GRANDE IDÉE, TESTEZ-LA.

La plupart des sociétés qui réussissent commandent toutes sortes de tests afin de savoir comment et pourquoi les clients se comportent de telle ou telle manière – et les résultats influencent la stratégie de l'entreprise. La grande différence, chez Netflix, c'est que ces tests ont lieu lorsque les personnes responsables sont tout à fait opposées à l'initiative. L'histoire derrière Netflix et le téléchargement en est un parfait exemple.

En 2015, si vous aviez envie de regarder votre série Netflix préférée dans l'avion, pas de chance, c'était impossible. Le contenu n'était téléchargeable ni sur votre téléphone ni sur aucun autre appareil. Netflix n'était qu'une plateforme de streaming via internet, en direct. Sans internet, pas de Netflix. Amazon Prime proposait le téléchargement, ainsi que YouTube dans certains pays, il s'agissait donc pour Netflix d'un sujet brûlant.

Neil Hunt, directeur général des produits à l'époque, était opposé à l'offre de téléchargement. Il jugeait le projet énorme et chronophage et estimait qu'il les détournerait de leur mission centrale, à savoir l'amélioration du fonctionnement du streaming, même en cas de mauvaise connexion. Et puisque internet devenait de plus en plus rapide et omniprésent, cette fonctionnalité serait de moins en moins utile au fil du temps. Neil s'était exprimé à ce sujet dans la presse britannique, il y expliquait que le téléchargement, en gros, compliquait atrocement la vie : « Il faut se souvenir qu'on a envie de télécharger tel ou tel programme, ce n'est pas instantané, et puis il faut avoir de la mémoire disponible sur son appareil, il faut gérer ça et je ne suis pas certain que les gens en aient vraiment envie. En d'autres termes, pour nous, je ne suis pas sûr que cela vaille le coup de fournir ce niveau de complexité. »

Neil n'était pas le seul à renâcler. Reed était fréquemment interrogé lors des réunions avec les employés sur l'absence de cette fonction. Voici ses réponses aux questions, dans un document accessible à l'ensemble des salariés :

Question d'un employé : Maintenant que les autres plateformes lancent les téléchargements hors ligne, ne crois-tu pas que le refus, par Netflix, de proposer ce service aura un impact négatif sur la perception de la qualité de la marque ?

Réponse de Reed : Non. Bientôt nous annoncerons nos premiers packages pour les avions avec Wi-Fi gratuit et Netflix

inclus. Nous nous concentrons sur le streaming et, avec l'expansion d'internet (avions, etc.), le désir de téléchargement du consommateur va disparaître. Nos concurrents seront coincés pendant des années avec un usage de plus en plus réduit des téléchargements. Nous finirons bien loin d'eux en matière de sentiment de qualité de marque sur cette question.

Question d'un employé : Un commentaire précédent sur ce document fait allusion aux coûts des contenus, qui empêcheraient de proposer cette fonction de téléchargement. Pourrions-nous acheter ces droits seulement pour les principaux programmes afin de proposer le service au tarif le plus cher ?

La réponse de Reed : Nous pensons que le streaming fonctionnera partout, y compris dans les avions, au fil du temps. Les complexités de l'expérience utilisateur avec le téléchargement sont matérielles, pour un usage limité à 1 %, nous évitons donc cette approche. C'est ainsi que nous avons tranché entre utilité et complexité.

Les big boss, Neil et Reed, étaient absolument opposés à cette idée, en public comme en privé. Voilà le genre de chose qui, en général, met un terme à la discussion. Mais Todd Yellin, vice-président des produits (qui travaillait pour Neil), avait des doutes. Il a proposé à Zach Schendel (chercheur senior en expérience utilisateur) d'enquêter pour voir si les affirmations de Neil et Reed étaient justifiées. Voici comment Zach s'en souvient :

J'ai pensé : « Si Neil et Reed sont contre cette idée, est-ce qu'on peut se permettre de la tester ? » Chez n'importe lequel de mes précédents employeurs, ça n'aurait pas été très malin. Mais chez Netflix, la coutume veut que les employés subalternes accomplissent de grandes choses parfois en dépit de l'opposition hiérarchique. Ayant cela à l'esprit, je me suis lancé.

YouTube n'était pas disponible en téléchargement aux États-Unis, mais il l'était dans certains endroits comme l'Inde ou l'Asie du Sud-Est. C'était intéressant parce que Netflix se préparait à une expansion massive à l'international en janvier 2016 et ces pays seraient importants pour nous. Nous avons décidé de conduire des entretiens en Inde et en Allemagne pour établir quel pourcentage de clients utilisaient la fonction « télécharger ». En Inde, nous allions cibler des utilisateurs YouTube, en Allemagne des utilisateurs Watchever (une plateforme allemande assez similaire) et aux États-Unis nous voulions interroger des clients d'Amazon Prime (qui propose les téléchargements). À en croire nos résultats, aux États-Unis, entre 15 et 20 % de ces derniers se servent de la fonction téléchargement. Beaucoup plus que le 1 % estimé par Reed, même si cela reste une minorité.

En Inde, notre étude a montré que 70 % des utilisateurs YouTube téléchargeaient leur contenu. Un chiffre énorme ! Les réponses les plus fréquentes étaient les suivantes : « Mes trajets entre la maison et le travail durent 90 minutes, en covoiturage, je passe donc une heure et demie par jour dans les transports. Le streaming sur les portables n'est pas assez rapide à Hyderabad, alors je télécharge tout ce que je regarde. » Autre cas, jamais mentionné aux États-Unis : « L'internet du bureau est assez rapide pour le streaming, mais pas celui de la maison. Alors je télécharge toutes mes séries au travail pour pouvoir les regarder le soir chez moi. »

Les Allemands n'ont pas forcément les mêmes problèmes que les Indiens. Mais internet y est aussi moins fiable qu'aux États-Unis. « Quand je regarde une série dans ma cuisine, elle s'arrête toutes les cinq minutes pour charger, a expliqué un Allemand. Alors je télécharge dans mon salon, où le débit est meilleur, pour pouvoir regarder pendant que je cuisine. » L'Allemagne terminait entre les États-Unis et l'Inde en termes de pourcentage.

Zach a transmis ses découvertes à son patron, Adrien Lanusse, qui les a à son tour remises entre les mains de son patron, Neil Hunt, qui en a parlé à son patron Reed, qui a déclaré que Neil et lui avaient tort – et qu'en vue de l'expansion à l'international, Netflix ferait bien de se lancer dans la fonction téléchargement.

« J'aime autant vous dire que je ne suis personne dans cette entreprise, a conclu Zach. Un simple chercheur. Pourtant, j'ai réussi à combattre une opinion forte et publiquement affirmée du haut management pour finalement les rallier à la cause de cette fonction. Voilà, c'est ça, Netflix. »

Et aujourd'hui, Netflix propose les téléchargements.

CYCLE D'INNOVATION, ÉTAPE 3 : EN TANT QUE CAPITAINE INFORMÉ, LANCEZ-VOUS.

Cultiver l'espace pour du dialogue contradictoire. Partager l'idée. La tester. Cela ressemble beaucoup à une recherche de consensus, mais ça ne l'est pas. Dans une recherche de consensus, le groupe décide ; chez Netflix, une personne débat avec les collègues concernés, mais elle n'a pas besoin de l'accord de qui que ce soit pour passer à l'étape suivante. Notre cycle de l'innovation en quatre étapes consiste en une prise de décision individuelle, après contributions des autres.

Pour chaque décision importante, il y a toujours un capitaine informé clairement désigné. Cette personne a une liberté totale de prise de décision. Dans le scénario d'Erin, Sheila est la capitaine informée. Ce n'est ni à son chef ni à ses collègues de trancher. Elle compile les opinions puis choisit elle-même. Elle est alors la seule responsable de l'issue.

En 2004, Leslie Kilgore, directrice générale du marketing, a introduit une pratique qui met l'accent sur la responsabilité du capitaine informé. Dans la plupart des entreprises, les contrats importants sont signés par un responsable haut placé dans la hiérarchie. Encouragée par Leslie, une de ses employées, Camille, a commencé à signer tous les accords médias pour lesquels elle était capitaine informée. Un jour, notre conseiller juridique est allé trouver Leslie en disant : « Tu n'as pas signé cet énorme contrat avec Disney ! Pourquoi c'est le nom de Camille qui apparaît dessus ? » Leslie a répondu :

La personne qui vit et respire ce contrat doit être la personne qui le signe et l'assume et pas un chef de service ou un vice-président. C'est une manière d'enlever la responsabilité du projet à la personne qui devrait en être responsable. Évidemment, je garde un œil sur ces contrats, moi aussi. Mais Camille est fière de ce qu'elle a accompli. C'est son dossier, pas le mien. Elle est investie psychologiquement et je veux que ça continue ainsi. Je ne vais pas m'approprier son travail en mettant mon nom au bas d'un document.

Leslie avait raison et nous suivons son exemple partout aujourd'hui. Chez Netflix, on n'a pas besoin de la signature des chefs pour quoi que ce soit. Si vous êtes le capitaine informé, alors assumez – et signez le document vous-même.

Quand on découvre la liberté et la responsabilité chez Netflix, il est facile de s'enchanter de la merveilleuse idée de liberté sans vraiment réfléchir à son pendant, la responsabilité. Être le capitaine informé et signer ses propres contrats en est l'illustration parfaite. Reed n'a certes pas l'intention de susciter la peur et les tremblements chez ses employés, mais si la L&R fonctionne si bien, c'est parce que les gens ressentent tout le poids de la responsabilité associée à la liberté et déploient des efforts supplémentaires en conséquence.

Parmi les nombreuses personnes qui m'ont parlé de la pression liée à la signature de leurs propres contrats, Omarson Costa, l'un des premiers employés de Netflix Brésil. Son histoire remonte à ses premiers jours dans la société, du temps où il était directeur du développement commercial :

Je travaillais chez Netflix depuis quelques semaines à peine quand j'ai reçu un e-mail du service juridique. Le message disait « Omarson, tu as l'autorité pour signer des contrats et des accords pour Netflix au Brésil. »

J'ai cru qu'il manquait une partie du message. J'ai répondu immédiatement : « Jusqu'à quel montant ? Et si je dois le dépasser, auprès de qui dois-je faire valider ma demande ? »

La réponse a été : « À toi de jauger la limite. Fais preuve de discernement. »

Je n'ai pas compris. J'étais vraiment autorisé à signer des contrats de plusieurs millions de dollars ? Comment pouvait-on accorder un tel pouvoir à un employé en Amérique latine, qui il y a quelques semaines à peine était encore inconnu ?

Je n'en revenais pas, j'étais terrifié ! On me faisait confiance, je me devais donc d'affûter mon jugement et de motiver impeccablement mes décisions. J'allais décider pour mon n+1, mon n+2, n+3 et pour tout Netflix finalement, seul, sans qu'aucune validation ne soit nécessaire. Jamais dans ma vie je n'avais ressenti un tel mélange de responsabilité et de peur ! Cette sensation m'a poussé à travailler plus dur, pour m'assurer que chaque contrat signé bénéficierait à l'entreprise dans son ensemble.

Le sentiment de responsabilité qu'éprouvent les employés Netflix est souvent intense. Diego Avalos, directeur des programmes originaux internationaux, n'avait pas anticipé ce qui l'attendait lorsqu'il a quitté Yahoo en 2014 pour rejoindre le bureau de Netflix à Beverly Hills.

J'étais nouveau chez Netflix et mon patron m'a chargé de finaliser l'acquisition d'un film à trois millions de dollars. Chez Yahoo, même un engagement de 50 000 dollars impose la signature du

DAF ou du conseiller juridique. Moi qui étais pourtant directeur chez Yahoo, je n'y ai jamais signé de mon nom le moindre contrat.

J'ai suivi et balisé toutes les négociations, mais quand mon patron a dit : « Signe le contrat toi-même », l'anxiété m'a envahi. Ça défiait l'entendement. Et si ça tournait mal ? Et si je perdais mon boulot à cause d'une erreur que j'aurais commise ? Chez Netflix, on me considérait comme un employé remarquable, mais on venait aussi de me nouer une corde autour du cou, corde qui pouvait bien finir par causer ma propre perte à mon insu. J'avais des palpitations, j'ai dû sortir du bureau pour prendre l'air et marcher un peu.

Un peu plus tard, on m'a remis le contrat, après le passage par le service juridique, et j'ai lu mon nom sous la ligne de signature. Et là, les mains moites, tremblantes, j'ai sorti mon stylo pour le signer. Je n'arrivais toujours pas à croire qu'on m'ait accordé une telle responsabilité.

D'une certaine manière, en même temps je me suis aussi senti libéré. Le manque d'autonomie était une des raisons qui m'avaient poussé à quitter Yahoo. Là-bas, même quand l'idée venait de moi, dès que je lançais une initiative, le temps que le ban et l'arrière-ban aient donné leur accord, elle ne semblait plus m'appartenir du tout. En cas d'échec, je pouvais me dire : « Oh, trente personnes ont validé ! Ce n'est pas ma faute ! »

Il m'a fallu environ six mois pour m'habituer à cette pratique chez Netflix. J'ai appris que l'important n'est pas la perfection. Ce qui compte le plus, c'est d'aller vite et d'apprendre de ce que l'on fait. Je travaille dans une société qui me permet de prendre mes responsabilités pour mes propres décisions. Je m'y suis préparé durant toute ma carrière. J'ai récemment signé un contrat à plusieurs niveaux d'une valeur de 100 millions de dollars – et ça ne me fait plus peur. C'est génial, au contraire.

Souvent, les gens talentueux trouvent libérateur d'être le capitaine informé – et ils sont nombreux à rejoindre Netflix précisément à cause de cette liberté. Certains, comme Diego, trouvent cela plus terrifiant que confortable. Dans ce cas, ils apprennent à s'adapter ou ils passent leur chemin.

CYCLE D'INNOVATION, ÉTAPE 4 : SI C'EST UN SUCCÈS, CÉLÉBREZ-LE. SI C'EST UN ÉCHEC, PARLEZ-EN.

Si l'initiative de Sheila se passe bien, faites-lui savoir que vous êtes ravi. Vous pouvez lui taper dans le dos, lui offrir une coupe de champagne ou inviter l'ensemble de l'équipe à dîner. Marquez le coup comme vous l'entendez. *L'essentiel* est de montrer, idéalement en public, que vous êtes content qu'elle ait poursuivi son idée malgré vos doutes. Dites clairement « Tu avais raison ! J'avais tort ! » pour prouver à tous les employés qu'il ne faut pas hésiter à remettre en question le patron.

Si l'initiative de Sheila échoue, votre réaction, à vous, son chef, est encore plus cruciale. Après un échec, vos faits et gestes seront scrutés à la loupe par le personnel. Une voie possible serait de punir, réprimander ou humilier Sheila. En 800 av. J.-C., les marchands grecs qui avaient fait banqueroute étaient contraints de rester assis sur la place du marché avec un panier sur la tête. En France au XVIIe siècle, les commerçants en faillite étaient dénoncés en place publique et s'ils refusaient de se rendre tout droit en prison, ils se voyaient affublés d'un bonnet vert, marque de leur déshonneur, à chacune de leurs sorties en public.

De nos jours, on a tendance à gérer les échecs de façon un peu plus discrète. En tant que patron, vous pourriez regarder Sheila de travers, soupirer et marmonner : « J'en étais sûr. » Sinon vous pourriez poser un bras autour de son épaule et lui glisser gentiment : « La prochaine fois, écoute-moi. » Ou bien alors, vous pourriez lui asséner un petit speech pour lui rappeler tous les objectifs que votre entreprise doit accomplir et qu'il est dommage qu'elle ait perdu ce temps sur un échec qui était très clairement prévisible. (Et à ce moment-là Sheila, pour sa part, commencera probablement à se dire qu'elle aurait peut-être préféré un panier sur la tête ou un bonnet vert.)

Si vous adoptez l'une ou l'autre de ces stratégies, une chose est certaine. Quel que soit votre discours à l'avenir, tout le monde dans l'équipe saura que votre devise « ne cherchez pas à plaire au patron » est en réalité une vaste blague, que toutes vos histoires de paris et de jetons sont du vent et que finalement, vous vous souciez davantage de prévention des erreurs que d'innovation.

Nous suggérons, au lieu de ça, une réaction en trois temps :

- 1. Demandez quels enseignements ont été tirés de ce projet.
- 2. N'en faites pas toute une histoire.
- 3. Exigez la « publicité des débats » autour de cet échec.

1. DEMANDEZ QUELS ENSEIGNEMENTS ONT ÉTÉ TIRÉS DE CET ÉCHEC

Souvent, un projet qui n'a pas marché est une étape critique sur la route du succès. Une ou deux fois par an, lors de nos réunions de produit, j'impose à tous nos managers de remplir une fiche qui résume leurs paris des dernières années en les divisant en trois catégories : ceux qui ont bien marché, ceux qui n'ont pas marché, ceux qui sont encore en cours. Ensuite, nous nous séparons en petits groupes pour discuter des points dans chaque catégorie et évoquer ce que nous avons retenu de chacun. Cet exercice permet de rappeler à tout le monde qu'on attend d'eux de l'audace et que certains risques se solderont immanquablement par un échec, cela fait partie du process. Chacun comprend que les paris ne se résument pas à une question de succès ou d'échecs individuels, qu'il s'agit davantage d'un processus d'apprentissage qui, en définitive, projette l'entreprise en avant. Cela aide également les plus récentes recrues à s'habituer à reconnaître publiquement leurs échecs – et à admettre que cela peut arriver à tout le monde.

2. N'EN FAITES PAS TOUTE UNE HISTOIRE

Si vous montez en épingle un pari perdu, vous étouffez d'avance toute prise de risque future. Les gens retiendront que malgré toutes vos belles paroles, vous ne pratiquez pas la prise de décision dispersée. Chris Jaffe, qui a été engagé en tant que directeur de l'innovation produit en 2010, se souvient très clairement d'une de ses décisions qui n'avait pas fonctionné comme prévu : des centaines d'heures de talent et de ressources dépensées pour rien. Pourtant Reed a évité d'en rajouter.

En 2010, il était possible de regarder des programmes en streaming sur les ordinateurs, mais il existait peu de smart TV. Pour avoir

Netflix sur votre téléviseur, il fallait passer par une PlayStation ou une Wii.

Donc, mon but était d'inciter les gens à fouiller dans leur placard pour exhumer leur vieille Wii, qui leur donnerait accès à Netflix. Cela permettait d'amener internet dans le salon, ce à quoi la plupart de nos clients n'étaient finalement pas habitués. J'ai décidé de faire travailler quelques-uns de mes designers et de mes ingénieurs sur l'amélioration de l'interface Netflix sur la Wii. L'interface à l'époque était très rudimentaire. Sous ma supervision, cette équipe a consacré des milliers d'heures à développer un système plus complexe et, je le pensais, plus attractif pour l'utilisateur. Ce travail a duré plus d'un an à temps plein. Nous avions appelé ce projet « Explorer ».

Lorsque tout a été terminé, nous avons testé la nouvelle interface sur 200 000 utilisateurs Netflix. Le résultat m'a rendu malade. Les consommateurs utilisaient encore MOINS l'interface de la Wii ! Nous avons d'abord pensé à un bug, nous avons tout vérifié puis relancé le test. Même résultat. Les utilisateurs préféraient la version basique d'origine.

J'étais encore assez nouveau chez Netflix. Avant ce projet, j'avais à mon actif une innovation réussie, à laquelle venait s'ajouter ce flop colossal. Nous avions une réunion trimestrielle avec Reed intitulée « La science du consommateur ». Les managers produits devaient prendre la parole devant tout le monde pour faire un point sur leurs paris concernant les nouveaux produits. Qu'est-ce qui avait marché ? Qu'est-ce qui n'avait pas marché ? Qu'avions-nous appris ? Tous mes homologues étaient présents, ainsi que tous mes chefs (mon n+1, Todd Yellin ; le sien, Neil Hunt ; et Reed).

Je ne savais pas à quoi m'attendre. Reed s'en prendrait-il à moi pour avoir gâché des milliers d'heures de travail et des centaines de milliers de dollars ? Neil ferait-il la grimace ? Todd regretterait-il de m'avoir embauché ?

Chez Netflix, on dit qu'il faut débattre publiquement de nos échecs, qu'il faut s'exprimer ouvertement sur les initiatives qui ne se sont pas passées comme prévu. J'avais vu des leaders parler de leurs erreurs avec une telle force et une telle transparence que j'ai décidé, à mon tour, non seulement de mettre mon échec sur le tapis, mais de braquer un gros projecteur dessus.

Je suis monté sur scène, la salle était plongée dans le noir. J'ai présenté ma première slide sur laquelle il était écrit, en gros et en rouge : EXPLORER, UN DE MES GROS PARIS, CET ÉCHEC.

J'ai raconté le projet, dont j'ai détaillé chaque partie, celles qui avaient fonctionné, celles qui avaient échoué, expliquant que ce pari était à 100 % le mien. Reed m'a posé quelques questions, nous avons cerné les éléments qui avaient mené au flop. Puis il a demandé quels enseignements nous en tirions. Pour résumer, j'ai dit que nous avions appris que la complexité tue l'engagement du consommateur. Et c'est d'ailleurs une leçon que l'ensemble de la société a retenue suite à ce projet Explorer.

« OK, c'est intéressant. On gardera ça à l'esprit, a conclu Reed. Donc, ce projet est terminé. À qui le tour ? »

Dix-huit mois plus tard, avec quelques succès de plus au compteur, Chris a été promu vice-président de l'innovation produit.

Pour un leadership qui encourage l'innovation, la réaction qu'a eue Reed lors de cette affaire est la seule qui s'impose. Quand un pari échoue, le manager s'assurera de deux choses : exprimer son intérêt pour les points à retenir et ne pas condamner. Toutes les personnes présentes dans cette salle ont pu en tirer deux messages essentiels. D'abord, quand un pari échoue, Reed demandera ce que vous en avez retenu. Ensuite, si vous tentez un projet ambitieux, qui n'aboutit pas, personne ne vous criera dessus – et vous ne perdrez pas votre travail.

3. EXIGEZ LA PUBLICITÉ DES DÉBATS

En cas d'échec d'un pari, il est important de parler ouvertement et fréquemment de ce qui s'est passé. Si vous êtes le patron, faites savoir que vous attendez une autopsie systématique et détaillée en public. Chris aurait pu faire disparaître son échec sous le tapis, rejeter la faute sur quelqu'un d'autre ou pointer du doigt les circonstances, pour se défendre. Au lieu de ça, il a choisi d'aborder de front son initiative ratée, preuve de son courage et de ses qualités de leader.

Ce faisant, il s'est aidé lui-même, mais aussi Netflix dans son ensemble. Il est essentiel que nos employés entendent continuellement parler des paris ratés des autres, pour qu'ils soient encouragés à se lancer eux-mêmes (dans des paris qui, bien sûr, ne seront pas tous réussis). Sans ça, il est impossible d'obtenir une culture de l'innovation.

Chez Netflix, nous essayons de braquer les projecteurs sur tous les échecs. Nous encourageons les employés à rédiger des mémos en accès libre qui expliquent franchement ce qui s'est passé, assortis d'une description des enseignements à tirer. Voici un exemple abrégé de ces communications. Heureux hasard, il a été écrit par

Chris Jaffe, mais des années plus tard, en 2016, à propos d'un autre projet sans lendemain, appelé « Memento ». Ce document circule souvent chez nous comme exemple pour montrer comment rédiger un rapport public concernant un échec.

Mise à jour concernant la gestion du produit Memento. Équipe : ChrisJ.

Il y a dix-huit mois, lors d'une réunion sur les produits stratégiques, j'ai proposé, via un mémo, d'inclure des métadonnées supplémentaires au niveau du titre (par exemple des biographies d'acteurs ou des titres de films liés) dans notre expérience « second écran ».

Après un débat enflammé, j'ai décidé d'explorer cette initiative. Nous avons commencé par construire une expérience Memento sur mobile Android. Cela nous a pris plus d'un an. En septembre dernier, nous avons lancé une version bêta pour un petit test.

En février, j'en ai conclu qu'il n'était pas utile de poursuivre ce projet et j'y ai mis un terme.

Il est important de souligner que la décision de creuser l'idée Memento et d'investir dans ce projet m'appartient à moi et moi seul. Cette issue ainsi que les coûts afférents sont donc de ma seule et complète responsabilité. Nous avons consacré plus d'un an à développer ce projet avant de décider de ne pas le lancer, il s'agit d'une perte de temps et de ressources qui n'est pas sans enseignement. Voici ce que j'en retiens :

- Mener ce projet a impliqué un réel coût de renoncement, cela a eu pour résultat de nous ralentir sur d'importantes innovations sur les mobiles. Il s'agit d'un gros raté pour moi, en matière de leadership et de sujet.
- J'aurais dû considérer plus attentivement la capacité limitée à se familiariser avec la population réduite qui utilise le deuxième écran. Je suis parti du principe qu'elle se développerait.
- J'aurais dû davantage envisager la suggestion présentée lors de la réunion stratégique initiale, qui était que Darwin était la plateforme la plus appropriée pour tester

cette initiative. Cela m'a servi de rappel : je dois être ouvert à la remise en cause de mes préjugés.

- Après la réunion de stratégie produits, j'aurais dû présenter l'idée avec un mémo pour débattre la notion de lancement avec une retenue forfaitaire. Ce n'était pas ainsi que nous envisageons l'innovation produit — ce n'est pas comme ça que l'on fonctionne ici.
- À mesure que j'avançais dans le projet, j'aurais dû me rendre compte que sa valeur serait déclinante et ainsi mettre un terme à l'expérimentation il y a plusieurs mois. Le taux d'incidents rapporté en septembre aurait dû constituer un signal clair et m'inciter à stopper nos travaux en la matière. Nous avions toujours l'impression d'avoir bientôt terminé, c'était une illusion. C'est souvent le cas.

Quand on braque les projecteurs sur un pari raté, tout le monde est gagnant. Vous, le patron, parce que les salariés apprennent qu'ils peuvent avoir confiance en vous pour dire la vérité et assumer la responsabilité de vos actes. L'équipe est gagnante parce qu'elle tire les leçons de ce projet. Et l'entreprise elle-même parce que désormais tout le monde comprend que les paris ratés sont une partie inhérente de la roue du succès de l'innovation. Nous ne devrions pas avoir peur de nos erreurs. Nous devrions les chérir.

Encore plus une fois qu'on les a débattues en public !

Pour reprendre la terminologie du chapitre précédent, un pari calculé qui échoue, chez Netflix, est moins un secret en puissance que ne l'est une véritable erreur. Quand Chris a parlé de ses paris ratés, Explorer et Memento, il n'avait pas à avoir honte. Il faisait exactement ce que Netflix attendait de lui : il réfléchissait avec audace et misait ses jetons sur les idées auxquelles il croyait. Dans ce contexte, il n'est pas si difficile de monter sur scène ou d'envoyer un mémo qui dit : « Écoutez, j'ai fait un pari et les résultats n'étaient pas ceux escomptés. »

Mais quand on commet une véritable erreur, cela peut être très embarrassant, particulièrement si cette erreur suggère un sérieux manque de discernement ou une négligence.

Quand il s'agit d'une très grosse faute, la tentation est grande de s'en distancier. Ce n'est pas recommandé chez Netflix. Pour survivre à un impair de taille, il faut le mettre encore plus en avant, braquer davantage de projecteurs dessus. Parlez-en ouvertement et vous serez pardonné, du moins les quelques premières fois. Mais si vous cachez vos erreurs sous le tapis ou si vous les répétez sans cesse (ce qui vous arrivera d'autant plus que vous êtes dans le déni), l'issue sera beaucoup plus grave.

Yasemin Dormen, experte en réseaux sociaux basée à Amsterdam, a clairement montré qu'elle comprenait cette attente en détaillant pour nous une de ses erreurs. Elle s'occupait alors de la promotion de la quatrième saison de la célèbre série *Black Mirror*.

Dans *Black Mirror*, il existe un personnage animé du nom de Waldo, un ours bleu. Le lancement de la quatrième saison était prévu pour le 29 décembre 2017, j'ai donc préparé une campagne publicitaire spéciale fêtes de fin d'année.

Nous allions envoyer un message promotionnel mystérieux provenant de « iamwaldo » à des centaines d'abonnés à l'équivalent turc de Reddit. Le contenu, énigmatique, était censé appâter les gens : « Nous savons ce que vous manigancez. Regardez bien, vous verrez. » J'espérais, en réaction, des tweets du genre : « Waldo est de retour ? » « *Black Mirror* saison 4 est sorti ? » J'avais hâte de voir quel buzz positif cela générerait.

Grosse erreur de ma part : je n'ai partagé l'idée avec personne. J'étais très occupée à préparer ma semaine de vacances en famille. Je n'ai pas informé mes collègues des relations publiques des autres pays. Je n'ai pas cultivé les désaccords en soumettant le projet aux communicants Netflix. J'ai lancé le truc et je suis partie en vacances en Grèce avec mon père.

Le 29 décembre, nous étions en train de visiter un musée à Athènes, casque d'audioguide sur les oreilles, quand mon téléphone s'est mis à vibrer comme jamais. Mes collègues partout dans le monde étaient affolés par le message « iamwaldo » venu de Turquie et la tempête médiatique qu'il suscitait. « C'est nous ? » me demandait un SMS. Je me suis dépêchée de faire une recherche sur mon téléphone : les médias turcs étaient en folie.

Le blog technologie Engadget explique ainsi le déroulé des événements :

L'année se termine, c'est la saison des campagnes intrusives en ligne. Netflix a effrayé les utilisateurs de l'équivalent turc de Reddit *Ekşi Sözlük* en leur envoyant des messages directs afin de promouvoir le lancement de la quatrième saison de *Black Mirror*. Les messages en provenance de « iamwaldo » (référence à un épisode de la saison 2 de *Black Mirror* « Le Show de Waldo »), arrivés au milieu de la nuit, ressemblaient presque à une menace : « Nous savons ce que vous manigancez, regardez et vous verrez. »

La pagaille s'est même retrouvée dans la presse grand public au Royaume-Uni : « *Black Mirror* saison 4 : les téléspectateurs *furieux* du coup marketing “flippant”. Pas cool ! » pouvait-on lire sur le site d'information en ligne *Express*. Yasemin se souvient de sa douloureuse expérience :

J'ai senti mon cœur s'emballer, mon ventre se retourner. Cette erreur était à 100 % la mienne. J'avais monté cette campagne sans en parler à personne. Mes collègues étaient en colère, mon chef n'en revenait pas.

J'ai expliqué à mon père ce qui s'était passé, quasiment en larmes. « Tu crois que tu vas te faire renvoyer ? » s'est-il étranglé. Ça m'a fait rire. « Non, papa, chez Netflix, on ne se fait pas virer pour ce genre de bourde. On se fait virer quand on *ne prend pas* de risques, pas quand on se lance dans un truc osé. » On peut aussi se faire renvoyer si on ne parle pas ouvertement de ses erreurs.

Bien sûr, plus jamais je ne commettrai cette erreur de ne pas partager une campagne média à l'avenir. Là, je risque de me faire licencier.

J'ai passé le reste de ma semaine à expliquer à tout le monde l'erreur que j'avais faite, les enseignements que j'en avais tirés. J'ai rédigé des mémos, passé des dizaines de coups de fil. Bref, j'ai passé toutes mes vacances au boulot.

Yasemin a par la suite connu une belle carrière chez Netflix. Cinq mois après cette boulette « iamwaldo », elle se voyait proposer une place de manager marketing, soit une augmentation de 150 % de ses responsabilités et, dix-huit mois plus tard, elle était promue directrice du marketing.

L'essentiel tient aux enseignements qu'a tirés de son erreur non seulement Yasemin, mais toute l'équipe marketing. « Quand nous recrutons de nouveaux membres dans l'équipe, nous avons une série de cas historiques que nous passons en revue avec eux pour leur éviter de retomber dans les mêmes travers. La campagne turque pour *Black Mirror* est une des préférées, tout le monde en parle, explique Yasemin. C'est l'exemple parfait pour montrer l'importance de partager l'idée, et les conséquences lorsqu'on ne le fait pas. Mais ça nous a tous permis, nous, au marketing, de garder à l'esprit que le but, chez Netflix, c'est de créer des moments de joie. Alors évitons les campagnes un peu flippantes. N'essayez pas de faire peur au public pour leur donner envie de regarder nos séries. Une bonne campagne doit être enthousiasmante, joyeuse, amusante tout simplement. »

LE SIXIÈME POINT

Si la haute densité de talent et la transparence organisationnelle sont bien en place, un processus de prise de décision plus rapide, plus innovant est possible. Vos employés peuvent voir grand, tester leurs idées et faire des paris auxquels ils croient, même si la hiérarchie ne les cautionne pas.

À RETENIR DU CHAPITRE 6 :

- Dans une entreprise vive et innovante, les responsabilités des décisions critiques, qui peuvent rapporter gros, doivent être dispersées entre les salariés à tous les niveaux et non allouées en fonction du statut hiérarchique.
- Pour que cela fonctionne, le patron doit enseigner à son personnel de « ne pas chercher à plaire au patron ».
- Quand un nouvel employé est embauché, annoncez-lui qu'il part équipé d'une poignée de jetons métaphoriques qui lui serviront à parier. Certains paris réussiront, d'autres non. La performance d'un travailleur sera jugée sur l'issue collective de ses paris, non sur les résultats d'une unique occasion.
- Pour aider votre personnel à faire des paris gagnants, encouragez-le à cultiver les désaccords, à partager l'idée et, s'il s'agit d'un projet d'envergure, à le tester.
- Apprenez à vos employés à publiquement évoquer le pari perdu.

Vers une culture de liberté et de responsabilité

Votre entreprise bénéficie désormais largement d'une culture de liberté et de responsabilité. Vous avancez plus vite, vous innovez davantage, vos employés sont plus heureux. Mais à mesure que votre organisation se développe, vous aurez peut-être du mal à maintenir en place ces différents éléments culturels dans lesquels vous avez si soigneusement investi.

C'est ce qui nous est arrivé, chez Netflix. Entre 2002 et 2008, nous avons jeté les fondations de la plupart des aspects soulignés dans les six premiers chapitres de ce livre. Mais quand les nouveaux employés issus d'autres entreprises ont commencé à nous rejoindre par dizaines chaque semaine, il est devenu de plus en plus compliqué de leur faire changer d'état d'esprit pour les inciter à adopter la culture Netflix.

Pour cette raison, nous avons introduit un ensemble de techniques à disposition de tous les managers de l'entreprise afin de nous assurer que les éléments essentiels, c'est-à-dire la densité de talent, la franchise et la liberté, persistent malgré les bouleversements et la croissance. Ces techniques font l'objet de la partie 3.

TROISIÈME PARTIE

TECHNIQUES POUR RENFORCER LA CULTURE DE LIBERTÉ ET DE RESPONSABILITÉ

Maximisez la densité de talent...

Chapitre 7 ► Le « keeper test »

Maximisez la franchise...

Chapitre 8 ► Un cercle de feedbacks

Et éliminez un maximum de contrôles... !

Chapitre 9 ► Plus de contexte, moins de contrôle

Mondialiser

Chapitre 10 ► Répandez la bonne parole partout dans le monde !

Cette partie se concentre sur les techniques concrètes que vous pouvez mettre en place au sein de votre équipe ou de votre entreprise pour renforcer les concepts évoqués dans les deux premières parties. Dans le chapitre 7, nous explorerons le « keeper test », premier outil utilisé chez Netflix pour encourager les managers à maintenir une haute densité de talent. Dans le chapitre 8, nous passerons en revue deux exercices qui encouragent un retour fourni et continu entre les patrons, les employés, les collègues. Dans le chapitre 9, nous regarderons comment précisément ajuster votre style de management pour permettre une plus grande liberté dans la prise de décision pour vos employés.

MAXIMISEZ LA DENSITÉ DE TALENT…

CHAPITRE 7

LE « KEEPER TEST »

C'était la semaine entre Noël et le Nouvel An 2018 et Netflix avait de quoi se réjouir. Depuis six semaines, la société connaissait une série de succès inégalés. D'excellente humeur, j'appelle donc Ted Sarandos pour le féliciter.

En novembre, l'équipe de Ted avait sorti *Roma,* film écrit et dirigé par Alfonso Cuarón, qui suit la vie d'une gouvernante au domicile d'une famille de la classe moyenne mexicaine. Le *New York Times* avait parlé de « chef-d'œuvre », on disait qu'il s'agissait du meilleur film original Netflix jamais réalisé. À tel point qu'il avait reçu les Oscars du meilleur réalisateur et meilleur film en langue étrangère.

Quelques semaines après, l'équipe de Ted sortait *Bird Box,* un thriller avec Sandra Bullock, une femme qui pour survivre est forcée d'entreprendre un périlleux voyage en compagnie de ses enfants – avec un bandeau sur les yeux et sur une rivière déchaînée. *Bird Box,* sorti le 13 décembre, avait été regardé par plus de 45 millions de comptes Netflix en sept jours, soit la meilleure semaine de lancement pour un programme original depuis l'existence de la société.

« Eh bien quelles semaines tu viens de passer ! » ai-je dit à Ted. « Oui, on s'est tous bien choisis ! » a-t-il répondu. J'ai sûrement paru étonné parce qu'il a aussitôt expliqué ce qu'il entendait par là : « Eh bien, tu m'as choisi, moi j'ai choisi Scott Stuber. Stuber a choisi Jackie et Terril. Jackie et Terril ont choisi *Roma* et *Bird Box*. Quel enchaînement ! »

Ted avait vu juste. Grâce à notre modèle de prise de décision dispersée, si l'on sélectionne les meilleurs et qu'eux-mêmes à leur tour choisissent les meilleurs (et ainsi de suite de haut en bas de l'échelle), alors les résultats peuvent tendre vers l'excellence. Ted parle de la « hiérarchie du choix » et c'est tout l'intérêt d'avoir un personnel qui repose sur la haute densité de talent.

On pourrait croire, quand on parle de choix, qu'on parle d'abord d'embauche. Idéalement, une société pourrait se contenter de sélectionner avec soin et ces employés bien choisis s'épanouiraient là pour toujours. La réalité est plus dure. Quelle que soit l'attention apportée à la sélection, parfois il arrive qu'on fasse des erreurs de recrutement, parfois les gens ne progressent pas autant qu'on l'avait espéré et parfois la société a besoin de changement. Pour atteindre le plus haut niveau de densité de talent, il faut prendre l'habitude de faire quelque chose de beaucoup plus compliqué : renvoyer un bon employé quand on pense pouvoir en trouver un génial.

Si cet acte est aussi difficile, c'est parce que trop souvent les patrons ont tendance à répéter à leur personnel : « Nous sommes une famille. » Mais un environnement de travail à haute densité de talent n'est pas une famille.

UNE FAMILLE RESTE SOUDÉE, QUELLE QUE SOIT LA « PERFORMANCE »

Pendant des siècles, la quasi-totalité des entreprises étaient dirigées par des familles, il n'y a donc rien d'étonnant à ce qu'aujourd'hui encore la métaphore familiale soit la plus couramment utilisée par les P.-D.G. C'est un symbole d'appartenance, de confort, d'engagement à l'entraide et sur le long terme. Qui ne souhaiterait pas voir ses employés éprouver un profond attachement et une loyauté sans faille pour la société dans laquelle ils travaillent ?

Les agents d'accueil chez Walmart ont des décennies durant été encouragés à se considérer comme faisant partie de la « famille Walmart ». Lors de leur formation à l'accueil des clients, on leur apprenait qu'il fallait souhaiter la bienvenue aux gens comme s'il s'agissait d'invités dans leur propre maison.

L'ancien vice-président de l'ingénierie chez Netflix, Daniel Jacobson, a travaillé à la NPR (radio publique nationale) pendant une dizaine d'années à Washington D.C., avant de travailler, pendant une autre dizaine d'années, chez Netflix. Il explique ainsi l'avantage que constitue la philosophie de la famille à la NPR :

Quand j'ai commencé à la NPR fin 1999, j'étais le premier ingénieur logiciel à plein temps engagé par internet. À mon arrivée, j'étais gonflé à bloc. Les personnes qui ont envie de travailler à la NPR croient en leur mission, ils chérissent le dévouement de la radio aux informations. En conséquence, ce but commun a donné naissance à une culture qui parfois évoquait plus une famille qu'un lieu de travail. C'était très agréable, il m'en est resté de nombreux amis.

NPR a une culture tellement familiale que beaucoup en font même leur véritable famille. Une des « mères fondatrices » de la radio nationale, Susan Stamberg, tenait à jour une liste des employés qui s'étaient « rencontrés et mariés » grâce à la NPR. La radio n'est pas bien grande, pourtant la liste des couples nés entre ses murs était très longue.

Daniel se souvient aussi d'un de ses collègues qui disait : « Si tu es à la NPR pendant trois ans, tu y es pour toujours. »

Bien sûr, les familles ne sont pas toutes faites d'amour et de loyauté. En famille, on se facilite la vie, on supporte les manies des uns, la mauvaise humeur des autres parce que nous sommes engagés à nous soutenir sur le long terme. Quand les gens se comportent mal, ne font pas leur part du travail ou sont incapables de remplir leurs responsabilités, nous trouvons des moyens pour nous en accommoder. Nous n'avons pas le choix. Nous sommes coincés ensemble. C'est ça, la famille.

La seconde partie de l'histoire de Daniel à la NPR illustre bien le problème qui peut survenir quand on traite son personnel comme une famille.

La culture NPR a beaucoup d'avantages, elle fonctionne bien chez eux. Mais au bout d'un moment, j'ai commencé à voir les inconvénients de cette philosophie familiale appliquée au travail. Il y avait dans mon équipe un ingénieur logiciel, Patrick, qui était expérimenté, mais n'avait pas les compétences pour fournir un résultat parfait. Il avait continuellement besoin de temps supplémentaire pour terminer ses projets et on trouvait souvent des bugs ou des problèmes significatifs dans son code. Parfois il fallait inclure d'autres ingénieurs sur ses projets pour s'assurer d'obtenir un résultat correct.

Pour compliquer un peu plus la situation, Patrick avait une attitude exemplaire. Il avait à cœur de bien faire les choses et tenait à prouver qu'il pouvait opérer de façon indépendante. Nous avions tous très envie qu'il réussisse et nous lui confiions tout ce qui pouvait convenir à ses capacités limitées. Mais celles-ci n'étaient pas au niveau de celles de ses collègues. Chaque jour je devais m'occuper de lui et jamais je n'avais à me préoccuper de ses collègues. C'était une personne formidable, mais incapable de livrer les résultats attendus.

Patrick accaparait tellement mon temps – et celui de mon équipe, qui devait corriger ses erreurs – que cela a fini par devenir un réel problème. Les meilleurs ingénieurs de l'équipe s'agaçaient fréquemment et espéraient une intervention de ma part. Je craignais que certains soient exaspérés au point de démissionner.

Je voyais bien que l'équipe serait bien plus efficace sans Patrick. Même dans le cas où je ne parviendrais pas à lui trouver de remplaçant.

J'en ai parlé à mon chef, qui m'a encouragé à chercher différentes tâches susceptibles de convenir aux forces de Patrick tout en protégeant les autres de ses faiblesses. Le licenciement n'a même pas été envisagé lors de cette discussion. Nous n'avions pas de motif. Il n'avait rien fait de mal. C'était comme si la famille de la radio avait dit : « Il est un des nôtres. Nous sommes tous dans le même bateau. Nous allons nous adapter et faire avec. »

DE LA FAMILLE À L'ÉQUIPE

Au début de Netflix, nos managers aussi travaillaient pour créer un environnement de type familial. Mais après les licenciements de 2001, quand nous avons vu l'amélioration radicale de la performance, nous avons compris que la famille n'est pas une bonne métaphore pour un environnement de travail à haute densité de talent.

Nous voulons que les employés se sentent investis, liés, qu'ils aient la sensation d'appartenir à un grand tout. Mais ils ne doivent pas s'imaginer avoir un poste à vie. Un travail devrait être une activité limitée à la période de temps magique durant laquelle on est la personne la plus qualifiée et où ce poste nous convient. Dès lors que l'on n'apprend plus rien ou que l'on n'excelle plus, le moment est venu de laisser sa place à quelqu'un de plus adapté et de passer à autre chose.

Mais si Netflix n'était pas une famille, alors, qu'étions-nous ? Un groupe d'individus se débrouillant tout seuls, chacun pour soi ? Ça n'était pas du tout ce que nous envisagions. Après de nombreuses discussions, Patty a suggéré que l'on considère Netflix comme une équipe de sport professionnel.

Au départ, cela ne nous a pas paru très profond. La métaphore de l'équipe pour une entreprise est à peu près aussi éculée que celle de la famille. Mais tandis qu'elle développait son propos, j'ai commencé à voir ce qu'elle entendait par là.

> Je viens de regarder *Duo à trois* avec mes enfants. Ça parle d'une équipe de baseball professionnel, les joueurs ont des super relations entre eux. Ils sont très proches. Ils se soutiennent. Ils font la fête ensemble, ils se consolent et connaissent tellement bien leurs jeux respectifs qu'ils sont capables de se déplacer comme un seul homme sans même communiquer. Mais ils ne forment pas une famille. Le coach échange les joueurs, il les déplace au fil de l'année pour s'assurer de toujours avoir le meilleur joueur au meilleur poste.

Patty avait raison. Chez Netflix, nous voulons que chaque manager dirige son service comme s'il s'agissait de la meilleure équipe de pro, qu'il s'attelle à créer de forts sentiments d'engagement, de cohésion, de camaraderie tout en prenant en permanence des décisions difficiles afin de placer chacun au poste le plus adapté.

Une équipe de sport professionnel est une bonne métaphore pour une haute densité de talent parce que ces athlètes :

- exigent l'excellence, comptent sur le coach pour s'assurer que chaque poste est tenu par la meilleure personne à l'instant T.

- sont entraînés pour gagner, s'attendent à recevoir en permanence des retours francs afin d'améliorer leur jeu, non seulement de la part du coach, mais aussi de leurs coéquipiers.
- savent que l'effort ne suffit pas et sont conscients que s'ils fournissent une performance de niveau B, malgré un effort noté A, ils seront remerciés et remplacés, dans le respect, par un autre joueur.

Dans une équipe de haut niveau, la collaboration et la confiance fonctionnent bien parce que tous les membres sont exceptionnellement capables en soi, mais aussi pour coopérer avec les autres. Pour qu'un individu soit jugé excellent, il ou elle ne peut être simplement éblouissant(e) sur le terrain ; il s'agit de faire preuve d'abnégation et de placer l'équipe avant son ego. Il faut savoir passer le ballon, comment aider à faire progresser ses coéquipiers et reconnaître que le seul moyen de gagner est de gagner ensemble, en tant qu'équipe. C'est exactement le type de culture que nous souhaitons pour Netflix.

NOUS SOMMES UNE ÉQUIPE, PAS UNE FAMILLE.

Si nous voulons être une équipe de championnat, nous devons recruter les plus performants à tous les postes. Autrefois, pour perdre son travail, l'employé devait avoir commis une faute ou être incompétent. Mais chez les pros ou parmi une équipe sélectionnée aux Jeux olympiques, les sportifs comprennent que le rôle du coach est de pousser à l'excellence afin, si nécessaire, de passer de « bon » à « supérieur ». Les membres d'une équipe jouent leur place sur le terrain à chaque match. Netflix ne convient pas aux personnes qui comptent plus sur la sécurité de l'emploi que sur la victoire en championnat, nous essayons d'être très clairs là-dessus et de ne pas porter de jugement à ce propos. Notre culture est destinée à ceux qui aiment être dans une équipe qui gagne. Comme toutes les équipes victorieuses en compétition au plus haut niveau, nous sommes soudés, nous nous soucions les uns des autres.

LE « KEEPER TEST »

Bien sûr, les managers chez Netflix, comme beaucoup, ont envie d'éprouver des sentiments positifs en lien avec leurs actions. Pour se sentir bien lorsqu'on doit licencier une personne qu'on apprécie et respecte, il faut éprouver un profond désir d'aider l'entreprise et admettre que tout le monde à Netflix sera plus heureux, plus performant si chaque poste est occupé par une star. Nous interrogeons donc le manager : la société s'en tirerait-elle mieux si tu renvoyais Samuel afin de le remplacer par quelqu'un de plus efficace ? Si le manager répond oui, c'est très clair, il est temps de chercher une nouvelle recrue.

Nous encourageons tous les managers à réfléchir régulièrement à la présence de chacun de leurs employés pour qu'ils soient sûrs d'avoir la meilleure personne au meilleur poste. Pour les aider à trancher, nous leur parlons du « keeper test » :

SI UNE PERSONNE DE TON ÉQUIPE DEVAIT DÉMISSIONNER DEMAIN, ESSAIERAIS-TU DE LA FAIRE CHANGER D'AVIS ? OU BIEN ACCEPTERAIS-TU

LA DÉMISSION, PEUT-ÊTRE MÊME AVEC UN CERTAIN SOULAGEMENT ? SI C'EST LE CAS, ALORS OFFRE-LUI DÈS À PRÉSENT UNE INDEMNITÉ DE LICENCIEMENT ET PARS EN QUÊTE D'UNE STAR, D'UN COLLABORATEUR QUE TU VOUDRAIS GARDER À TOUT PRIX.

Nous essayons d'appliquer ce test à tous, y compris à nous-mêmes. L'entreprise ne s'en tirerait-elle pas mieux si quelqu'un d'autre prenait ma place ? Le but est d'éradiquer toute honte chez ceux qui ont été licenciés de Netflix. Imaginez une équipe olympique de hockey, par exemple. Être exclu de l'équipe est certes une déception, mais la personne en question sera admirée quoi qu'il en soit d'avoir eu le cran et les compétences pour être sélectionnée à l'origine. Quand quelqu'un est renvoyé de Netflix, nous espérons la même réaction. Nous restons amis et il n'y a pas de honte.

Patty McCord elle-même en est un exemple. Après avoir travaillé avec elle pendant plus de dix ans, j'ai commencé à sentir qu'il serait mieux pour nous d'avoir quelqu'un de nouveau à son poste. Je lui en ai parlé, nous avons passé en revue ce qui m'avait amené à penser cela. Il se trouve qu'elle avait envie de lever le pied, tout s'est donc terminé de façon très amicale. Sept ans plus tard, nous restons des amis proches et des conseillers informels.

Un autre cas, celui de Leslie Kilgore, extraordinaire directrice générale du marketing, qui a eu un rôle déterminant dans l'émergence de notre culture, notre bataille contre Blockbuster, notre croissance globale. Elle était, elle reste une grande penseuse du monde des affaires. Mais avec le lancement de *House of Cards* et parce que l'avenir se dessinerait davantage sur un marketing de titres plus que d'offres, nous avions surtout besoin d'une personne dotée d'une excellente expérience avec les studios hollywoodiens, en partie pour compenser mes propres lacunes en matière de showbiz. J'ai donc dû me séparer de Leslie, mais puisqu'elle avait envie de participer au conseil d'administration, elle est finalement devenue une de mes supérieures, elle est depuis de nombreuses années une formidable directrice de société.

Le « keeper test » est une réalité, l'ensemble de nos managers, à tous les niveaux, l'utilise constamment. Je dis à mes supérieurs, le conseil d'administration, que je ne dois pas être traité différemment. Ils ne devraient pas avoir à attendre un échec de ma part pour me remplacer. Ils devraient le faire dès l'instant où ils estimeraient avoir trouvé un P.-D.G. susceptible d'être plus efficace. Je trouve motivant de devoir jouer mon poste tous les trimestres, j'essaie de m'améliorer en permanence pour pouvoir le garder.

Chez Netflix, vous pouvez donner le maximum pour faire du mieux que vous pouvez, être à fond pour contribuer à la réussite de votre entreprise, obtenir des résultats vraiment bons et puis un jour arriver au bureau et boum... vous êtes viré. Pas à cause d'une inévitable crise financière ou d'un vaste plan de licenciement imprévu. Mais simplement parce que vos résultats ne sont pas aussi extraordinaires que l'espérait votre patron. Votre performance est seulement convenable.

Dans l'introduction, nous avons jeté un œil à quelques-unes des slides du *culture deck* Netflix qui expliquent la philosophie de Reed :

Comme toutes les entreprises,
nous essayons de bien
recruter.

NETFLIX

Contrairement
à beaucoup d'entreprises,
une performance convenable
vaut une généreuse indemnité
de licenciement.

NETFLIX

La généreuse indemnité accordée aux autres
permet de trouver la star qui convient pour le rôle ainsi libéré.

Le « keeper test »
utilisé par les managers :

Dans mon équipe, quelqu'un m'annonce son départ
pour un poste similaire dans une autre société,
est-ce que je me battrais pour le garder chez Netflix ?

NETFLIX

Celles-ci posent des questions difficiles. Pour nous assurer que Reed s'y confrontera en toute franchise, le reste de ce chapitre se poursuivra sous forme de questions/réponses.

REED : UNE INTERVIEW

Question 1

À en croire l'ancien directeur général des produits, Neil Hunt, « nous sommes une équipe, pas une famille » a provoqué la controverse au sein de Netflix depuis le départ. Il se souvient :

> En 2002, Reed a organisé une réunion des dirigeants hors les murs à Half Moon Bay, pour nous inciter à pratiquer régulièrement le même exercice rigoureux auquel Patty et lui s'étaient livrés lorsqu'ils préparaient les licenciements. Nous devions nous demander, en permanence, quels employés ne correspondaient plus au meilleur choix pour leur poste, quitte à se séparer d'eux s'ils ne parvenaient pas à redresser la barre après avoir reçu un retour à ce propos.
>
> Je n'en revenais pas. Devant le groupe, j'ai évoqué la différence entre les manchots et les éléphants. Les manchots abandonnent les plus faibles ou en difficulté parmi eux tandis que les éléphants les entourent et s'occupent d'eux pour les remettre sur pied. « Tu es en train de me dire que nous allons choisir d'être des manchots ? » ai-je demandé.

Reed, ça ne t'inquiète pas que Netflix puisse avoir cette image du manchot sans cœur, pour reprendre la métaphore de Neil ? Perdre son boulot, ce n'est pas rien. Cela impacte la situation financière, la réputation de la personne, la dynamique de sa famille, sa carrière. Certains, immigrés, risquent d'être expulsés suite à un licenciement. Pour toi qui ne manques pas de moyens, bien sûr, une perte de salaire ne signifie pas grand-chose. Mais ce n'est pas le cas de la plupart de tes employés.

Est-ce très éthique de se séparer de celles et ceux qui font de leur mieux, mais ne parviennent pas à des résultats éblouissants ?

Réponse 1

Nous rémunérons nos salariés au-dessus du marché, ils sont donc tous très bien payés. Une partie de cet accord repose sur l'idée qu'ils resteront dans l'équipe tant qu'ils seront les meilleurs à leur place sur le terrain. Ils comprennent que les besoins de notre entreprise évoluent rapidement et que nous attendons d'eux des performances d'exception. Aussi celles et ceux qui choisissent de rejoindre Netflix adoptent tous cette approche de la haute densité de talent. Nous sommes très transparents quant à nos tactiques et beaucoup de salariés sont ravis d'être entourés de collègues d'une telle qualité, heureux malgré le risque pour leur poste que cela comporte en retour. D'autres travailleurs préféreront la sécurité de l'emploi sur le long terme, eux ne choisiront pas de venir chez nous. Alors oui, je pense que cette vision des choses est éthique. Elle est aussi excessivement populaire parmi notre personnel.

Cela dit, la barre de performance est si haut placée qu'il nous paraît juste, si l'on prive quelqu'un de son travail, de lui offrir suffisamment d'argent pour se lancer dans de nouveaux projets. Nous accordons à tous une généreuse indemnité de licenciement – assez pour prendre soin d'eux-mêmes et de leur famille jusqu'à ce qu'ils trouvent un autre poste. Chaque fois que nous nous séparons de quelqu'un, nous offrons l'équivalent de plusieurs mois de salaire (quatre pour un contributeur individuel jusqu'à neuf pour un vice-président). C'est pourquoi nous disons :

UNE PERFORMANCE CONVENABLE VAUT
UNE GÉNÉREUSE INDEMNITÉ DE LICENCIEMENT.

Aux yeux de certains, cela paraîtra un coût prohibitif. Ça le serait, sans nos efforts pour éliminer les process de contrôle superflus.

Dans de nombreuses grandes entreprises aux États-Unis, lorsqu'on décide de se séparer de quelqu'un, on doit mettre en place un PAP (plan d'amélioration des performances). Cela implique que le manager documente des discussions hebdomadaires avec son employé durant un certain nombre de mois, prouvant par écrit que l'employé n'a pas réussi à se corriger, malgré les critiques formulées à son égard. Les PAP permettent rarement l'amélioration des employés et retardent souvent de plusieurs semaines leur licenciement.

Les PAP ont été inventés pour deux raisons. La première, pour protéger les employés contre la perte de leur emploi sans avoir reçu de feedback constructif et sans se voir offrir la chance de se rattraper. Mais grâce à la culture de la franchise qui règne chez Netflix, chaque jour, nos salariés reçoivent énormément de feedbacks. Avant un licenciement, la personne concernée aura entendu clairement et régulièrement ce qu'elle doit faire pour s'améliorer.

La seconde raison est la protection de l'entreprise contre les procès. Nous demandons aux employés sur le départ, pour recevoir leur généreuse indemnité de licenciement, de signer un accord de non-poursuite judiciaire. La quasi-totalité accepte cette proposition. Ils reçoivent une coquette somme d'argent et peuvent passer à l'étape suivante de leur carrière.

Les PAP coûtent cher, bien sûr. Un PAP de quatre mois, c'est une période durant laquelle le salarié peu compétent reçoit une rémunération et son manager direct consacre d'innombrables heures, au côté des RH, pour instaurer puis documenter le process. Au lieu de placer ce capital dans un PAP prolongé, pourquoi ne pas offrir à l'employé un bon gros package de départ, lui exprimer vos regrets que cela n'ait pas marché et lui souhaiter le meilleur pour la suite de sa carrière ?

Question 2

Dans une scène de *The Hunger Games*, on voit l'héroïne adolescente, Katniss, jouée par Jennifer Lawrence, debout sur une petite plateforme, en tenue de camouflage, en train d'observer ses adversaires. Vingt-quatre jeunes gens entre douze et dix-huit ans ont été tirés au sort pour s'affronter lors d'un événement retransmis à la télévision. Un seul l'emportera, tous les autres mourront. Pour vivre, les concurrents doivent s'entretuer.

Au début de mes entretiens avec le personnel de Netflix, j'avais imaginé une ambiance pas si éloignée des *Hunger Games*, dans les bureaux. Les sportifs professionnels le savent, pour qu'un gagne, les autres doivent perdre : il y a de la concurrence pour chaque place.

J'ai également lu des articles évoquant des pratiques apparemment similaires utilisées par le passé dans des sociétés comme Microsoft, qui sont de manière générale aujourd'hui considérées comme incitant à une pernicieuse compétition interne. Par exemple, jusqu'en 2012, les managers, chez Microsoft, devaient classer leurs subalternes selon leurs performances et étaient encouragés à se séparer des derniers du classement.

Dans un article paru dans *Vanity Fair* intitulé « La décennie perdue de Microsoft », le journaliste Kurt Eichenwald citait un ancien salarié :

> Si vous apparteniez à une équipe de dix personnes, dès le premier jour vous saviez que, quel que soit le niveau des uns et des autres, deux allaient recevoir une excellente appréciation, sept en auraient des médiocres et un, une atroce. Cela poussait les employés à se concentrer sur la compétition au sein de l'équipe plutôt qu'à celle vis-à-vis des autres entreprises.

Un ingénieur de chez Microsoft aurait déclaré :

> Les gens sabotaient sciemment les efforts des autres. Un des trucs les plus utiles que j'aie appris : donner l'apparence de la courtoisie

tout en retenant juste assez d'information vis-à-vis des collègues pour m'assurer que ceux-ci ne seraient pas au-dessus de moi dans le classement.

Pourquoi en serait-il autrement pour l'équipe-qui-n'est-pas-une-famille chez Netflix ? Je m'attendais donc à trouver des employés prêts à échanger coups de griffes et coups de poignard dans le dos afin de garder leur place. Ce n'est pas cette réalité que j'ai découverte à travers mes entretiens.

Étant donné la difficulté d'entrer chez Netflix et d'y garder son poste, comment parvenez-vous à étouffer toutes velléités de compétitions intra-entreprise ?

Réponse 2

Inciter par mégarde à la compétition interne est une réelle inquiétude pour les organisations comme la nôtre, qui cherchent à accroître leur densité de talent. Beaucoup ont mis en place des règles et des process afin d'encourager leurs managers à se débarrasser des employés médiocres, tombant ainsi sans le vouloir dans des systèmes qui alimentent la compétition interne. Le pire étant le *stack ranking,* aussi connu sous l'appellation « courbe de vitalité » ou, plus familièrement, « classez-les pour mieux vous en débarrasser ».

L'article de *Vanity Fair* cité par Erin ci-dessus parle d'une version de *stack ranking*, le classement chez Microsoft. Du côté de chez General Electric et Goldman Sachs, d'autres systèmes de *stack ranking* ont été expérimentés pour augmenter la densité de talent. Jack Welch, qui a peut-être été le premier P.-D.G. à tester cette méthode, est connu pour avoir incité les managers de chez General Electric à classer leurs employés chaque année et à se séparer des 10 % les moins bons afin de garder un haut niveau de performance.

En 2015, le *New York Times* racontait que GE, comme Microsoft en 2012, avait abandonné ce système. Comme on peut s'y attendre, le *stack ranking* sabote les collaborations et détruit tout le plaisir du travail en équipe de haute performance.

Nous encourageons les managers à appliquer le test régulièrement. Mais nous prenons bien soin de ne pas imposer de quotas de licenciement ou de classement. Nous essayons vraiment d'éviter les règles du style « classement/licenciement » ou « il faut vous débarrasser de *x* % de vos collaborateurs ». Plus important, ces méthodes poussent les managers à se débarrasser d'employés médiocres, mais aussi à tuer dans l'œuf tout travail en équipe. Je veux que mes excellents éléments affrontent les concurrents de Netflix, pas qu'ils s'affrontent entre eux. Avec ces processus de « classement/licenciement », ce qu'on gagne en densité de talent est perdu à cause du manque de collaboration.

Heureusement, nous n'avons pas à choisir entre une haute densité de talent et une étroite collaboration. Grâce au « keeper test », nous pouvons obtenir les deux. C'est la grande différence entre nous et une équipe de sport professionnel. En effet, dans l'équipe Netflix, il n'y a pas de nombre fixe de postes. Notre sport ne s'exerce pas selon un règlement très précis, nous n'avons pas de limites en termes de participants. Un employé n'est pas forcé de perdre pour que l'autre gagne. Au contraire, plus l'excellence est présente, plus nous accomplissons de choses. Plus nous accomplissons de choses, plus nous nous développons. Plus nous nous développons, plus nous ajoutons de postes sur notre organigramme. Plus il y a de postes, plus il y a de place pour les talents extrêmement performants.

Question 3

En novembre 2018, le magazine *The Week* a publié un article intitulé « Netflix, la culture de la peur ». Il citait Rhett Jones, du site web Gizmodo spécialisé dans la tech, qui dénonçait l'entreprise pour « son honnêteté brutale, son jargon d'initié et la peur constante qui y règne ». Moins d'un mois après, Shalini Ramachandran et Joe Flint écrivaient à leur tour dans un article du *Wall Street Journal* rédigé à partir d'entretiens avec des employés Netflix : « Lors d'une réunion des dirigeants des relations publiques, l'un d'entre eux déclarait arriver au bureau tous les jours dans la crainte d'être viré. »

J'ai moi aussi appris, lors de mes entretiens, que certains employés de Netflix exprimaient ouvertement leur crainte permanente de perdre leur travail. Parmi eux, Marta Munk de Alba, recruteuse pour le bureau d'Amsterdam. Psychologue diplômée, elle a quitté l'Espagne pour s'installer aux Pays-Bas en 2016 afin de rejoindre l'équipe des ressources humaines de Netflix. Voici son histoire :

> Les premiers mois à ce poste, j'étais absolument terrifiée à l'idée que mes collègues me considèrent comme indigne de leur dream

team, j'avais peur d'être licenciée. Leurs immenses qualités à tous ne pouvaient pas m'échapper. Je me disais : « Suis-je bien à ma place parmi eux ? Combien de temps leur faudra-t-il pour démasquer mon imposture ? » Tous les matins, dans l'ascenseur, à 8 heures, j'appuyais sur le bouton et c'était comme un déclencheur. Je ne respirais plus. J'étais persuadée qu'à l'ouverture des portes à l'étage, mon patron m'attendait pour m'annoncer que j'étais virée.

J'avais l'impression qu'un licenciement équivaudrait à perdre l'occasion la plus importante que j'aie jamais eue. Je travaillais comme une folle – jusque tard dans la nuit – et je me surpassais comme jamais. Mais la peur ne disparaissait pas.

Derek, désormais directeur chez Netflix, avait un autre exemple :

Durant ma première année chez Netflix, tous les jours je me suis demandé si j'allais être renvoyé. Pendant neuf mois, je n'ai pas déballé mes cartons, persuadé que le jour où je m'y mettrais serait mon dernier dans l'entreprise. Mais je n'étais pas le seul. Mes collègues évoquaient sans cesse le « keeper test ». Quand nous partagions un taxi ou un déjeuner, le sujet de conversation numéro un était toujours le licenciement – ceux qui venaient de perdre leur travail, ceux dont nous pensions qu'ils seraient les suivants, l'éventualité que cela nous arrive à NOUS. Il a fallu que mon patron décide de me promouvoir directeur pour que je me rende compte à quel point mes craintes étaient infondées.

Il est évident que le « keeper test » augmente la densité de talent, mais il crée aussi de l'inquiétude. Les employés font état de sentiments allant de « légère inquiétude » à « parfois terrifié » à l'idée d'être mis à la porte.

Reed, que faites-vous chez Netflix pour apaiser la culture de la peur ?

Réponse 3

Quand on fait du kayak en eau vive, on vous apprend à repérer l'eau claire et tranquille à côté du trou dangereux qu'il vaut mieux éviter. Les experts ont montré que si vous fixez ce que vous souhaitez désespérément éviter, vous êtes en réalité plus susceptible d'arriver pile dedans. De la même manière, chez Netflix, nous répétons à tous les employés qu'il vaut mieux se concentrer sur la formation, le travail d'équipe, la réussite. Ceux qui sont obnubilés par l'idée d'un éventuel licenciement (comme un athlète pourrait développer une obsession sur le risque de blessure), ceux-là ne parviendront jamais à paraître légers et confiants, ce qui pourrait bien précipiter les ennuis qu'ils redoutent tant.

LE KEEPER TEST INVERSÉ

Pour faire décroître le sentiment de peur qui pourrait régner au bureau, nous mettons deux choses en pratique chez Netflix.

D'abord, n'importe quel employé qui ressent le type d'anxiété évoquée par Marta et Derek ci-dessus est encouragé à utiliser dès que possible ce que nous appelons le « keeper test inversé ». Cela améliore presque toujours la situation.

Lors de votre prochain entretien personnel avec votre chef, posez-lui cette question :

« SI J'ENVISAGEAIS DE PARTIR, EST-CE QUE TU TE BATTRAIS POUR ME FAIRE CHANGER D'AVIS ? »

Suite à sa réponse, vous saurez exactement où vous en êtes. Chris Carey est ingénieur outils senior chez Netflix, au bureau de la Silicon Valley, il fait partie de ceux, nombreux, qui posent régulièrement la question.

Quand on interroge son ou sa chef(fe), il y a trois issues possibles. Premier cas, il ou elle répond qu'il ou elle se battrait de toutes ses forces pour te garder. Alors, toutes les craintes qu'on a pu ressentir concernant tes performances disparaissent aussitôt. C'est bien.

Deuxième cas, le ou la n+1 offre une réponse mitigée, mais un feedback clair sur les points à améliorer. C'est bien aussi parce que tu entends ce que tu dois faire pour exceller à ton poste.

Troisième, si le ou la n+1 n'a pas forcément envie de se battre pour te garder, lui poser la question peut être une manière de lui faire remarquer un aspect négatif de ta performance qu'il ou elle n'avait pas forcément identifié jusque-là. C'est là que ça devient un peu effrayant. Mais c'est quand même positif parce que cela permet de déclencher une discussion franche pour savoir si ce poste convient à tes capacités et donc ça évite d'être pris en traître quand un matin tu découvres que tu as perdu ton boulot.

Quand Chris a été embauché chez Netflix, il s'est promis d'interroger son chef chaque année en novembre, pour ne jamais craindre de mauvaise surprise.

Je suis codeur logiciel. Je ne suis jamais plus heureux que quand je passe 95 % de mon temps le nez dans le code. Après une année à coder à tout va chez Netflix, j'ai demandé à mon patron : « Paul, est-ce que tu te battrais pour me garder si je t'annonçais que je m'en vais ? » Il m'a répondu par un oui franc et massif. Ça m'a fait le plus grand bien.

Peu après, on m'a chargé de développer un outil utilisé par des employés Netflix. Paul a suggéré à plusieurs reprises que je mette en place des groupes de discussion avec les utilisateurs en interne. Mais je souffre de phobie sociale, alors au lieu d'organiser des réunions, j'ai choisi de faire appel à ma seule intuition pour améliorer le produit.

Novembre est arrivé. J'ai reposé la question à Paul : « Tu me gardes (ou pas) ? » Cette fois, sa réponse a été moins positive : « À ce stade, je ne suis pas sûr que je me battrais pour te garder. Tu peux retrouver ton poste précédent, auquel tu excellais. Mais ce nouveau rôle impose davantage d'interactions avec nos utilisateurs. Si tu veux continuer sur ce projet, il faut que tu organises des groupes de discussion et des présentations. Cela te forcera à sortir de ta zone de confort, je ne sais pas si tu vas réussir. »

J'ai décidé de prendre le risque. J'ai travaillé dur. J'ai suivi un cours en ligne sur les prises de parole en public, je me suis entraîné avec mes voisins. Le jour de ma présentation, je me suis levé à 6 heures, j'ai passé deux heures sur le vélo d'appartement, je me suis douché et je suis allé directement dans la salle de réunion à 11 heures. Mon but était d'expulser toute mon anxiété et de ne pas me laisser le temps de trop stresser. Pour les groupes de discussion, j'ai testé d'autres méthodes comme les vidéos en amont des entretiens pour minimiser le temps passé à m'exprimer devant le groupe.

Nous n'étions qu'en mai, mais j'ai à nouveau programmé un rendez-vous avec Paul. J'avais besoin de comprendre si je risquais ou non de perdre mon boulot. « Tu te battrais pour me garder ? » ai-je demandé.

Il m'a regardé droit dans les yeux et il a dit : « Tu es remarquable dans 90 % de ton boulot. Tu es innovant, méticuleux, travailleur. Les 10 % restants, tu as été capable d'intégrer les critiques et maintenant tu te débrouilles très bien ; tu peux continuer à te pousser pour interagir davantage avec nos utilisateurs internes. Mais tu accomplis un travail de très haut niveau. Si tu m'annonçais ton départ, je me battrais vraiment pour te garder. »

Les trois fois où il a posé la question, Chris a obtenu des informations importantes. La première réponse était agréable à entendre, sans véritable valeur ajoutée. La deuxième, la plus stressante, lui a permis de mettre en place un vrai plan d'action. Et la troisième l'a rassuré quant à la pertinence de ses efforts.

L'autre technique proposée par Netflix pour apaiser les craintes quant à la pérennité d'un poste s'appelle le « question-réponse post-départ ».

QUESTION-RÉPONSE POST-DÉPART

Il est particulièrement déstabilisant de voir disparaître des collègues de l'organigramme sans une explication sur ce qui a mené à cette décision ou sans savoir quels avertissements cette personne avait reçus. La plus grosse inquiétude des gens dans ce cas est généralement : cette personne a-t-elle reçu des retours au préalable ou bien le licenciement a-t-il été soudain ?

Yoka, spécialiste du contenu à notre bureau de Tokyo, raconte cette histoire. Son anecdote est d'autant plus forte que les sociétés japonaises proposent en général un emploi à vie. Encore aujourd'hui, il est très rare au Japon de se faire renvoyer. Beaucoup de nos salariés là-bas n'ont donc jamais expérimenté le licenciement d'un collègue.

> Ma plus proche collègue, Aika, travaillait sous les ordres d'un certain Haru, qui n'était pas du tout un bon chef. Aika et toute son équipe souffraient de ce management défaillant. J'espérais qu'il se passerait quelque chose, mais lorsque Haru a été finalement licencié, j'ai été surprise par ma propre réaction.
>
> Un matin, je suis arrivée au bureau un peu plus tard que d'habitude. C'était en janvier, il y avait de la neige sur la route. Aika s'est précipitée vers moi, toute rouge. « Tu as su ce qui s'est passé ? » Le patron d'Haru, Jim, était venu de Californie pour un entretien tôt

le matin, avant que tout le monde soit là. Lorsque Aika est arrivée, Haru avait été renvoyé, il préparait ses cartons et s'apprêtait à dire au revoir à tout le monde. À l'heure où nous discutions, il était déjà parti et nous ne le reverrions plus jamais. J'ai fondu en larmes. Je n'étais pas proche de lui, mais je ne pouvais pas m'empêcher de penser : « Et si moi aussi un matin, j'arrivais au travail et je trouvais quelqu'un venu exprès pour me licencier ? » Je tenais absolument à savoir si Haru avait bien eu des retours, avant ça. Et si oui, que lui avait-on dit ? Avait-il été informé du risque qui le guettait ?

La meilleure réaction après un épisode difficile, c'est de braquer les projecteurs sur la situation pour que tout le monde puisse examiner en toute transparence le déroulé des événements. Si vous décidez d'expliquer précisément comment les choses sont arrivées, votre ouverture, votre clarté feront disparaître les craintes du groupe. Reprenons l'histoire de Yoka :

On nous a annoncé qu'il y aurait une réunion à 10 heures pour l'équipe d'Haru et tous ceux qui avaient travaillé avec lui ou avaient des questions. Une vingtaine de personnes ont pris place autour de la grande table ovale. Le groupe était très silencieux. Jim a détaillé les points forts d'Haru, ses limites, puis il a expliqué pourquoi il avait l'impression qu'il n'était plus la bonne personne pour ce poste. Nous sommes restés assis là sans rien dire pendant un moment. Puis Jim a demandé si nous avions des questions. J'ai levé la main et j'ai demandé si Haru avait reçu beaucoup de critiques au préalable et s'il avait été surpris. Jim a résumé les discussions qu'Haru et lui avaient eues les semaines précédentes. Il a précisé qu'Haru était très contrarié et, malgré toutes les critiques, il semblait un peu étonné.

Ces informations m'ont aidée à me calmer et aussi à réfléchir à la façon dont je peux gérer mes propres émotions. J'ai appelé ma cheffe en Californie pour lui demander de faire preuve de transparence, si un jour elle envisageait de me licencier. Je lui ai promis que si jamais elle devait supprimer mon poste, je ne serais pas surprise du tout.

Les réunions telles que celle organisée par Jim et racontée ici par Yoka aident celles et ceux qui travaillent directement avec un employé sur le départ à intégrer ce qui s'est passé et à répondre à leurs questions.

LE DÉCOMPTE FINAL

La plupart des entreprises font de leur mieux pour limiter le turnover des employés. Trouver et former de nouveaux talents coûte de l'argent, la sagesse traditionnelle veut donc qu'il soit plus économique de garder celles et ceux que l'on a embauchés plutôt que de trouver de nouvelles recrues. Mais Reed se préoccupe peu du taux de turnover, jugeant que le coût de remplacement est moins important que de s'assurer d'avoir la bonne personne à chaque poste.

Donc, étant donné l'omniprésence des « keeper tests », combien d'employés quittent bel et bien Netflix chaque année ?

À en croire le rapport de référence sur le capital humain de la société pour la gestion des ressources humaines, le taux annuel pour les entreprises américaines s'élève en moyenne à 12 % de turnover volontaire (ce sont les personnes qui choisissent de quitter la société de leur propre chef) et 6 % d'involontaire (les personnes renvoyées), ce qui fait un total, en moyenne, de 18 % à l'année. Pour les entreprises de la tech, le total annuel moyen se situe plutôt autour de 13 %, dans le domaine des médias/du divertissement, on est à 11 %.

Sur la même période, le turnover volontaire chez Netflix est resté constant autour de 3 à 4 % (considérablement en dessous de la moyenne à 12 % – donc rares sont ceux qui choisissent de quitter la société) et à 8 % d'involontaire (ce qui place le nombre de licenciements chez Netflix 2 % au-dessus de la moyenne, qui est à 6 %), ce qui donne un total de 11-12 % de turnover annuel... Soit dans la moyenne pour son secteur. Apparemment, ils ne sont pas si nombreux chez Netflix, ces employés que les managers ne se battraient pas pour garder.

LE SEPTIÈME POINT

Le « keeper test » a contribué à augmenter la densité de talent chez Netflix à un niveau rarement atteint dans les autres entreprises. Si chaque manager réfléchit soigneusement, et de façon régulière, pour savoir si ses collaborateurs constituent le meilleur choix pour le poste et si, le cas échéant, il procède au remplacement de celles et ceux qui ne le sont pas, la performance au sein de l'organisation accède à de nouveaux sommets.

À RETENIR DU CHAPITRE 7 :

- Afin d'encourager les managers à se montrer fermes en matière de performance, incitez-les à se poser cette question : « Pour quelle personne parmi mon équipe, si elle m'apprenait qu'elle quittait l'entreprise pour un poste similaire ailleurs, aurais-je envie de me battre de toutes mes forces ? »

- Évitez les systèmes de classement, qui créent une compétition interne et découragent la collaboration.

- Pour une culture de la haute performance, la métaphore de l'équipe de sport professionnel est plus pertinente que celle de la famille. Apprenez à vos managers à créer de forts sentiments d'engagement, de cohésion, de camaraderie dans l'équipe, tout en continuant de prendre des décisions difficiles pour assurer d'avoir les meilleurs à chaque poste.

- Quand vous prenez conscience qu'il vous faut renvoyer quelqu'un, au lieu d'appliquer une sorte de PAP, humiliant et coûteux d'un point de vue organisationnel, consacrez cet argent à offrir à votre employé une généreuse indemnité de licenciement.

- L'inconvénient d'une culture de haute performance, c'est la crainte pour les employés de voir leur emploi menacé. Pour apaiser ces craintes, encouragez vos salariés à susciter la question chez leurs managers : « Est-ce que tu te battrais pour me faire changer d'avis si je pensais à quitter la société ? »

- Quand un employé est remercié, expliquez clairement ce qui s'est passé à votre personnel et répondez avec franchise aux interrogations. Cela réduira leurs craintes d'être le prochain sur la liste et augmentera leur confiance dans l'organisation et ses dirigeants.

Vers une culture de liberté et de responsabilité

Vous avez mis en place le « keeper test ». Félicitations ! Vous avez une main-d'œuvre de haute performance à part entière, que la concurrence vous envie. Avec une telle densité de talent, votre société va forcément se développer et lorsque vous devrez intégrer de nouveaux venus, ceux-ci devront s'adapter à votre mode de fonctionnement. À mesure que Netflix a grandi, nous avons eu beaucoup de mal à maintenir un haut niveau de franchise, qui est pourtant un des fondements essentiels à notre réussite. La franchise, c'est comme le dentiste : beaucoup de gens préfèrent l'éviter s'ils le peuvent. Dans le chapitre suivant, nous allons passer en revue quelques tactiques permettant de maintenir un haut niveau de franchise dans votre entreprise.

MAXIMISEZ LA FRANCHISE...

CHAPITRE 8

UN CERCLE DE FEEDBACKS

Il existe un principe chez Netflix qui, s'il devait être pratiqué religieusement, inciterait chacun à se montrer soit radicalement franc, soit radicalement silencieux : « Ne dites à propos de quelqu'un que ce que vous pourriez lui dire en face. » Moins on parle des gens dans leur dos, plus on élimine les ragots qui créent inefficacité et ressentiments – et moins on risque de voir apparaître cette ambiance désagréable généralement résumée sous l'expression « les intrigues de bureau ». Durant le temps que j'ai passé chez Netflix, j'ai essayé de me conformer à la culture maison. Ce principe en particulier a été plus difficile à respecter qu'il ne le paraît.

Je menais des entretiens à la Silicon Valley. Briefées par Bart, le responsable des relations publiques, la plupart des personnes que je recevais débordaient d'anecdotes et de points de vue. Heidi était une exception. Quand je suis arrivée devant son bureau, elle discutait avec deux collègues et elle a détourné le regard, comme si elle ne m'attendait pas, me forçant à me démener pour capter son attention. Son comportement était plus que distant, limite hostile. Elle a répondu à mes questions du bout des lèvres. J'ai mis un terme prématurément à son entretien.

En attendant l'ascenseur en compagnie de Bart, j'en ai profité pour débriefer : « C'était inutile. Elle ne s'y était de toute évidence pas préparée et n'avait pas envie de me parler. » Au beau milieu de ma phrase, j'ai vu, du coin de l'œil, Heidi qui passait dans un couloir, à deux mètres de nous. J'ignore si elle a entendu mes propos, quoi qu'il en soit, aussitôt la devise s'est mise à clignoter en lettres capitales dans mon cerveau : « Ne dites à propos de quelqu'un que ce que vous pourriez lui dire en face. » Cette culture Netflix se révélait compliquée. La plupart des gens passent leur journée à parler des autres dans leur dos. Et j'en faisais partie, apparemment.

J'ai demandé à Bart quelle aurait été la réaction qui convient chez Netflix. Je me voyais mal conclure l'entretien avec Heidi en disant : « Merci pour les huit minutes que vous m'avez accordées, mais vous n'aviez clairement rien préparé et visiblement cela ne vous intéressait pas. »

Bart m'a regardée comme si j'étais complètement à côté de la plaque : « Tu ne travailles pas pour Netflix et tu n'avais qu'un seul rendez-vous prévu avec Heidi, ta critique ne serait d'aucune utilité pour le projet. Si vous étiez collègues ou si tu avais d'autres entretiens avec elle, alors il faudrait lui transmettre tes impressions avant le prochain, probablement en ajoutant à son agenda une réunion feedback. » Mais il a ajouté : « Je vais avoir besoin qu'elle rencontre d'autres auteurs à l'avenir. Je me charge du feedback. »

Cependant tout le monde chez Netflix n'est pas aussi à l'aise que Bart pour initier les feedbacks.

CHEZ LE DENTISTE

Affirmer que l'entreprise attache de l'importance à la franchise est une chose. Il est plus compliqué de la maintenir en place à mesure que l'entreprise se développe, que de nouveaux employés la rejoignent, que les relations se multiplient. Le problème m'est apparu clairement lors d'une rencontre en face-à-face avec un directeur présent chez nous depuis près d'un an. « Quand j'ai été engagé, tout le monde m'a prévenu que je recevrais des tas de retours en permanence. Mais ça fait un moment que je suis chez Netflix et je n'en ai jamais reçu », m'a-t-il dit.

Je réfléchissais à cette remarque quand je suis allé chez ma dentiste pour une visite de routine. En pointant une de mes molaires, elle m'a dit : « Il faut que tu viennes plus régulièrement faire des contrôles, Reed. Il y a des endroits au fond que tu n'atteins pas au brossage. »

La franchise, c'est comme le dentiste. Même si vous encouragez tout le monde à se brosser les dents au quotidien, certains ne le feront pas. Ceux qui le font rateront peut-être les endroits les moins accessibles. Je ne peux pas garantir que la franchise que nous espérons sera au rendez-vous chaque jour. Mais je peux garantir la mise en place de mécanismes réguliers pour qu'on ne rate aucun des feedbacks les plus importants. En 2005, nous avons réfléchi aux outils sur lesquels les salariés pouvaient s'appuyer pour obtenir et recevoir les critiques franches qui n'étaient pas formulées naturellement au quotidien, dans le cadre du travail.

Le choix le plus naturel aurait pu être les évaluations annuelles. Aujourd'hui, il est devenu à la mode de s'en débarrasser, mais en 2005 quasiment toutes les entreprises y avaient recours. Avec ce système le patron couche par écrit les points forts et les points faibles de son employé, ainsi qu'un résumé de performance générale, et organise un entretien personnel afin de passer en revue avec lui cette évaluation.

Dès le départ, nous avons été opposés à ce système. Le premier problème est que le feedback ne va que dans un sens – du haut vers le bas. Le deuxième est qu'on n'obtient de retour que d'une seule personne – son patron. C'est en opposition directe à notre devise « Ne cherchez pas à plaire au patron ». Je tiens à ce que chacun reçoive des retours non seulement de son n+1, mais aussi de toutes celles et tous ceux qui ont quelque chose à dire. Troisième problème, les sociétés basent généralement leurs évaluations de performance sur les objectifs annuels. Mais chez Netflix on ne fonctionne pas sur ce modèle. De même, beaucoup d'entreprises utilisent ces évaluations annuelles pour déterminer les augmentations de salaire, mais chez nous c'est le marché, pas la performance, qui influe sur les rémunérations.

Nous avons cherché un mécanisme qui encouragerait tout le monde à fournir des retours à n'importe quel collègue si tel était leur souhait, un système qui serait un bon reflet du niveau de franchise et de transparence que nous essayions de cultiver et cohérent avec notre culture de liberté et de responsabilité. Après beaucoup d'expérimentations, nous avons désormais deux processus que nous utilisons régulièrement.

1. SIGNEZ-LE DE VOTRE NOM : UN 360 DEGRÉS DIFFÉRENT

Lorsque nous avons testé nos premières évaluations à 360 degrés annuelles par écrit, nous les avons conduites selon le même schéma que tout le monde : chaque employé sélectionnait une poignée de personnes dont il souhaitait recevoir du feedback et ces personnes remplissaient le rapport de façon anonyme, évaluant l'employé sur une échelle de 1 à 5 sur une série de catégories, et laissant des commentaires. Nous utilisions un format « Commence – Arrête – Continue », afin de nous assurer que les gens ne se cantonneraient pas aux congratulations mais fourniraient des retours concrets et susceptibles d'être mis en œuvre.

Certains, dans l'équipe dirigeante, avaient l'impression que l'anonymat était superflu, étant donné notre culture de franchise, mais j'estimais que c'était important. Avec toute la franchise pratiquée au bureau, si quelqu'un choisissait de ne pas faire un retour ouvert à un ou une collègue au fil de l'année, il devait sûrement y avoir une raison. Certains s'inquiétaient peut-être d'un éventuel retour de bâton. J'avais l'impression, en proposant l'anonymat, de permettre un format plus sûr et plus à même d'inciter les gens à laisser des commentaires.

Mais la première fois que nous avons conduit nos évaluations à 360 degrés, il s'est produit quelque chose d'amusant. Notre culture a pris le dessus. Certaines personnes, parmi lesquelles Leslie Kilgore, se sont senties trop mal à l'aise pour critiquer sans signer. « Cela semblait faire un pas en arrière de dire à nos employés toute l'année qu'ils devaient échanger franchement entre eux et soudain lors de l'évaluation 360 degrés de faire comme si les commentaires provenaient d'une source secrète, a expliqué Leslie. Tout ce que j'écrivais, je le leur avais déjà dit, de toute façon. J'ai simplement fait comme il me paraissait naturel étant donné le climat qui régnait chez Netflix. J'ai rédigé mes remarques et je les ai signées. »

Lorsque je me connectais pour ajouter mes contributions, je trouvais moi aussi assez dérangeant de pouvoir dire tout ce que je voulais sans que quiconque ne sache que cela venait de moi. Tout cela paraissait assez malhonnête et secret, somme toute contraire à la culture que j'essayais d'instaurer.

Après réception de nos évaluations à 360 degrés cette année-là, je me suis plongé dans les remarques émises par nos employés à mon égard et mon malaise vis-à-vis de l'anonymat s'est encore accru. Les gens, inquiets peut-être d'être identifiés si leurs retours étaient trop spécifiques, trop concrets, donnaient à leurs observations une tournure obscure. À tel point que certaines en devenaient à peine compréhensibles.

> « Arrête : d'envoyer des messages contradictoires sur certains sujets. »
> « Arrête : de paraître insensible quand tu refuses une idée qui n'évoque rien pour toi. »

Je ne voyais pas du tout à quoi faisaient référence ces gens. Ce feedback était tout à fait impossible à appliquer. Comment aurait-il pu m'aider à quoi que ce soit ? Ne sachant pas de qui venaient ces commentaires, je ne pouvais pas aller à la source pour demander une clarification. Sans compter que l'anonymat avait encouragé certains à laisser libre cours à leurs sarcasmes ou à leur méchanceté, ce qui n'aidait personne. Une manager m'a montré un commentaire qu'elle avait reçu : « Tu es encore plus molle que Bourriquet. » En quoi une telle remarque peut-elle être utile ?

L'approche de Leslie a pris. Pour la deuxième évaluation à 360 degrés de Netflix, une majorité d'employés a, de sa propre initiative, choisi d'ajouter son nom. La minorité qui préférait rester anonyme devenait donc facile à identifier. « Si vous demandez à sept personnes de vous faire un feedback, que cinq d'entre elles le signent, il n'est pas sorcier de deviner, parmi les deux qui restent, qui a dit quoi », se souvient Leslie.

Au troisième 360, tout le monde signait. « C'était mieux comme ça, a affirmé Leslie. Les gens venaient directement trouver la personne qui avait rédigé le feedback pour en discuter. Ces conversations étaient d'ailleurs bien plus précieuses que tout ce qui avait pu être écrit sur l'évaluation 360 elle-même. »

Leslie, Reed et l'équipe dirigeante n'ont perçu aucune baisse de franchise apparente quand l'anonymat a été levé. Leslie a le sentiment que c'est « parce que Netflix avait déjà investi tellement de temps pour bâtir une culture de la franchise ». Beaucoup affirment que la qualité des retours était supérieure, puisque les salariés savaient que les remarques seraient reconnues comme une partie de leur travail.

Voici un commentaire que Reed a reçu lors d'une récente évaluation à 360 degrés. Il s'agit essentiellement des mêmes plaintes que celles de 2005, mais cette fois la personne fournit des exemples et ajoute son nom, ce qui rend ses observations concrètes et applicables.

Tu parais parfois trop confiant – agressif même – quand tu défends ton point de vue et dédaigneux des perspectives différentes. J'ai eu cette impression lorsque tu plaidais pour la relocalisation des personnels basés en Corée vers le Japon ou Singapour. Il est extrêmement important que tu soulèves cette question et que tu sois ouvert aux changements radicaux, mais dès le début du processus d'étude du cas, tu sembles déjà déterminé à obtenir une certaine issue et peu attentif aux contre-arguments. – Ove.

Je me souviens parfaitement de la conversation à laquelle Ove fait référence, ce qui signifie que je peux m'adapter favorablement dans les situations futures. Surtout, sachant qui a laissé ce commentaire, j'ai pu aller trouver Ove pour obtenir davantage d'informations. Nous procédons désormais à des évaluations 360 degrés par écrit chaque année et demandons à chaque personne de les signer. Nos employés ne s'attribuent plus des notes de 1 à 5, puisque nous ne lions pas ce processus à des augmentations, des promotions ou des licenciements. Le but est d'aider tout le monde à s'améliorer, pas de les catégoriser ou de les ranger dans des cases. L'autre grand progrès est que chacun peut maintenant adresser des commentaires à autant de collègues qu'il ou elle le souhaite à n'importe quel niveau de l'organisation – pas seulement de la hiérarchie directe, le n+1 ou les coéquipiers qui l'ont incité à leur faire ses remarques. La plupart des salariés de Netflix émettent un retour pour au moins dix personnes, mais il n'est pas rare que cela monte jusqu'à trente ou quarante. J'ai reçu des observations de la part de soixante et onze employés pour mon rapport 2018.

Surtout, les feedbacks 360 suscitent des discussions inestimables. Je partage systématiquement les remarques que m'envoient mes subalternes directs, ceux-ci font de même avec leur équipe, et ainsi de suite jusqu'au bas de la chaîne. Cela renforce non seulement le sentiment de transparence, mais crée également une « responsabilité inversée » par laquelle chacun se sent encouragé à interpeller son chef pour un mauvais comportement récurrent.

Ted Sarandos aime raconter cette histoire à propos de saut à l'élastique pour souligner l'intérêt de faire circuler les informations :

> En 1997 à Phoenix, j'ai participé à un événement avec l'entreprise pour laquelle je travaillais à l'époque, pas encore Netflix, ce genre de journée qui comprend aussi bien des réunions que des activités de team-building pour encourager le groupe à se lier et à s'amuser. Derrière le restaurant sur le parking, il y avait un stand de saut à l'élastique. Moyennant 15 dollars, on pouvait s'élancer depuis une grue, devant tout le monde. Personne n'avait osé, mais j'ai décidé de tenter le coup. Après mon saut, le type qui gérait le stand m'a proposé de recommencer. Gratuitement. Ça m'a intrigué. « Pourquoi vous feriez une chose pareille ? » ai-je demandé. « Parce que je veux que tous vos collègues qui ont les yeux rivés sur vous depuis le restaurant vous voient ravi de faire un deuxième saut. Et si grâce à ça ils se rendent compte que ça ne fait pas si peur, ils auront peut-être envie d'essayer à leur tour. »

C'est exactement pour cette raison que vous, en tant que leader, vous devez partager votre évaluation 360 avec vos équipes, surtout tous ces témoignages francs à propos de tout ce que vous réussissez mal. Cela montre que proposer et recevoir des feedbacks clairs et applicables n'est pas si effrayant.

Il s'agit d'une pratique régulière pour les dirigeants Netflix aujourd'hui. Larry Tanz, vice-président contenu (souvenez-vous, c'est lui qui s'est rendu à un entretien avec Facebook après que Ted avait recommandé d'accepter les appels des recruteurs), a pour sa part une autre anecdote concernant une étonnante réunion avec Ted lors de ses premières semaines chez Netflix en 2014.

J'avais travaillé cinq années durant pour l'ancien P.-D.G. de Disney Michael Eisner. Disons simplement que parmi le personnel de Michael, rares étaient ceux qui lui faisaient part de critiques négatives. De là où je venais, le patron pouvait se montrer franc avec vous, mais jamais personne n'avait tenté le feedback dans l'autre direction.

Lors de ma deuxième réunion *T-staff* (le staff de Ted), Ted a commencé par nous rappeler, aux douze membres de son équipe, que l'évaluation 360 par écrit aurait lieu d'ici quelques mois et que nous devions tous prendre l'habitude, d'ici là, d'échanger des remarques franches entre nous. « Même si vous ne travaillez pas ensemble, vous devez pouvoir être assez proches pour émettre des critiques en continu. Nous venons de finir une série de 360 avec le *R-staff* (le staff de Reed). Je vais vous lire les retours que j'ai reçus. »

J'étais perdu. Que faisait-il ? De toute ma vie, jamais un chef ne m'avait communiqué ce que ses pairs et ses supérieurs avaient dit de lui. J'ai d'abord pensé qu'il allait sélectionner des morceaux choisis, que nous allions avoir droit à une version expurgée. Mais il s'est mis à lire mot pour mot les retours de Reed, David Wells, Neil Hunt, Jonathan Friedland et tous ces gens. Il n'a pas lu beaucoup de commentaires positifs, même s'il devait y en avoir, sûrement. Au lieu de ça, il a détaillé tout ce qui était améliorable, comme ceci :

- *Quand tu ne réponds pas aux e-mails de mon équipe, j'ai toujours l'impression que c'est un problème de hiérarchie, je trouve ça décourageant, même si je sais bien que ce n'est pas comme cela que tu fonctionnes, que ce n'est pas non plus ce que tu penses. Peut-être devrions-nous établir une confiance plus solide, mais j'ai besoin que tu sois plus généreux de ton temps et de tes avis pour que mon équipe puisse être davantage au service de ton organisation.*

- *Tes désaccords de « vieux couple marié » avec Cindy ne constituent pas le meilleur exemple de relations entre cadres. Il devrait y avoir de ta part comme de la sienne plus d'écoute et de compréhension.*

- *Arrête d'éviter le conflit avec l'équipe ; cela couve ailleurs et réapparaît plus gros plus tard. Les graines du pétage de plombs de Janet et le drame du rôle de Robert ont été plantés il y a bien plus d'un an. Il aurait mieux valu affronter l'un et l'autre directement à l'époque plutôt que laisser tout le monde en pâtir et le moral chuter.*

Ted nous faisait la lecture comme s'il passait en revue la liste de courses pour le supermarché. J'ai pensé : « Wow, est-ce que je serai assez courageux pour partager mon feedback avec ma propre équipe ? »

Apparemment, Larry a su s'adapter : « Depuis cette réunion, je fais de mon mieux pour reproduire avec mes collaborateurs ce que Ted a fait avec nous, pas seulement dans une période d'évaluation 360 mais chaque fois que quelqu'un me fait un retour sujet à amélioration. Et j'ai suggéré que les cadres qui travaillent pour moi fassent de même avec leurs équipes. »

Bien que l'exercice des évaluations 360 par écrit ait permis un feedback franc et régulier et que beaucoup choisissent de revenir dessus après coup, cela ne garantit pas pour autant les discussions ouvertes. Si Chris-Ann écrit à Jean-Paul dans son évaluation 360 qu'il chuchote lors de ses rendez-vous clients, ce qui nuit à ses ventes, mais si Jean-Paul n'en parle jamais avec Chris-Ann ni qui que ce soit d'autre, alors cela devient un secret en puissance. Reed a mis en place un autre processus censé prévenir ce genre de problème.

2. LES ÉVALUATIONS 360 EN DIRECT

En 2010, notre version du processus d'évaluation 360 connaissait déjà un grand succès. Mais, étant donné les autres étapes mises en place pour accroître la transparence à tous les niveaux, j'avais l'impression de pouvoir aller encore plus loin. J'ai donc mené quelques expériences pour accentuer la transparence dans ma propre équipe dirigeante dans l'idée de reproduire cela ensuite de haut en bas de la chaîne hiérarchique. J'ai tout d'abord essayé une activité avec mes subalternes directs.

Nous nous sommes retrouvés dans l'ancien bâtiment de Netflix à la Silicon Valley, au 100 Winchester, dans une petite pièce perchée appelée la Tour Infernale. Nous nous sommes mis par deux : Leslie et Neil sont allés dans un coin, Ted et Patty dans un autre et ainsi de suite. L'exercice ressemblait un peu à du speed-dating sauf qu'il s'agissait de speed-feedback. Chaque binôme avait quelques minutes pour échanger des retours en suivant la méthode « Commence – Arrête – Continue », ensuite on changeait de partenaire. À la fin, nous avons formé un cercle tous les huit et nous avons partagé ce que nous avions appris. L'exercice par paire a bien fonctionné, mais la discussion en groupe s'est révélée de loin le moment le plus important de la session.

La fois suivante, nous sommes donc passés directement à cette partie discussion de groupe. J'ai choisi de le faire autour d'un dîner, durant lequel il n'y aurait aucun autre sujet à évoquer, pour que nous n'ayons pas l'impression d'être pressés par le temps. Nous nous sommes retrouvés au Plumed Horse, un restaurant de Saratoga, une adorable petite ville pas très loin du bureau. Il y avait des guirlandes dans les arbres, on aurait cru des lucioles dans la forêt. Nous sommes entrés et ce restaurant apparemment exigu s'ouvrait en fait sur une pièce immense, menant ensuite à une salle très calme, que nous avions privatisée.

Ted s'est proposé de commencer. Nous avons fait le tour du cercle et chacun lui a fait un retour en utilisant les concepts « Commence – Arrête – Continue ». À cette époque-là, Ted était un des rares employés basés à Los Angeles, il venait dans la Silicon Valley un jour par semaine. Tous les mercredis, il débarquait à fond la caisse au bureau et essayait de caser l'équivalent de trois jours de discussions en six heures. David, Patty et Leslie ont expliqué combien cette unique journée au siège paraissait trop chargée aux yeux de tout le monde. « Quand tu repars le mercredi soir, on a l'impression qu'un bateau à moteur a traversé le bureau et laissé derrière lui un sillage énorme, a dit Patty. C'est stressant et agaçant pour tout le personnel. »

Je comptais justement lui en toucher un mot, ça n'était donc plus nécessaire. Après cette session, il a réorganisé son temps de travail pour venir à la Silicon Valley plus longuement et superviser davantage de choses par téléphone avant ses visites. Ted a ainsi pris conscience que ses actions dérangeaient tout le monde et le fait de lui en parler ouvertement lui a permis de trouver une meilleure façon de gérer son activité.

Les évaluations 360 en direct sont très utiles parce que les individus doivent répondre de leur comportement et de leurs actes face à toute l'équipe. Nos employés bénéficiant d'une grande liberté et appliquant le principe « Ne cherchez pas à faire plaisir au patron », cette coresponsabilité offre en contrepartie un filet de sécurité. Le patron ne donne pas d'ordre au salarié. Mais si ce dernier agit de manière irresponsable, le groupe le lui fera savoir.

Ensuite est arrivé le tour de Patty. Neil lui a dit : « Pendant nos réunions, tu parles tellement qu'on n'arrive pas à en placer une. Ton enthousiasme est envahissant. » Le tour de table a continué et Leslie a émis un bémol : « Je suis étonnée par les commentaires de Neil. Je trouve que tu es une oreille particulièrement attentive, tu prends toujours soin d'accorder à chacun le même temps de parole. »

À la fin de la soirée, les uns et les autres ont présenté une courte synthèse résumant ce qu'ils avaient retenu. Patty a dit : « En réunion avec des personnes plus réservées comme Neil, je comble les silences en parlant plus. Quand je suis avec des bavards dans mon genre, comme Leslie, je n'ai pas ce problème. Dans ma propre équipe, j'ai beaucoup de personnes discrètes qui ne prennent pas du tout la parole pendant nos réunions. À partir de maintenant, les dix dernières minutes de chaque réunion de trente minutes seront consacrées à la libre expression du groupe. Si personne ne dit rien, nous attendrons, en silence. »

En tant que bavard moi-même, je n'avais jamais senti que certains voyaient Patty comme une personne qui monopolise la parole. Je n'aurais jamais pu lui transmettre ce genre de retour, parce que cela ne caractérise pas les interactions que j'ai avec elle. Cet échange prouve combien il est important que les employés reçoivent du feedback, non seulement de leur chef, mais aussi de leurs collègues. Cette séance m'a aidé – comme tous les présents – à comprendre les tensions qui existaient au sein du groupe sous un angle neuf et inattendu. Ce dîner nous a permis à tous de mieux percevoir les dynamiques interpersonnelles qui donnent forme à notre efficacité collective et à travailler, ensemble, à améliorer notre collaboration.

Peu après, de nombreux membres de mon équipe ont procédé au même exercice avec leurs propres collaborateurs directs et l'activité s'est largement répandue au sein de notre entreprise. Cela n'a rien d'obligatoire. Il se peut très bien que vous croisiez un employé Netflix qui n'a jamais subi de 360 en direct. Mais nos managers ont trouvé un tel intérêt à cette méthode qu'aujourd'hui la large majorité suit un processus similaire au moins une fois par an. Désormais nous comprenons très bien comment il fonctionne, cela n'est pas très difficile à conduire, tant qu'on replace les choses dans leur contexte et que l'on se dote d'un modérateur solide. Si vous avez envie d'expérimenter vous aussi ces évaluations à 360 degrés en direct, voici quelques trucs :

Durée et localisation : Les évaluations 360 en direct se conduisent sur plusieurs heures. Menez-les autour d'un dîner (ou au moins incluez un repas), avec un groupe restreint. Il nous arrive d'organiser des séances à dix ou douze, mais huit ou moins est préférable. Pour un groupe de huit, comptez environ trois heures. Avec douze personnes cela peut s'étirer sur cinq heures.

Méthode : Tous les feedbacks doivent être présentés et reçus comme une sorte de cadeau qui permet de s'améliorer, suivant le principe des 4A énoncés au chapitre 2. Le leader devra l'expliquer en avance et veiller à ce que cela soit respecté pendant la séance.

Le feedback positif et applicable (« continue à... ») est adapté, mais à contrôler. 25 % de positif et 75 % d'améliorable (« commence à... » et « arrête de... ») est un bon mélange. Tout blabla non applicable (« Je trouve que tu es un super collègue » ou « J'adore travailler avec toi ») doit être découragé et étouffé dès le départ.

Se lancer : Les premières interactions de feedback donneront le ton de la soirée. Choisissez un receveur susceptible d'accepter les feedbacks sévères avec ouverture et appréciation. Choisissez un émetteur de feedback susceptible d'appliquer les directives 4A. Souvent, le patron choisit d'être le premier à entendre les remarques.

Les évaluations 360 en direct fonctionnent grâce à votre politique de haute densité de talent et à l'absence de « collaborateurs toxiques ». Si vos employés sont immatures, s'ils ont des attitudes négatives, s'ils n'ont pas assez de confiance en eux pour montrer leur vulnérabilité en public, vous n'êtes peut-être pas prêts à mener ce genre d'exercice. Et même si vous vous sentez parfaitement paré, vous aurez besoin d'un modérateur costaud, capable de percevoir si tous les feedbacks respectent bien les principes des 4A et d'interrompre toute personne qui sortirait du cadre.

Scott Mirer, vice-président des écosystèmes partenaires, nous raconte un incident qui s'est produit durant le 360 en direct de son équipe ; quelqu'un a franchi les limites et, sur le moment, il n'a pas su gérer. Ce type de situation est rare mais dangereux lorsqu'il survient, le leader doit donc être à l'affût.

Mes neuf collaborateurs étaient réunis pour un dîner d'évaluation 360 en direct. Ian, un de nos managers, très agréable, a adressé un feedback destiné à Sabina, une de ses collègues, en ces termes : « Ta façon de travailler me rappelle le film *Femmes au bord de la crise de nerfs.* » Il l'a dit avec un sourire, Sabina a hoché la tête et pris note. Pour une raison ou une autre, sur le coup je n'ai pas senti – ni moi ni personne d'autre d'ailleurs – à quel point ce commentaire était inapproprié et nous l'avons tous laissé passer. J'ai appris une semaine plus tard que Sabina avait été fâchée pendant plusieurs jours suite à ce dîner. « Lorsqu'on émet des remarques, ce n'est ni altruiste ni utile de faire appel à des comparaisons basées sur le genre », a-t-elle confié à un collègue.

Si quelqu'un s'écarte des directives 4A pour adopter un ton grinçant, agressif ou de manière générale peu coopératif pendant le 360 en direct, le leader doit intervenir afin de rectifier le commentaire en temps réel. C'est particulièrement important parce que nous prenons soin de travailler sur la durée avec nos managers pour que chacun se sente inclus, or les remarques au pied levé peuvent nourrir les préjugés, même inconsciemment. Scott a raté son occasion. Mais dans ce cas, la culture de franchise de l'entreprise a permis de rattraper le coup.

J'ai appelé Sabina pour m'excuser de n'avoir pas perçu combien la remarque de Ian était inappropriée. Mais elle m'a répondu que tout était arrangé. Elle avait déjà discuté avec Ian, qui lui avait présenté des excuses et ils avaient échangé pendant plus d'une heure afin de percer l'abcès. En conclusion, même s'il y avait bel et bien eu sortie de route durant le dîner 360, je crois que leur relation s'en est trouvée renforcée. Depuis ce jour je suis beaucoup plus attentif pour pouvoir intervenir chaque fois qu'une remarque me paraît sortir du cadre.

Humiliation publique ? Isolation du groupe ? Mortification collective ? Si ces mots ont surgi dans votre esprit à la lecture des quelques dernières pages, vous n'êtes sûrement pas seul dans ce cas.

Une majorité d'employés Netflix abordent leur premier 360 en direct avec une certaine appréhension. Le vice-président du contenu Larry Tanz (qui avait été si choqué d'entendre Ted lire en détail son feedback 360 à son équipe) explique ce moment :

Se faire éviscérer en place publique ressemble fort à de la torture. Chaque fois que je me rends à une évaluation 360 en direct, je me sens nerveux. Mais une fois lancé, on se rend compte que tout va bien se passer. Puisque la séance se déroule en présence de tous, les gens prennent soin de se montrer généreux et d'un grand soutien dans leur manière d'exprimer leur feedback – quand on a l'intention d'aider l'autre, on réussit. Personne ne veut vous embarrasser ou vous attaquer. Tous ceux qui dépasseraient les bornes sont presque aussitôt recadrés : « Hé, ça n'est pas très utile ! » Si la séance de 360 se passe bien, tout le monde reçoit son lot de remarques difficiles, alors on n'est pas pris pour cible spécifiquement. Quand votre tour arrive, cela peut être désagréable d'entendre ce que les gens ont à dire, mais c'est un des plus beaux cadeaux que la vie puisse vous faire : une chance de progresser.

Tous les employés Netflix ou presque racontent comment une évaluation 360 les a aidés. Certains trouvent que ces soirées sont une façon agréable de nouer des liens avec leurs collègues. D'autres les apprécient à peu près autant que Reed les visites annuelles chez le dentiste. Ils savent que c'est utile, mais ils les redoutent et ont hâte que cela se termine. Sophie, manager communications, une Française qui travaille au bureau d'Amsterdam, appartient à cette seconde catégorie.

Comme beaucoup de Français, je construis mes arguments selon les principes que l'on nous inculque à l'école. J'introduis la problématique, je développe la théorie, j'aborde les défis que pose cette problématique et j'en viens à ma conclusion. Introduction, thèse, antithèse, synthèse, c'est ainsi que l'on analyse à l'école française.

Les Américains, eux, apprennent souvent à « aller droit au but et à ne pas s'éloigner du sujet ». Pour un Français, c'est un choc : « Comment peut-on arriver à la conclusion sans avoir expliqué la problématique ?! » Bien sûr, Netflix est une société américaine. Mon chef est américain, ainsi que la plupart de mes collègues. Je ne m'en étais pas rendu compte, mais mon approche de communication ne fonctionnait pas avec eux comme je le souhaitais.

En novembre 2016, mon patron a organisé un événement 360 en direct pour toute l'équipe. Nous étions dans une salle privée au Waldorf Astoria à Amsterdam pour un dîner. Dehors, la nuit était littéralement « sombre et orageuse » et nous nous trouvions réunis dans une pièce de style médiéval, uniquement éclairée par un grand lustre en cristal suspendu au-dessus d'une vaste table rectangulaire. Je me sentais nerveuse mais je me rassurais en repensant à tout ce que j'avais accompli en si peu de temps chez Netflix. Je croyais clairement entrer dans la catégorie des « collègues extra ».

Lorsque est arrivé mon tour, ma collègue Joelle a commencé par me dire qu'il fallait que j'améliore mes méthodes de communication. Elle a expliqué que je perdais l'attention du destinataire parce que j'étais trop longue à en venir au fait. Dans ma tête je me suis dit : « Moi ? Pas douée en communication ? Mais c'est ma spécialité ! Mon plus gros point fort, c'est mon talent pour communiquer ! » Ce feedback n'avait aucun sens pour moi, je m'apprêtais à le balayer sans en tenir compte.

Mais voilà que l'ensemble de mes collègues américains, les uns après les autres, se sont mis à me critiquer à leur tour : il y avait beaucoup de bonnes choses mais aussi « tu es trop théorique », « tes messages ne sont pas assez concis », « à l'écrit, tu perds l'attention du lecteur ». À la cinquième personne, j'ai pensé : « OK, c'est bon, pas la peine de vous liguer contre moi. » À la septième, j'étais franchement sur la défensive. J'avais envie de leur dire : « Hé l'Américain, essaie de travailler dans une entreprise française pour voir s'ils aiment ta façon d'écrire ! »

Pourtant, même pour Sophie, le fait de recevoir ces critiques valait bien une soirée désagréable.

Ce dîner, qui a eu lieu il y a deux ans, s'est révélé être un des moments les plus importants pour ma progression professionnelle de ces dix dernières années. J'ai énormément gagné en adaptabilité. Je maîtrise désormais la communication à la française *et* à l'américaine et je passe de l'une à l'autre sans problème, ce qui est un défi constant, mais mes collègues m'ont félicitée à ce sujet lors de récentes séances de 360 en direct. J'ai détesté cette soirée au Waldorf mais sans cela j'aurais échoué au « keeper test » et je crois que je ne travaillerais plus chez Netflix.

Ce genre de récit revient fréquemment lorsqu'on demande aux salariés de Netflix quelle impression ils ont eue en voyant ainsi évoqués leurs « points susceptibles d'être améliorés » devant tout le monde. Parfois c'est gênant. Souvent, désagréable. Mais à la fin, votre performance en sort grandie. Quant à Sophie, cette séance a peut-être sauvé sa place.

LE HUITIÈME POINT

Si vous êtes sérieux en matière de franchise, vous devrez forcément mettre en place des mécanismes qui garantissent son apparition. Deux processus institutionnels suffisent à faire parvenir à tous des feedbacks francs et utiles à des intervalles réguliers.

À RETENIR DU CHAPITRE 8 :

- La franchise, c'est comme un rendez-vous chez le dentiste. Même si vous encouragez tout le monde à se brosser les dents au quotidien, certains ne le feront pas. D'autres rateront les zones difficiles. Une séance approfondie tous les six à douze mois assure des dents propres et un feedback limpide.

- Les évaluations de performance ne constituent pas le mécanisme idéal pour un environnement de travail reposant sur la franchise, d'abord parce que les commentaires ne vont généralement que dans un sens (du haut vers le bas) et ne viennent que d'une personne (le patron).

- Une évaluation 360 par écrit est un bon mécanisme pour un feedback annuel. Mais évitez l'anonymat et les notes, ne liez pas les résultats aux augmentations ou promotions, ouvrez les commentaires à tous ceux qui souhaitent en émettre.

- Les dîners 360 en direct sont un autre processus tout aussi efficace. Dégagez plusieurs heures en dehors du temps de travail et hors du bureau. Donnez des instructions claires, suivez le principe des 4A et appliquez la méthode « Commence – Arrête – Continue », avec environ 25 % de positif et 75 % de progrès à faire – et 100 % applicable, 0 % blabla.

Vers une culture de liberté et de responsabilité

Après la mise en place du « keeper test », vous aurez atteint un haut niveau de densité de talent dans votre bureau. Suite à l'application des 360 par écrit et en direct, vous n'aurez pas seulement un climat de franchise au bureau mais aussi des outils institutionnalisés garantissant que vos employés s'expriment entre eux ouvertement et honnêtement. Avec tout ce talent, toute cette franchise, vous pouvez maintenant inciter vos managers à se débarrasser des derniers contrôles auxquels ils s'accrochent encore. Nous avons évoqué la liberté de prise de décision au chapitre 6, donc conceptuellement votre personnel est prêt. Mais pour développer un authentique environnement de liberté et de responsabilité, vous allez devoir montrer à tous vos managers comment diriger à l'aide du contexte, non du contrôle. C'est le sujet du prochain chapitre.

ET ÉLIMINEZ UN MAXIMUM
DE CONTRÔLES… !

CHAPITRE 9

PLUS DE CONTEXTE, MOINS DE CONTRÔLE

Quand Adam Del Deo a raccroché, il ne se sentait pas très bien. Debout dans le hall de l'hôtel Washington School House à Park City, dans l'Utah, le directeur des programmes documentaires originaux de Netflix s'est appuyé contre le mur, il a pris une grande inspiration et a fermé les yeux. Quand il les a rouverts, son collègue Rob Guillermo, juriste senior, se tenait à côté de lui. « Hé, Adam, ça va ? Tu as eu des nouvelles de l'offre pour *Icare* ? »

Adam et Rob assistaient au festival de Sundance en janvier 2017. La veille, ils avaient visionné un documentaire, *Icare*, à propos du scandale du dopage en Russie. Adam jugeait qu'il s'agissait de l'un des plus formidables documentaires qu'il ait vus :

On suit le récit incroyable d'un journaliste basé dans le Colorado, Bryan Fogel, qui est aussi cycliste et voudrait tenter une expérience :

se doper lui-même, passer sous les radars comme Lance Armstrong et montrer les progrès extrêmes que permet le dopage pour une course à vélo. Par le biais d'un intermédiaire, il contacte la tête du programme russe antidopage, un certain Rodchenkov, qui accepte de l'aider. Ils deviennent amis via Skype. Mais au beau milieu de l'expérience de Bryan, la Russie se trouve accusée de doper ses athlètes olympiques – et c'est Rodchenkov qui dirige les opérations (ainsi que le programme antidopage !). Rodchenkov fuit la Russie et vient se cacher chez Fogel, craignant que Poutine le fasse tuer.

Une histoire pareille, ça ne s'invente pas. Le film est passionnant.

Adam tenait absolument à acheter ce film pour Netflix. On disait partout qu'Amazon, Hulu et HBO le voulaient aussi. Il avait offert 2,5 millions le matin même pour le décrocher – une somme considérable pour un documentaire – mais il venait d'apprendre que cela ne suffisait pas. Fallait-il proposer 3,5 millions de dollars ? 4 millions ? Jamais un documentaire n'avait été acheté à un tel tarif. Rob et lui discutaient de leur offre quand Ted Sarandos est apparu dans le hall, quittant la salle du petit déjeuner. Ils lui ont exposé la situation à propos d'*Icare* et il leur a demandé ce qu'ils envisageaient de faire. Adam se souvient de cette conversation :

« Nous irons peut-être jusqu'à 3,75 ou 4 millions mais c'est énorme pour un documentaire. Cela redéfinirait complètement le marché », ai-je dit en guettant la réaction de Ted.

Il m'a regardé droit dans les yeux et il a dit : « Eh bien, est-ce que c'est "LE BON" ? » Il a tracé les guillemets avec ses doigts pour souligner l'importance de la chose. Ça m'a rendu nerveux. Pour *moi*, oui, c'était LE BON. Mais pour lui ? Je lui ai donc retourné la question : « Qu'est-ce que tu en penses, Ted ? »

Il a commencé à s'éloigner. Clairement, il ne comptait pas me répondre. « Écoute, a-t-il dit. Peu importe mon avis. C'est toi le spécialiste des documentaires, pas moi. On te paye TOI pour prendre ces décisions. Mais pose-toi cette question, de savoir si c'est LE BON. Est-ce que ce sera un énorme succès ? Est-ce qu'il pourrait décrocher une nomination aux Oscars comme *Super Size Me* ou *Une vérité qui dérange* ? Si ça n'est pas le cas, c'est que c'est trop cher. Mais si c'est LE BON, alors propose la somme qu'il faut : 4,5 millions, 5 millions de dollars même. Si c'est LE BON, achète ce film. »

Dix années auparavant, en 2007, Leslie Kilgore avait inventé une formule, désormais utilisée partout chez Netflix pour décrire précisément l'attitude de Ted ce jour-là : « Plus de contexte, moins de contrôle. » N'importe où ailleurs, quand il y a autant d'argent sur la table, le responsable senior s'implique et supervise les négociations. Mais le leadership Netflix, ce n'est pas ça. Comme l'a expliqué Adam : « Ted n'allait pas trancher à ma place, mais il a exposé les éléments de contexte plus larges pour m'aider à aligner mes réflexions sur la stratégie de l'entreprise. Ce contexte a servi de base à ma décision. »

CONTRÔLE VS CONTEXTE

Le leadership par le contrôle est largement connu : le patron approuve et oriente les initiatives, les actions, les décisions de l'équipe. Parfois même, le contrôle peut s'imposer par une supervision directe – le ou la responsable donne des ordres, vérifie fréquemment et corrige le travail qui n'est pas réalisé selon ses désirs. D'autres fois, le ou la leader cherchera à responsabiliser ses employés, évitant donc toute supervision directe, pour préférer la mise en place de process de contrôle.

Cela permet d'accorder à l'employé une certaine marge de manœuvre dans l'approche de la tâche, tout en se réservant le droit de contrôler ce qui est fait et quand. Par exemple, le patron instaure un processus comme le management par objectifs, définissant au préalable, avec son salarié, des indicateurs clés de performance ; puis le patron surveille les progrès à intervalles réguliers, estimant la performance finale individuelle selon que le salarié a ou non atteint les objectifs prédéterminés dans le temps et le budget impartis. Autre manière de faire : contrôler la qualité du travail de son employé en mettant en place des process visant à la réduction des erreurs comme la vérification préalable avant livraison au client ou la validation des achats avant toute commande. Ces processus permettent au manager d'accorder une certaine liberté tout en exerçant un contrôle assez strict.

Le leadership par le contexte est plus difficile, mais les salariés bénéficient alors d'une liberté bien plus grande. Vous fournissez le maximum d'informations à vos collaborateurs et collaboratrices pour leur permettre de prendre les meilleures décisions et mener à bien leurs missions sans supervision. Il revient alors à la personne d'exercer son muscle de la prise de décision afin d'opérer le meilleur choix de façon autonome.

Pour se lancer dans un leadership par le contexte, il faut que l'ensemble des conditions soient réunies. La toute première est la haute densité de talent. Il suffit d'avoir eu quelqu'un sous ses ordres une fois, même simplement vos enfants ou un entrepreneur chez vous, pour comprendre pourquoi.

Imaginez, par exemple, que vous êtes parent d'un garçon de quinze ans. Il adore dessiner des mangas, résoudre des sudokus complexes et jouer du saxophone. Ces derniers temps, il a également commencé à sortir dans des soirées le samedi en compagnie d'amis plus âgés. Vous l'avez déjà averti que vous ne vouliez pas qu'il boive de l'alcool avant de prendre le volant ni qu'il monte à bord d'un véhicule avec un conducteur ivre, mais c'est plus fort que vous, vous vous inquiétez à chacune de ses sorties. Vous pouvez aborder ce problème de deux façons différentes :

1. Vous décidez des fêtes auxquelles votre fils est autorisé à se rendre (ou pas) et surveillez ses faits et gestes durant la soirée. S'il veut sortir le samedi soir, il doit respecter un certain protocole. D'abord, il doit expliquer qui sera là et pour quoi faire. Ensuite, vous devez discuter avec les parents propriétaires de la maison où se tiendra la fête. Durant cette conversation, vous vérifierez si un chaperon adulte sera présent et si de l'alcool sera mis à disposition. À partir de ces informations, vous déciderez si oui ou non votre fils peut y assister. Une fois la sortie approuvée, vous activez la localisation de son portable pour vous assurer

qu'il n'ira pas dans une autre fête. Voilà comment on dirige par le contrôle.

2. La deuxième façon de faire consiste à bien poser le contexte pour que votre fils et vous soyez sur la même longueur d'onde. Vous discutez avec lui des raisons qui poussent les ados à boire et des dangers associés à la conduite en état d'ivresse. Bien en sécurité dans votre cuisine, vous versez différents types d'alcool dans des verres et vous précisez quelle quantité il vous faudrait pour être pompette, saoul ou pour perdre connaissance et les conséquences sur votre efficacité au volant (ainsi que sur votre santé en général). Vous lui montrez un film éducatif sur YouTube à propos de la conduite alcoolisée et toutes ses conséquences. Une fois que vous constatez qu'il comprend clairement la gravité des dangers associés au problème, vous le laissez se rendre à toutes les soirées qu'il souhaite sans jamais surveiller ou imposer de restrictions à ses actes. C'est ça, diriger par le contexte.

Le choix que vous faites dépend presque exclusivement de votre fils. S'il a déjà manqué de discernement par le passé et si vous ne lui faites pas confiance, vous aurez tendance à choisir le contrôle. Mais si vous savez qu'il a la tête sur les épaules, qu'il est fiable, vous pouvez utiliser le contexte et compter sur lui pour se comporter de façon sûre. Ce faisant, vous le préparez à prendre de bonnes décisions non seulement les samedis soir, mais aussi dans les innombrables situations auxquelles il sera confronté dans les années à venir, particulièrement sous l'influence de ses pairs.

Si vous avez un enfant responsable, l'option 2 paraît la réponse évidente. Qui voudrait être un parent dominateur et ne pas voir son adolescent assumer ses responsabilités pour sa propre sécurité ? Mais dans de nombreux cas, le choix n'est pas aussi clair et net. Imaginez ce scénario :

Vous êtes la matriarche d'un Downton Abbey moderne (richissime famille aristocrate avec accent snob et drames à gogo). Vos enfants adultes viennent passer un mois de vacances dans votre demeure et vous avez embauché quelqu'un pour préparer les repas. Votre famille est complexe, en matière de nourriture. L'un est diabétique, une autre végétarienne et une troisième suit un régime faible en glucides. Vous savez quoi cuisiner pour votre petite troupe mais comment la personne que vous avez engagée va-t-elle s'en sortir, elle qui ne connaît pas votre famille ? Là encore, deux voies s'offrent à vous :

1. Vous lui fournissez un planning des repas et un ensemble de recettes, précisant exactement que préparer chaque soir. Vous spécifiez quelle quantité vous souhaitez pour chaque plat et notez quand un ingrédient doit être remplacé par un autre. Vous demandez à goûter chaque élément au menu avant le service afin de vérifier l'assaisonnement et la cuisson. Tout ce qui lui reste à faire est de suivre vos instructions. Bien sûr, toutes ses suggestions de recettes sont bienvenues. Elle a simplement besoin de votre feu vert au préalable. Vous aurez dirigé par le contrôle.

2. Vous lui expliquez en détail les exigences des différents régimes. Vous précisez les principes de la faiblesse en glucides, ce qu'un diabétique peut ou ne peut pas manger. Vous lui indiquez les recettes que vous avez utilisées avec succès par le passé, celles qui n'ont pas marché et les substituts auxquels vous avez recours en général. Vous

spécifiez que chaque repas doit inclure, pour tout le monde, des protéines, une salade et au moins un légume. Vous êtes sur la même longueur d'onde, en matière de repas réussi. Puis vous lui demandez de trouver des recettes et de choisir elle-même ce qu'elle va préparer. Vous aurez dirigé par le contexte.

Avec l'option 1, vous savez ce que vous aurez dans l'assiette et vous ne doutez pas que cela plaira à votre famille. Vous avez éradiqué la plupart des écueils éventuels pour votre cuisinière. Alors si vous avez quelqu'un qui n'est pas très expérimenté, qui semble mal à l'aise avec les initiatives, ne paraît pas très aventureuse dans sa recherche de nouvelles recettes, et si vous n'avez personne de plus talentueux sous la main, l'option 1 semble le bon choix. L'option 2 est plus risquée.

Cette dernière cependant devient intéressante si vous faites confiance au jugement et aux capacités de la personne que vous embauchez. Une cheffe hautement performante fera merveille si vous lui accordez toute liberté pour les recettes. Elle sera capable d'offrir davantage de choix de repas novateurs que vous. Si jamais elle commet des erreurs, elle saura en tirer les leçons qui s'imposent et, à la fin des vacances, votre famille se souviendra des fabuleux festins qu'elle aura organisés.

Donc la première question à laquelle il vous faut répondre, avant de choisir entre le contrôle ou le contexte, est la suivante : « Quel est le niveau de densité de talent de mon personnel ? » Si vos employés ont du mal, vous allez devoir les surveiller, vérifier leur travail pour vous assurer qu'ils prennent les bonnes décisions. Mais si vous avez un groupe de hauts performeurs, ils auront très certainement soif de liberté et s'épanouiront si vous les dirigez par le contexte.

Cela dit, la haute densité de talent n'est pas le seul élément qui permette de trancher entre contexte et contrôle. Vous devez également prendre en compte votre industrie et ce que vous essayez d'atteindre.

LA SÉCURITÉ AVANT TOUT ?

Jetez un œil à ces présentations à propos de deux grandes entreprises. Essayez de déterminer laquelle aurait intérêt à utiliser le contrôle (supervision et/ou process de réduction d'erreurs) et – partant du principe qu'une forte densité de talent existe – laquelle aurait intérêt à utiliser le contexte.

Commençons par ExxonMobil. Voici un court extrait de leur site web :

ExxonMobil

Depuis 2000, nous avons réduit de plus de 80 % le taux d'incident avec arrêt de travail de notre main-d'œuvre. S'il ne cesse de reculer, cela ne signifie pas pour autant qu'il est à zéro. Nous regrettons profondément les accidents séparés qui ont coûté la vie à deux sous-traitants liés à des opérations d'ExxonMobil en 2017. L'un est survenu lors d'un forage à terre, le second sur une raffinerie lors d'activités de construction. Nous avons mené une enquête rigoureuse afin de déterminer les causes et les facteurs associés à ces incidents et de prévenir toute répétition d'événements similaires à l'avenir. Les conclusions seront diffusées à l'échelle mondiale. Nous avons également participé à des groupes de travail transsectoriels avec des représentants des industries du gaz, du pétrole et d'autres, comme le Campbell Institute et le Conseil national de sûreté, afin de mieux comprendre les signes avant-coureurs des accidents graves. Nous continuerons de promouvoir la sécurité avant tout parmi nos employés ExxonMobil et nos sous-traitants jusqu'à ce que nous atteignions notre but, un lieu de travail où personne ne se blesse.

Le deuxième exemple nous vient du géant de la vente au détail américain, Target. En 2019, *Fast Company* l'a classé au onzième rang des entreprises les plus innovantes du monde. Voici un extrait de l'article.

Target

L'apocalypse qui a ravagé le commerce de proximité s'est abattue avec violence sur de nombreuses grandes surfaces : J.C. Penney, Sears et Kmart ont tous vacillé sur leurs bases, confronté à l'expansion du commerce en ligne, qui entraîne la baisse du nombre de clients se rendant en boutiques. Mais confrontée à ces défis, l'enseigne Target a su s'adapter avec souplesse aux préférences du consommateur moderne. Son réseau se compose de plus de 1 800 magasins à travers les États-Unis, de formats divers, allant du SuperTarget XL aux plus petites boutiques flexibles dans les centres urbains, destinées aux besoins spécifiques de ces clients en particulier. La marque a également investi sur internet : son site web, solide, propose des livraisons en un ou deux jours qui font de lui un concurrent d'Amazon, auxquelles s'ajoute l'option d'une commande en ligne à récupérer en personne dans la journée.

Lorsqu'il s'agit de choisir entre contrôle et contexte, la deuxième grande question à se poser est celle-ci : votre objectif est-il la prévention de l'erreur ou l'innovation ?

Si vous vous concentrez sur l'élimination des erreurs, alors mieux vaut le contrôle. ExxonMobil est acteur d'un marché où la sécurité est essentielle. Ses sites nécessitent des centaines de process pour réduire les risques d'accidents. Les mécanismes de contrôle sont incontournables quand on veut conduire une opération dangereuse de manière profitable avec le moins d'accidents possible.

De même, si vous êtes à la tête d'un service d'urgences hospitalières et que vous donnez au personnel infirmier junior le contexte afin de lui laisser prendre ses décisions lui-même sans supervision, le risque est grand qu'il y ait des morts. Si vous fabriquez des avions sans mettre en place de nombreux process de contrôle pour vous assurer que tous les éléments sont parfaitement assemblés, la possibilité des accidents graves augmente. Si vous êtes laveur de carreaux sur des gratte-ciel, vous aurez besoin de fréquentes inspections de sécurité et de check-lists quotidiennes. Le leadership par le contrôle, c'est l'idéal pour la prévention des erreurs.

Mais si, comme Target, votre objectif, c'est l'innovation, l'erreur n'est pas votre plus gros risque. Le risque, c'est de passer à la trappe parce que vos employés ne proposent pas d'idées géniales susceptibles de réinventer votre métier. De nombreux commerces en dur ont mis la clé sous la porte à cause de l'essor d'internet, mais Target a misé sur les nouvelles manières d'attirer les clients dans leurs magasins.

De nombreuses entreprises partagent les priorités de Target. Dans le domaine de la fabrication de jouets pour enfants, de la vente de cupcakes, la création de vêtements de sport ou les restaurants de cuisine fusion pour ne citer que quelques exemples, l'innovation est l'objectif premier. Alors si vos employés tombent dans la catégorie « haute performance », le leadership par le contexte est le plus adapté. Pour les encourager à réfléchir de façon originale, ne leur dites pas quoi faire, ne leur donnez pas de listes d'actions à accomplir. Offrez-leur du contexte pour leur permettre de voir grand, l'inspiration pour penser différemment et accordez-leur le droit de faire quelques erreurs en chemin. En d'autres termes, soyez un leader par le contexte.

Comme disait Antoine de Saint-Exupéry, l'auteur du *Petit Prince*, de façon plus poétique :

Si tu veux construire un bateau,
Ne rassemble pas tes hommes et femmes
Pour leur donner des ordres,
Pour expliquer chaque détail,
Pour leur dire où trouver chaque chose.
Si tu veux construire un bateau, fais naître
Dans le cœur de tes hommes et femmes
Le désir de la mer.

J'adore ce passage – nous le citons en conclusion de notre mémo culture – mais je me rends bien compte que, aux yeux de certains lecteurs, cela paraîtra tout à fait impossible à mettre en œuvre. Et cela m'amène à la troisième condition nécessaire afin que le leadership par le contexte fonctionne. En plus de la haute densité de talent (condition numéro 1) et d'un objectif d'innovation plus que de prévention des erreurs (numéro 2), il vous faut également travailler (attention, c'est la numéro 3) au sein d'un système en « couplage lâche ».

COUPLAGE LÂCHE OU SERRÉ ?

Je suis ingénieur en logiciel, et dans notre métier on utilise les termes couplage « lâche » ou « serré » pour définir deux systèmes différents.

Dans un système en couplage serré, les composants sont inextricablement liés. Pour en modifier une partie, il faut remonter jusqu'aux fondations, ce qui impacte non seulement la section que vous souhaitez changer, mais le système tout entier.

À l'inverse, dans un système en couplage lâche, les divers éléments ne sont pas interdépendants. Ils sont pensés de sorte que chacun puisse être altéré sans avoir à toucher aux fondations. C'est la raison pour laquelle les ingénieurs en logiciel préfèrent cette solution ; ils peuvent intervenir sur une partie du système sans qu'il y ait de répercussions sur le reste. Le système tout entier est plus flexible.

Les organisations sont un peu construites comme des programmes informatiques. Quand une entreprise est en couplage serré, les grandes décisions sont prises par le patron et répercutées jusque dans les services, créant souvent des interdépendances entre les uns et les autres, d'ailleurs. Si un problème survient au niveau d'un service, il faut remonter jusqu'au patron qui supervise l'ensemble. Pendant ce temps, dans une société en couplage lâche, un manager individuel ou un employé est libre de prendre des décisions ou de résoudre des problèmes, confiant que les conséquences ne ricocheront pas sur les autres services ou niveaux hiérarchiques.

Si les différents leaders de votre entreprise ont toujours eu pour habitude de pratiquer le contrôle, un système en couplage serré a pu en découler naturellement. Si vous gérez un service (ou une équipe) dans un système en couplage serré et que vous souhaitez commencer à pratiquer le leadership par le contexte, le couplage serré risque d'être un obstacle. Puisque les principales décisions sont prises tout en haut, vous aimeriez peut-être accorder à vos employés un pouvoir décisionnaire, mais vous n'y parviendrez pas parce que tout ce qui est important doit être approuvé non seulement par vous mais aussi votre n+1 et son n+1.

Si vous fonctionnez en couplage serré, vous allez peut-être devoir travailler avec les personnes au-dessus de vous dans la hiérarchie afin de changer toute l'approche organisationnelle avant d'essayer d'appliquer le leadership par le contexte à votre seul niveau. Même quand la densité de talent est forte, que l'innovation est votre objectif, si vous ne réglez pas cela au préalable, le leadership par le contexte peut être impossible.

J'imagine que vous l'avez compris désormais, chez Netflix, avec notre modèle reposant sur le capitaine informé, nous usons d'un système à couplage lâche. La prise de décision est extrêmement dispersée et nous avons peu de process de contrôle centralisés, peu de règlements, de politiques. Cela offre un haut degré de liberté aux individus, à chaque service une plus grande flexibilité et cela accélère la prise de décision à tous les niveaux.

Si vous lancez votre propre entreprise, que vous visez l'innovation et la flexibilité, essayez de maintenir une prise de décisions décentralisée, avec de rares interdépendances entre les fonctions afin de faire naître un couplage lâche dès le départ. Car il est beaucoup plus compliqué de l'instaurer a posteriori, quand une structure à couplage serré est en place.

Ceci étant dit, le couplage serré a bel et bien un avantage organisationnel important. Dans ce type de système, le changement de stratégie est facile à appliquer à tous les niveaux de la société. Si le P.-D.G. décrète que l'ensemble des services doit désormais se concentrer sur la durabilité et l'approvisionnement éthique, alors il peut le contrôler à travers sa prise de décision centralisée.

Avec le couplage lâche, à l'inverse, le risque d'erreurs de répercussion est élevé. Qui pourra dire que tel service ne favorisera pas le faible coût au détriment de la protection de l'environnement ou des travailleurs dans des ateliers clandestins, faisant ainsi dérailler la totalité de l'entreprise ? Si le chef de service a une idée géniale qui entre dans le cadre de cette nouvelle stratégie, mais que chaque membre d'équipe décide pour lui seul quel projet soutenir, tout le monde va partir dans tous les sens. Bonne chance pour faire de l'idée géniale une réalité.

Ceci nous amène à la quatrième et ultime condition préalable pour un leadership par le contexte.

VOTRE ORGANISATION EST-ELLE PARFAITEMENT ALIGNÉE ?

Pour que le couplage lâche soit efficace, pour que de grandes décisions adviennent à un niveau individuel, patron et employés doivent être en parfait accord sur leur destination et sur les moyens mis en œuvre pour y arriver. Le couplage lâche ne fonctionne que s'il existe un contexte clair, partagé entre le patron et son équipe. Cet alignement de contexte conduit les salariés à prendre des décisions qui soutiennent la mission et la stratégie de l'organisation dans son ensemble. Voilà pourquoi une des devises, chez Netflix, est :

TRÈS ALIGNÉS, MAIS INDÉPENDANTS.

Pour comprendre ce que cela implique, revenons à Downton Abbey où les membres de votre famille attendent leur dîner. Si vous avez consacré suffisamment de temps à vous mettre d'accord, vous et votre cuisinière, sur le type de nourriture qui fera l'unanimité, qui mange quoi et pourquoi, les portions qu'elle est censée préparer et quels types d'aliments devront être saignants, à point ou bien cuits, votre très performante cheffe sera prête à sélectionner et cuisiner ses repas sans que vous ayez besoin de la superviser.

Cependant, si vous engagez une personne excessivement performante et que vous lui donnez carte blanche en cuisine, sans préciser que votre famille déteste le sel et toute sauce de salade sucrée, il est probable que votre maisonnée de casse-pieds n'appréciera aucun des plats servis à votre table. Auquel cas, ce ne sera pas la faute de la cheffe. Mais la vôtre. Vous avez embauché la bonne personne, mais vous n'avez pas fourni assez de contexte. Vous avez laissé à la cuisinière toute liberté, mais elle et vous n'étiez pas en phase.

Dans une entreprise, bien sûr, il ne s'agit pas d'un individu au service d'une seule famille. Au lieu de cela, le leadership se divise en plusieurs strates, ce qui rend l'alignement plus complexe.

Dans les pages suivantes nous allons détailler la meilleure façon de mettre en place le contexte à tous les niveaux de l'entreprise quand tous les leaders sont focalisés sur la construction de l'alignement. Le P.-D.G. fournit le premier niveau de contexte, ainsi que les bases initiales pour un alignement global de l'entreprise, nous allons donc commencer par Reed.

ALIGNÉS SUR L'ÉTOILE POLAIRE

J'ai plusieurs méthodes pour expliquer le contexte à tous les niveaux de l'entreprise, mais mes toutes premières plateformes consistent en notre *E-staff* (personnel de direction) et nos réunions de revue trimestrielle de l'activité. Plusieurs fois par an nous réunissons l'ensemble des leaders (les top 10 à 15 %) à l'échelle mondiale. Cela commence par une longue réunion ou un dîner avec les six personnes juste en dessous de moi – des gens comme Ted, Greg Peters et notre directrice RH Jessica Neal. Puis je passe une journée entière avec le *E-staff* (le haut de l'organigramme jusqu'aux vice-présidents), ensuite nous enchaînons sur deux journées de présentations, échanges, débats lors des réunions de revue trimestrielle de l'activité (le haut de l'organigramme jusqu'aux directeurs – environ 10 % du personnel).

L'objectif numéro un est de s'assurer que tous les leaders, partout dans l'entreprise, sont parfaitement en phase avec ce que j'appelle notre étoile Polaire : la direction générale vers laquelle nous avançons. Nous n'avons pas besoin d'être alignés sur le chemin emprunté par chaque service – nous laissons cela entre les mains des individus – mais nous devons faire en sorte de tous nous déplacer dans la même direction.

Avant et après ces revues trimestrielles de l'activité, nous mettons à disposition de tous des mémos Google Docs de plusieurs dizaines de pages, expliquant le contexte et le contenu partagé lors de cette réunion. Cette information est destinée non pas aux seuls participants d'origine mais aussi à tous les employés, quel que soit leur niveau dans la société, y compris les assistants administratifs, les coordinateurs marketing, et cætera.

Entre les réunions de revue trimestrielle de l'activité, j'organise des face-à-face pour essayer de savoir si nous sommes bien en phase, s'il manque du contexte quelque part. Chaque année, je consacre trente minutes à chaque directeur ou directrice. Cela représente environ 250 heures de discussions avec des personnes qui sont entre trois et cinq rangs en dessous de moi dans l'organigramme. En plus de cela, je m'entretiens avec chaque vice-président (ils sont entre deux et trois niveaux en dessous de moi) durant une heure, chaque trimestre. On ajoute donc 500 heures de tête-à-tête annuel. Quand Netflix était moins gros, je rencontrais chacun plus souvent, mais je consacre encore à peu près 25 % de mon temps à ces rendez-vous chaque année.

Cela m'aide à mieux comprendre le contexte dans lequel travaillent nos employés et me sert d'alerte quand notre leadership n'est pas en phase, ce qui me permet de revenir sur les points clés lors de la réunion suivante de revue trimestrielle de l'activité.

Voici un exemple qui date de mars 2018, lorsque j'ai visité notre bureau de Singapour. Pendant un entretien de trente minutes avec un directeur du service développement de produits, celui-ci a au passage mentionné qu'on avait demandé à son équipe de développer un plan de perspectives à cinq ans en matière de personnel. Je m'en suis étonné. Cela peut sembler naturel dans une entreprise de travailler sur ce genre d'horizon, mais dans notre industrie dynamique, c'est absurde. Il est impossible de savoir où en sera un domaine comme le nôtre d'ici cinq ans. Essayer de deviner puis prévoir à partir de ces conjectures, voilà qui risquait de bloquer la société et de l'empêcher de s'adapter rapidement.

Je me suis penché sur la question et j'ai découvert que l'un de nos cadres en charge des équipements demandait à plusieurs de nos bureaux de lui présenter des estimations sur le nombre d'employés en 2023. Quand j'ai voulu savoir pourquoi, il m'a expliqué que dans certaines régions du monde, nos locaux étaient devenus trop petits plus vite que prévu, ce qui représentait un gâchis financier. « Si j'ai un plan d'embauche sur cinq ans, je pourrai louer les meilleurs espaces pour un tarif plus intéressant et éviter de reproduire la même erreur. Voilà pourquoi j'ai demandé à chaque service de me préparer cela », a-t-il détaillé.

J'ai eu envie de lui répondre : « Non mais quelle idée ! La priorité va à la flexibilité, pas à la prévention de l'erreur ! Quelle perte de temps totale. Impossible d'obtenir un résultat exact avec un plan comme celui-là. Annule-moi ça tout de suite. » Mais ça aurait été recourir au leadership par le contrôle.

Au lieu de ça, je me suis remémoré ce que je répète souvent aux leaders à tous les niveaux de Netflix :

QUAND UN DE VOS COLLABORATEURS FAIT QUELQUE CHOSE D'IDIOT, NE REJETEZ PAS LA FAUTE SUR LUI. AU LIEU DE ÇA, DEMANDEZ-VOUS OÙ VOUS AVEZ ÉCHOUÉ EN EXPLIQUANT LE CONTEXTE. ÊTES-VOUS ASSEZ CLAIR ET INSPIRANT LORSQUE VOUS EXPRIMEZ VOS OBJECTIFS ET VOTRE STRATÉGIE ? AVEZ-VOUS FORMELLEMENT EXPLIQUÉ TOUS LES TENANTS ET LES ABOUTISSANTS QUI AIDERONT VOTRE ÉQUIPE À PRENDRE DE BONNES DÉCISIONS ? VOUS ET VOS SALARIÉS ÊTES-VOUS SUFFISAMMENT EN PHASE EN MATIÈRE DE VISION ET D'OBJECTIFS ?

Dans le cas du cadre responsable des équipements, je n'ai pas dit grand-chose sur le coup. Après tout, il est le capitaine informé quand il s'agit de choisir des espaces de bureaux, pas moi.

Mais cette conversation m'a servi d'avertissement : je devais rappeler quelques éléments de contexte dans notre entreprise. Si une personne n'est pas en phase avec notre stratégie, cela signifie qu'il y en a peut-être cinquante autres comme lui. J'ai ajouté ce point à l'ordre du jour d'une réunion de revue trimestrielle de l'activité prévue sous peu. Là, j'ai détaillé à tous nos leaders les raisons pour lesquelles Netflix préférera toujours payer plus pour l'option la plus flexible, sachant que nous ne pouvons pas – et ne devrions pas – essayer de prévoir à quoi ressemblera notre activité à l'avenir.

Bien sûr, chaque situation est différente et les entreprises ont toutes besoin d'une certaine visibilité. Pendant cette fameuse réunion, nous avons essayé de déterminer jusqu'où aller pour rester flexibles. J'ai fourni quelques lectures préalables afin de montrer combien, par le passé, nous avions échoué à anticiper notre croissance et d'expliquer que parfois les meilleures occasions sont imprévisibles. Nous sommes revenus sur des cas passés où nous aurions pu choisir une option plus modulable mais plus chère ou moins chère et moins flexible. Nous avons débattu de la quantité de flexibilité dont nous avons besoin dans notre domaine et du tarif que nous serions prêts à payer pour l'obtenir.

Ces conversations n'ont pas mené à une conclusion nette ni à une règle, mais à travers ces débats, nos leaders, dans leur ensemble, se sont clairement alignés sur l'idée suivante : la prévention des erreurs ou les économies permises par des plans à long terme ne sont pas notre objectif premier. Notre étoile Polaire est la construction d'une société capable de s'adapter rapidement à tout ce qui est susceptible d'intervenir sur notre route, qu'il s'agisse d'aubaines imprévisibles ou des évolutions du marché.

Bien sûr, quelle que soit l'entreprise, le P.-D.G. ne fournit que la première couche de contexte. Chez Netflix, à peu près tous les managers, à tous les niveaux, doivent apprendre à manier le contexte lorsqu'ils entrent dans la société. Melissa Cobb, qui fait partie de l'équipe de Ted, présente un exemple qui montre comment la contextualisation fonctionne aux différents niveaux de notre organisation.

L'ALIGNEMENT, C'EST UN ARBRE, PAS UNE PYRAMIDE

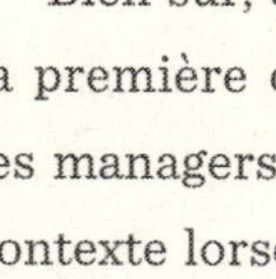

Melissa Cobb, vice-présidente de l'animation originale, a travaillé pour Fox, Disney, VH1 et DreamWorks avant de rejoindre Netflix en septembre 2017. Chez DreamWorks, elle a produit la trilogie *Kung-Fu Panda,* nommée aux Oscars. Après vingt-quatre années en poste à responsabilité, elle utilise deux métaphores – la pyramide et l'arbre – pour aider les managers qui intègrent son équipe à bien comprendre la différence entre un rôle de leader traditionnel et celui de leader par le contexte chez Netflix. Elle l'explique ainsi :

La prise de décision, partout où j'ai travaillé avant Netflix, était structurée comme une pyramide. J'étais dans la création de films et de séries pour de grandes chaînes de télévision. Au bas de nos pyramides, nous avions environ quarante ou cinquante personnes, que nous appelons les cadres créatifs. Chacun d'entre eux chapeautait une ou plusieurs séries. Par exemple, chez Disney, nous avons produit *Le Maître des lieux* avec Chevy Chase. Le cadre créatif responsable de ce film était présent sur le plateau tous les jours, il validait les pages, les costumes, les accessoires. De nombreux détails étaient pris en charge au bas de la pyramide.

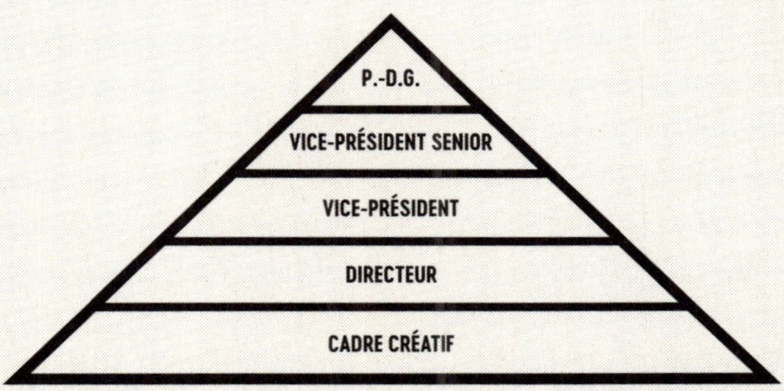

Mais s'il arrivait quelque chose d'important, par exemple une modification non négligeable dans un dialogue, il fallait que cela remonte à un niveau supérieur de la pyramide. Le cadre créatif disait : « Oh, je ne suis pas certain de ce que va en dire ma cheffe – je l'appelle. »

Le cadre appelait sa cheffe, une des quinze directeurs ou directrices juste au-dessus de lui. « Qu'est-ce que tu en penses ? On peut changer ce passage ? » Il pouvait arriver que ce soit refusé, mais la plupart du temps, c'était validé.

Cependant, lorsque la modification ne se limitait pas à quelques répliques, par exemple si quelqu'un voulait couper une scène entière, alors la directrice pouvait dire : « Ah. Je ne suis pas sûre que mon n+1 va accepter. Il faut que je voie avec lui. » Et le problème remontait un cran au-dessus de la pyramide, au niveau des six vice-présidents. La directrice appelait son supérieur pour lui demander : « Qu'est-ce que tu en penses ? On peut supprimer cette scène ? » Et c'était au tour du vice-président d'approuver ou non cette modification.

Admettons qu'un événement encore plus gros se produise – un des acteurs abandonne ou bien tout le script doit être réécrit – là, il fallait contacter l'un des quelques vice-présidents au niveau au-dessus. Et en cas de méga problème – l'auteur tombe malade, un nouveau doit être validé dans la précipitation – alors il fallait remonter jusqu'au P.-D.G. installé dans le minuscule triangle au sommet de la pyramide.

La structure de prise de décision en pyramide expérimentée par Melissa chez son précédent employeur est pratiquée par la majorité des sociétés, quel que soit leur domaine ou leur localisation. Soit le patron décide et transmet au cran inférieur de la pyramide, qui applique, soit les personnes à la base gèrent les décisions négligeables mais réfèrent toutes les grosses interventions à leurs supérieurs.

Mais chez Netflix, nous l'avons vu, la décision revient au capitaine informé, pas au patron. Ce dernier a pour mission d'exposer le contexte qui permettra à l'équipe de prendre les meilleures décisions pour l'organisation. Si nous suivons ce système de leadership depuis le P.-D.G. jusqu'au capitaine informé, nous constatons qu'il ne fonctionne pas comme une pyramide mais plutôt comme un arbre, le P.-D.G. installé tout en bas à la racine et le capitaine informé tout en haut sur les branches, qui prend les décisions.

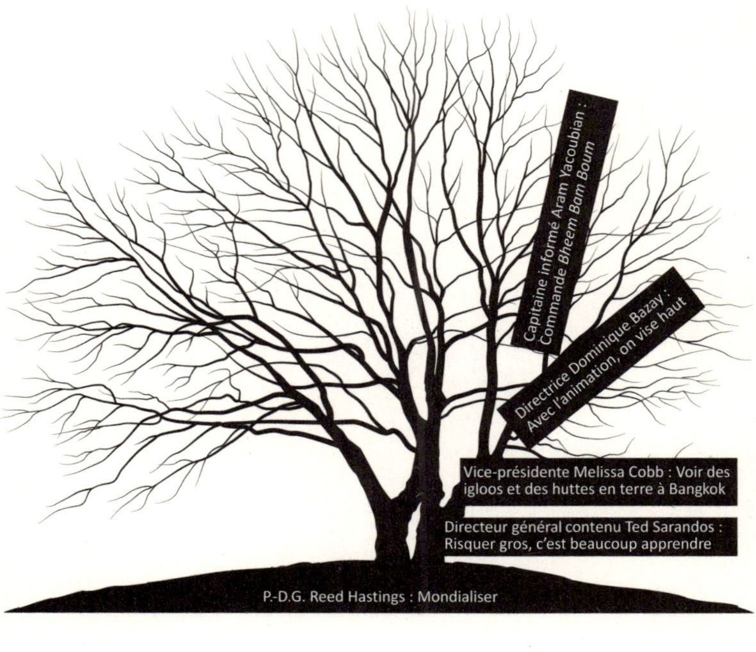

Melissa a fourni un exemple en profondeur concernant le fonctionnement du contexte depuis la racine de l'arbre jusqu'à la cime. Le schéma ci-dessus présente les différents niveaux de contexte, fournis au départ par Reed, transmis par Ted Sarandos, Melissa elle-même, Dominique Bazay (directrice qui travaille pour Melissa) et comment ce contexte impacte finalement la décision prise par le capitaine informé Aram Yacoubian. Penchons-nous maintenant sur la manière dont la contextualisation, à chaque niveau, a permis de créer un alignement dans toutes les ramifications de l'entreprise.

REED, À LA RACINE : MONDIALISER

En octobre 2017, Melissa a assisté à sa première réunion de revue trimestrielle de l'activité, durant laquelle Reed a présenté les informations à propos de l'expansion de Netflix au niveau mondial à venir. Elle se souvient :

> J'étais chez Netflix depuis moins d'un mois. La deuxième semaine d'octobre, pour la première fois je suis conviée à la réunion de revue trimestrielle de l'activité à l'hôtel Langham Huntington à Pasadena. J'essayais encore de comprendre le fonctionnement de l'entreprise et tout le monde me répétait que tout m'apparaîtrait clairement lors de ces fameuses réunions. J'ai donc écouté Reed avec la plus grande attention.
>
> Pendant son discours d'une quinzaine de minutes, il a expliqué : « Durant le trimestre qui vient de s'écouler, notre croissance était à 80 % due à l'international, c'est donc ce qui doit mobiliser

notre énergie. Plus de la moitié de nos clients sont désormais issus de pays autres que les États-Unis et chaque année ce chiffre va augmenter. C'est là qu'est la croissance. Le développement à l'international est notre priorité. »

Reed a ensuite détaillé les pays sur lesquels il souhaitait voir se concentrer principalement les leaders Netflix (parmi lesquels l'Inde, le Brésil, la Corée, le Japon) et les raisons à cela (voir plus bas). Ce message a posé les bases pour Melissa, il lui a permis de savoir sous quel angle développer sa stratégie pour son service. Mais Reed n'est pas son n+1. Elle travaille pour Ted Sarandos. Peu après cette réunion, elle a eu un entretien avec Ted, durant lequel il a ajouté son propre contexte au message de Reed.

TED, AU NIVEAU DU TRONC : RISQUER GROS, C'EST BEAUCOUP APPRENDRE

Avant leur entretien, Ted avait déjà évoqué avec Melissa certaines des principales perspectives de croissance à l'international. L'Inde est un énorme marché. Le Japon et la Corée ont des écosystèmes particulièrement riches pour le développement de contenu. Le Brésil possède seulement un petit bureau Netflix, mais compte plus de 10 millions d'abonnés. Mais quand Ted et Melissa se sont vus fin octobre 2017, Ted a parlé non seulement de ce que les gens chez Netflix savaient, mais aussi de toutes les choses qu'ils ignoraient encore.

Voilà, Melissa, nous sommes à un tournant pour Netflix. Nous avons 44 millions d'abonnés aux États-Unis. La croissance sera internationale et nous avons beaucoup à apprendre. Nous ignorons si l'Arabie saoudite augmente ou non sa consommation d'écran pendant le ramadan. Ou si les Italiens préfèrent les documentaires ou les comédies. Si les Indonésiens auront tendance à regarder les films seuls dans leur chambre ou réunis autour de leur poste de télévision. Pour réussir, nous allons devoir nous transformer en machine à apprendre à l'échelle mondiale.

Melissa était déjà familière de la terminologie du pari utilisée chez Netflix et l'implication selon laquelle certains réussissent, d'autres échouent. Mais l'analogie du pari ne transmet pas forcément l'aspect essentiel des leçons à tirer suite à tous ces échecs. Ce qui nous amène au contexte suggéré par Ted :

Quand nos équipes achètent et créent du contenu partout dans le monde, nous devons être absolument concentrés sur ce que nous apprenons. Nous devrions être prêts à prendre de plus gros risques dans des pays comme l'Inde ou le Brésil à fort potentiel de croissance, car cela nous permettra d'en savoir plus sur ces marchés. On va cartonner et puis on va se planter en beauté parfois, ce qui va nous permettre de découvrir comment mieux réussir la prochaine fois. La grande question que l'on doit se poser systématiquement, c'est : « Si on achète cette série et que c'est un flop, quelle leçon pourra-t-on en tirer ? » S'il y a quelque chose d'essentiel à apprendre, on y va, on prend le pari.

Le contexte de Reed puis celui de Ted ont aidé Melissa à développer le sien, celui qu'elle a transmis à son équipe de contenu « jeunesse et famille » à leur réunion hebdomadaire suivante.

MELISSA SUR SA GROSSE BRANCHE : VOIR DES IGLOOS ET DES HUTTES EN TERRE À BANGKOK

Les précédents employeurs de Melissa tels que Disney et DreamWorks sont connus à l'échelle de la planète, ils proposent un contenu pour tous. Pourtant Melissa était persuadée que Netflix avait une chance de se singulariser, non en tant que marque, mais en tant que plateforme véritablement mondiale :

> Partout dans le monde, les enfants regardent soit des contenus issus de leur propre pays, soit des séries et des films américains. J'avais le sentiment que pour réussir à l'échelle internationale, l'objectif mis en avant par Reed lors de la réunion de revue trimestrielle de l'activité, nous pouvions faire mieux.
>
> J'avais envie que la tranche des programmes jeunesse sur Netflix ressemble à un village mondial. Quand Kulap, dix ans, qui vit dans un gratte-ciel à Bangkok, se réveille le samedi matin et se met devant Netflix, j'aimerais qu'elle découvre non seulement des personnages de Thaïlande (ils sont déjà présents sur les chaînes locales) ou des États-Unis (déjà sur la chaîne Disney sur le câble), mais toute une diversité d'amis de la télé et du cinéma du monde entier. Elle devrait avoir le choix entre des séries qui se déroulent dans des igloos en Suède et d'autres au beau milieu du Kenya rural.

Les histoires ne doivent pas simplement parler d'enfants issus de tout un tas de pays. Ça, Disney peut le faire. Il faut qu'elles aient un style différent, qu'elles donnent l'impression de vraiment venir de partout dans le monde.

Nous avons beaucoup débattu, dans l'équipe, pour savoir si cette stratégie fonctionnerait. Les enfants auraient-ils envie de regarder des personnages si incroyablement différents d'eux ? Nous n'en savions rien.

C'est là que le contexte fourni par Ted est intervenu. Il nous avait prévenus : c'étaient des questions auxquelles nous allions devoir répondre et nous devions être prêts à voir nos paris échouer. Nous sommes donc tous tombés d'accord : nous allions tenter le coup et aviser au fur et à mesure.

Durant cette réunion, Melissa et ses six collaborateurs directs ont réussi à s'aligner. Dominique Bazay, la directrice responsable des acquisitions des contenus moins de 6 ans, était parmi eux.

DOMINIQUE BAZAY, SUR SA BRANCHE AU MILIEU : AVEC L'ANIMATION, ON VISE HAUT

Après cette réunion avec Melissa, Dominique a beaucoup réfléchi au meilleur moyen de faire advenir ce « village mondial » dont elle rêvait. Pour encourager Kulap à regarder des émissions créées en Suède et au Kenya, quel genre de programme Netflix devait-elle proposer ? Dominique avait le sentiment que l'animation était la réponse idéale. Voici donc le contexte qu'elle a proposé à sa propre équipe :

En Espagne, Peppa Pig parle comme une Espagnole, en Turquie comme une Turque et au Japon, elle maîtrise un japonais absolument parfait. L'animation permet d'ouvrir des perspectives à l'international que ne proposent pas les programmes filmés. Dans les pays non anglophones, pour voir *Amandine Malabul, sorcière maladroite* avec l'actrice Bella Ramsey, le spectateur a le choix entre un doublage et un sous-titrage. Les enfants détestent les sous-titres et Bella a un drôle d'air quand elle parle portugais ou allemand. Les voix ne correspondent pas à l'image et cela impacte la qualité de l'expérience de spectateur. Mais Peppa, comme tous les personnages animés, s'exprime dans la langue du pays qui le diffuse. Qu'ils soient coréens ou néerlandais, les enfants ressentent le même lien avec Peppa.

Si la programmation jeunesse de Netflix voulait devenir cette plateforme de la diversité dont avait parlé Melissa, nous allions devoir viser haut, j'en étais persuadée. J'en ai discuté avec mon équipe : tous les programmes d'animation achetés, quelle que soit leur origine, devraient être d'une qualité extrêmement élevée aux yeux des nations les plus exigeantes. Si par exemple un dessin animé est produit au Chili, il ne devra pas être seulement d'excellente qualité pour le téléspectateur chilien difficile, mais aussi suffisamment bon pour faire un tabac parmi les Japonais experts en anime.

C'est avec tout ce contexte à l'esprit – de la part de Reed, Ted, Melissa et Dominique – que le manager des acquisitions de contenu, Aram Yacoubian, assis dans une petite salle de conférences au centre de Mumbai, a visionné le dessin animé qu'on lui présentait : *Bheem Bam Boum*.

ARAM YACOUBIAN SUR SA PETITE BRANCHE : DE GRANDS ENSEIGNEMENTS QUI FONT *BHEEM BAM BOUM*

Quand Aram a découvert la version originale de l'adorable série d'animation indienne *Bheem Bam Boum,* il lui a prédit un grand succès en Inde.

> Le héros est un petit enfant dans un village indien, doté d'une curiosité infinie et d'une force extraordinaire, ce qui lui vaut toutes sortes d'aventures. Il est une sorte de Popeye indien version bébé. Il s'inspire de Bheem, un personnage mythique du Mahabharata connu partout en Inde. Il m'a paru évident que les Indiens allaient adorer.

Mais Aram avait de sérieux doutes quant au pari que cela constituait pour Netflix. Sa première inquiétude concernait la qualité de l'animation.

> Les programmes indiens sont souvent à petit budget. En l'occurrence, la qualité de l'animation était suffisante pour être populaire à la télévision locale. Mais j'ai repensé à ce que Dominique et moi avions convenu. Nous voulions une qualité qui garantirait le succès non seulement dans le pays d'origine, mais aussi partout dans le monde. Je savais que si nous décidions d'acheter cette série, nous

allions devoir investir deux ou trois fois ce que l'on dépense généralement pour de l'animation indienne, pour obtenir l'excellence.

Ce qui nous amène à la deuxième préoccupation d'Aram.

Ce programme indien nécessitait un gros investissement. Pour le rentabiliser, il faudrait qu'un grand nombre d'enfants partout dans le monde décident de le regarder. Mais dans toute l'histoire de la télévision et du streaming, rares sont les productions indiennes qui ont connu le succès en dehors de leur pays. La raison en est la faiblesse des budgets, mais aussi un préjugé qui voudrait que la façon de raconter les histoires soit trop spécifique pour un public international. Il existe une croyance fermement ancrée selon laquelle une série indienne voyage très mal.

La troisième inquiétude d'Aram concernait l'absence de données d'audience en matière de programmes moins de 6 ans – y compris à l'intérieur même de l'Inde.

Bheem Bam Boum est destiné aux jeunes enfants et jusqu'à présent aucune série à destination des moins de 6 ans n'a été réalisée en Inde que ce soit pour le streaming ou la télévision. L'explication tient au fait que les agences de mesure d'audience locales ne tiennent pas compte des programmes dans cette tranche d'âge, donc que ceux-ci ne peuvent être monétisés. D'ailleurs existait-il, en Inde, une audience pour de telles séries jeunesse ? C'était là une question sans réponse.

Tout bien considéré, les choses étaient donc assez mal parties pour *Bheem Bam Boum*. « Pour des raisons historiques et commerciales, tout m'invitait à ne pas accepter cette série », a résumé Aram. Cependant, il gardait en mémoire le contexte que les leaders Netflix lui avaient exposé.

Reed a clairement expliqué que l'expansion à l'international est notre avenir et que l'Inde est un marché clé en puissance. *Bheem Bam Boum* est une super série de ce point de vue.

Ted a expliqué que dans les pays comme l'Inde, nous avons tellement de choses à apprendre qu'il ne faut pas hésiter à prendre de gros risques, pour en tirer des leçons essentielles, quelle que soit l'issue. Avec *Bheem Bam Boum*, les enseignements seraient très clairs. La contextualisation de Ted a suffi à me faire dire : « OK, même si cette série est un flop complet, j'essaie trois nouvelles choses, qui toutes fourniront à Netflix d'excellentes informations. »

Melissa avait formellement exprimé le souhait de voir dans notre catégorie jeunesse des séries pour enfants issues du monde entier profondément locales tant par leur sujet que leur univers. *Bheem Bam Boum*, programme indien par excellence, contenait des éléments pour plaire aux enfants partout sur la planète.

Dominique et moi étions d'accord sur deux points, il fallait donner la priorité à l'animation concernant nos paris à l'international, et cette animation devait être d'excellente qualité. *Bheem Bam*

Boum était un dessin animé susceptible de devenir de très bonne qualité, moyennant un investissement financier.

Avec ce contexte à l'esprit, Aram a pris sa décision. Il a acheté *Bheem Bam Boum* et donné de l'argent aux créateurs afin qu'ils améliorent leur produit. La série, lancée à la mi-avril 2019, est devenue en trois semaines l'une des plus regardées en animation, quelle que soit leur origine.

Lors de notre entretien, Aram a clarifié l'immense avantage de la prise de décision dispersée quand le leadership fonctionne par contexte.

Je suis une des personnes les mieux placées chez Netflix pour savoir quel contenu jeunesse acheter en Inde, car je connais comme ma poche le marché local et les modes de consommation familiale là-bas. Mais c'est grâce à la transparence organisationnelle, à un contexte abondant et un alignement optimum entre les leaders et moi que j'ai pu prendre les meilleures décisions au bénéfice de notre entreprise et des spectateurs Netflix partout dans le monde.

La décision d'Aram d'acheter *Bheem Bam Boum* est un bon exemple du fonctionnement du leadership par contexte chez Netflix. Chaque décideur, en partant de moi à la racine de l'arbre jusqu'à Dominique sur sa branche latérale, a proposé à Aram un contexte qui lui a permis d'informer sa décision. Mais Aram lui-même, capitaine informé, sélectionne le programme.

Ce cas, vous l'aurez remarqué, n'est absolument pas unique. Tout au long de ce livre, nous vous avons raconté des histoires qui mettent en scène des salariés Netflix en bas de l'organigramme prenant des décisions impliquant des dépenses de plusieurs millions de dollars sans validation du patron. Les personnes extérieures sont souvent perplexes, ils n'arrivent pas à comprendre comment cela peut fonctionner dans une organisation financièrement responsable. La réponse est simple : grâce à l'alignement.

Bien que les employés de Netflix se voient accorder une grande liberté financière, l'investissement suit l'arbre du contexte décrit par Melissa. Ted et moi sommes en phase sur les dépenses que devra consacrer chaque trimestre le service contenu pour l'achat de films et de séries. Ted répercute cette information, fournissant du contexte à Melissa sur la somme que son équipe devra placer sur les programmes famille et jeunesse. Elle s'aligne ensuite avec ses directeurs pour déterminer combien chacun devra investir dans chaque catégorie spécifique. Quand Aram décide de faire une proposition à *Bheem Bam Boum,* associée à une somme d'argent pour améliorer l'animation, il n'engage pas son argent au hasard. Il applique le contexte financier que Melissa et Dominique lui ont présenté.

ICARE – SCÈNE FINALE

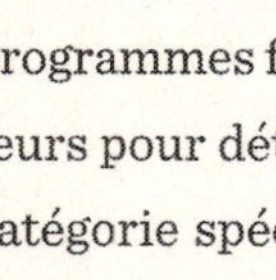

Nous avons laissé Adam Del Deo à l'hôtel Washington School House, en train d'essayer de décider s'il fallait miser gros sur un film qui porte le nom de l'homme qui s'est approché si près du soleil que ses ailes en cire ont fondu.

Ted a détaillé clairement le contexte. Si *Icare* ne s'annonçait pas comme un gros succès, alors Adam ne devait pas s'engager. Il avait déjà proposé 2,5 millions de dollars et tous les concurrents habituels, d'Amazon à Hulu, tournaient également autour. Si ce montant ne suffisait pas et si ce film n'était pas « le bon », il valait mieux tirer un trait dessus. Mais si Adam estimait qu'*Icare* allait cartonner, il fallait frapper fort et mettre tout ce qu'il pouvait dans la balance afin de l'obtenir pour Netflix.

Adam était persuadé qu'*Icare* connaîtrait un grand succès, il a donc pris le pari. Netflix a dépensé la somme inédite de 4,6 millions de dollars pour l'obtenir. En août 2017, *Icare* est disponible sur Netflix.

Durant les premiers mois, le film ne décolle pas. Personne ne regarde. Adam était effondré :

Dix jours après la sortie, nous avons parcouru les données de visionnage des nouveaux contenus pendant une réunion d'équipe – j'ai été consterné de voir les chiffres si bas. Mes collègues me font confiance pour savoir quelle audience pour quel film, les débats que celui-ci va provoquer et son potentiel aux Oscars. Ma réputation repose là-dessus. J'avais le sentiment d'avoir fait une énorme erreur qui, immanquablement, allait écorner la confiance que mes collègues placent en moi.

Soudain, un événement a tout changé. Décembre 2017, le comité international olympique annonce que la Russie est interdite de JO. Le CIO, dans son rapport, cite le documentaire *Icare* comme pièce à conviction clé. Rodchenkov, invité à l'émission d'actualité *60 Minutes*, a affirmé être persuadé qu'au moins une vingtaine de pays avaient recours au dopage de la même manière. Puis Lance Armstrong s'est exprimé publiquement, pour dire qu'il avait beaucoup aimé *Icare*. Soudain tout le monde parlait du film et le nombre de visionnages a explosé.

En mars 2018, *Icare* a été nommé aux Oscars dans la catégorie « meilleur documentaire ». Adam se souvient de la cérémonie :

> J'étais persuadé que nous ne le remporterions pas. L'actrice Laura Dern était sur le point d'annoncer le gagnant, j'ai soufflé à ma cheffe Lisa Nishamura : « Ce ne sera pas pour nous, c'est *Visages Villages* qui l'aura. » Et là, comme au ralenti, j'ai entendu Laura Dern dire « Le gagnant est... *Icare* ! » Bryan Fogel s'est précipité sur scène. Un cri de joie a retenti depuis le balcon. J'étais tellement bouleversé que si je n'avais pas été assis, je serais tombé à la renverse.

En route vers la soirée de clôture, Adam a croisé Ted, qui l'a félicité.

> Je lui ai dit : « Tu te souviens de notre conversation à Sundance, Ted ? » Il m'a répondu avec un grand sourire : « Ouais... c'était "LE BON". »

LE NEUVIÈME POINT

Dans une organisation à couplage lâche, où la densité de talent est élevée et l'innovation l'objectif premier, une approche traditionnelle basée sur le contrôle n'est pas le choix le plus efficace. Au lieu de chercher à minimiser l'erreur grâce à la supervision ou aux process, mettez l'accent sur la définition d'un contexte clair, la mise en place d'un alignement sur l'étoile Polaire entre le patron et son équipe et la liberté accordée au capitaine informé de trancher.

À RETENIR DU CHAPITRE 9 :

- Pour un leadership par le contexte, il faut avoir une haute densité de talent ; votre objectif doit être l'innovation (pas la prévention des erreurs) ; et vous devez opérer au sein d'un système à couplage lâche.
- Une fois ces éléments mis en place, au lieu de dire aux gens quoi faire, arrangez-vous pour instaurer un parfait alignement entre eux et vous en fournissant le contexte et en en discutant avec eux, pour leur permettre de prendre de bonnes décisions.
- Quand un de vos employés agit de façon idiote, ne l'accablez pas. Au lieu de ça, demandez-vous si vous n'avez pas échoué à bien expliquer le contexte quelque part. Avez-vous été assez précis et inspirant en détaillant vos objectifs et votre stratégie ? Avez-vous clairement passé en revue toutes les hypothèses et tous les risques afin d'aider votre équipe à prendre de bonnes décisions ? Vos employés et vous êtes-vous parfaitement alignés en matière de vision et d'objectifs ?

- Une organisation à couplage lâche a davantage l'apparence d'un arbre que d'une pyramide. Le patron est à la racine, il soutient le tronc des managers seniors qui eux-mêmes portent les branches extérieures où sont prises les décisions.
- Vous savez que votre leadership par le contexte est une réussite quand vos employés emmènent leurs équipes dans la direction désirée à l'aide des informations qu'ils ont reçues de votre part et de ceux et celles qui vous entourent et leur permettent de prendre, eux-mêmes, d'excellentes décisions.

Voilà, c'est ça la Liberté & Responsabilité

Nous avons désormais exploré la mise en place des éléments fondateurs (la densité de talent et la franchise), puis la suppression des politiques et des process pour offrir aux salariés plus de liberté tout en créant un environnement réactif et flexible. Nous avons passé en revue plus d'une dizaine de politiques et de process présents dans la plupart des entreprises mais *pas* chez Netflix. Parmi lesquels :

Les congés
La validation des prises de décisions —
Les politiques de frais professionnels
Les plans d'amélioration des performances
Les processus de validation —
Les enveloppes d'augmentation
Les indicateurs clés de performance
Le management par objectifs —

Les frais de voyages professionnels
La prise de décision en comité —
La signature des contrats par un supérieur
Les échelles salariales
Les bonus à la performance

Tout ceci sert à contrôler les gens plus qu'à les inspirer. Éviter le chaos et l'anarchie n'est pas facile, si on met fin à l'ensemble de ces garde-fous. Mais si vous promouvez le sens de l'autodiscipline et des responsabilités de chacun, si vous facilitez l'accès aux connaissances permettant de prendre de bonnes décisions et développez une culture du feedback pour stimuler l'apprentissage, vous serez étonné de voir à quel point l'efficacité de votre organisation peut progresser.

C'est une raison suffisante pour développer une culture de liberté et de responsabilité. Mais ce ne sont pas les seuls avantages. Au-delà de ça :

- Certains process dans cette liste étouffent l'innovation. Les politiques de congés, de voyages d'affaires, de frais professionnels mènent toutes au genre d'environnement excessivement régulé qui décourage la pensée créative et effraie les employés les plus innovants.
- D'autres ralentissent les affaires. Les politiques de validation, la prise de décision par comité, la signature de contrats par la hiérarchie constituent des obstacles sur le chemin de vos employés, les empêchant d'avancer rapidement.
- La plupart des items de cette liste freinent la société, qui a besoin de s'adapter rapidement aux évolutions de son environnement. Les bonus à la performance, le management

> par objectifs et les indicateurs clés de performance motivent les salariés à rester sur une voie préétablie et rendent difficile l'abandon ou l'adoption d'un projet au débotté. Pour ce qui concerne les plans d'amélioration des performances (comme tout processus d'embauche ou de licenciement), ils compliquent les changements de personnel rapides parfois nécessaires quand les affaires l'imposent.

Si votre objectif est de bâtir une organisation plus inventive, réactive et flexible, développez une culture de liberté et de responsabilité en mettant en place les conditions nécessaires pour pouvoir vous aussi vous débarrasser de toutes ces règles et tous ces process.

En 2001, nous avons commencé chez Netflix notre long voyage vers ce qui, fin 2015, était devenu une culture de liberté et de responsabilité très aboutie. Nous avons réussi notre transition d'entreprise d'envoi de DVD par la poste à plateforme de streaming et de création de séries primées telles que *House of Cards* ou *Orange is the New Black*. Le cours de notre action est passé d'environ 8 dollars en 2010 à 123 dollars fin 2015 et notre base d'utilisateurs de 20 à 78 millions sur la même période.

Après ce succès remarquable aux États-Unis, nous avons ensuite lancé notre défi culturel : une expansion à l'international. Entre 2011 et 2015, nous avons commencé à nous implanter dans quelques pays, un à la fois. En 2016, nous avons fait le grand saut : cent trente en un jour. Grâce à notre culture, nous avons réussi de grandes choses. Mais voilà que nous nous interrogeons, désormais : notre culture d'entreprise peut-elle fonctionner partout dans le monde ? C'est le sujet du chapitre 10.

MONDIALISER

CHAPITRE 10

RÉPANDEZ LA BONNE PAROLE PARTOUT DANS LE MONDE !

Ma toute première expérience à l'international remonte à 1983 lorsque je me suis installé dans une zone rurale du Swaziland, en tant que volontaire des Peace Corps ; c'est celle qui m'a le plus appris. Il m'a suffi de quelques semaines pour intégrer cette réalité : je comprenais et envisageais la vie très différemment des gens autour de moi.

En voici un exemple, survenu lors de mon premier mois sur place. J'enseignais les maths à des lycéens de 16 ans. Les élèves présents dans ma classe avaient été sélectionnés pour leurs fortes compétences en mathématiques et je les préparais à un examen. Dans le cadre d'une évaluation, je leur ai soumis un problème que j'estimais à leur portée, d'après ce que je savais de leurs capacités :

Une pièce mesure 2 mètres sur 3. Combien de carreaux de 50 centimètres de côté faut-il pour recouvrir entièrement le sol ?

Aucun de mes élèves n'a trouvé la réponse correcte et la plupart ont simplement gardé le silence.

Le lendemain, j'ai écrit la question au tableau et demandé si quelqu'un était volontaire pour la résoudre. Les lycéens ont baissé la tête ou regardé par la fenêtre. J'ai commencé à m'énerver. « Personne ? Personne ne se sent capable de se lancer ? » ai-je demandé, incrédule. Découragé, je me suis assis à mon bureau et j'ai attendu. À ce moment-là, Thabo, un élève sérieux, a levé la main du fond de la classe. « Oui, Thabo, explique-nous », ai-je dit en me relevant d'un bond, plein d'espoir. Mais au lieu de répondre, il a demandé : « Monsieur Hastings, s'il vous plaît, qu'est-ce que c'est un carreau ? »

Mes élèves vivaient principalement dans des huttes traditionnelles, rondes, au sol de terre battue ou de béton. Ils n'étaient pas capables de résoudre le problème parce qu'ils ne connaissaient pas le mot. Comment auraient-ils pu deviner ce que je voulais qu'ils évaluent ?

Après cette première expérience – et de nombreuses autres, qui ont suivi – j'ai appris que je ne pouvais pas plaquer mon mode de vie sur la culture d'un autre pays. Pour être efficace, je devais réfléchir aux adaptations nécessaires pour obtenir les résultats que j'attendais.

Aussi en 2010, quand Netflix a commencé à se développer à l'international, j'ai longuement réfléchi pour savoir si notre culture organisationnelle allait aussi devoir s'adapter pour fonctionner partout dans le monde. À ce moment-là nos méthodes de management étaient si abouties et produisaient de si bons résultats que j'étais réticent à procéder au moindre changement significatif. Mais je n'étais pas certain que notre éthique basée sur la franchise, peu de règles et le « keeper test », serait aussi efficace ailleurs qu'aux États-Unis.

J'ai étudié le cas d'une autre entreprise, déjà présente partout dans le monde, qui avait opté pour une approche claire. Comme nous, Google était fier de sa culture d'entreprise, mais au lieu de l'adapter aux pays dans lesquels ils s'implantaient, l'accent était mis sur des embauches sur mesure. En clair, ils ont cherché, partout dans le monde, des personnes que l'on aurait pu appeler des « Googlers », c'est-à-dire dotées d'une personnalité correspondant à la culture maison, quel que soit le pays où elles étaient installées ou dont elles étaient originaires.

J'ai aussi réfléchi à une situation que j'ai vécue en 1988, l'année où je travaillais pour Schlumberger à Palo Alto. Schlumberger est une grosse multinationale française dont la culture d'entreprise, dans le bureau de la Silicon Valley, avait clairement été importée de France. Tous les chefs de service étaient des expatriés français et, pour réussir, il fallait apprendre à naviguer entre les systèmes de prise de décisions et d'organisation hiérarchiques issus du siège, à Paris. Il existait des stages de formation pour les nouveaux employés pour savoir comment débattre de façon efficace et comment analyser les situations en utilisant une approche basée avant tout sur les principes – tellement typique de la culture française.

Google comme Schlumberger semblent avoir réussi à maintenir une culture d'entreprise uniforme partout dans le monde. J'avais donc l'impression, quoique avec un peu d'appréhension, de pouvoir faire pareil. Comme Google, nous allions chercher à engager des personnes qui nous correspondraient, à sélectionner des individus, dans chaque pays, qui seraient attirés par cette culture que nous avions mis tant de temps à peaufiner et qui seraient à l'aise pour la pratiquer. Et comme Schlumberger, nous allions organiser des formations à l'international afin de permettre aux nouveaux employés de comprendre le fonctionnement de Netflix et de travailler à notre manière.

En même temps, nous ferions preuve d'humilité et de flexibilité, afin d'infléchir notre culture au fur et à mesure, le cas échéant, en apprenant de chacun des pays où nous nous établirions.

En 2010, nous avons commencé le processus d'internationalisation, en ouvrant d'abord chez nos voisins canadiens puis, un an plus tard, en Amérique latine. Entre 2012 et 2015, nous avons fait de plus grands pas en ciblant l'Europe et la zone Asie-Pacifique. Durant cette période, nous avons ouvert quatre bureaux régionaux à Tokyo, Singapour, Amsterdam et São Paulo. Puis en 2016 s'est produit le grand saut dans l'inconnu à l'international, avec le lancement de la plateforme dans 130 nouveaux pays le même jour. L'expansion s'est révélée un immense succès et trois ans à peine ont suffi pour que notre base d'abonnés hors États-Unis grimpe en flèche, passant de 40 à 88 millions.

Durant ces trois mêmes années, nous avons doublé le nombre d'employés à l'échelle mondiale, pour la plupart toujours basés aux États-Unis, mais issus de milieux incroyablement variés. À la liste de nos valeurs culturelles, nous avons d'ailleurs ajouté l'inclusion. Manière de signifier que notre succès sera dû à la présence, parmi nos équipes, des publics que nous souhaitons atteindre, car c'est ce qui permettra aux histoires que nous racontons d'être un juste reflet des vies et des passions qui animent ce public. En 2018, nous avons ajouté à notre organigramme notre première directrice de la stratégie inclusion, Vernā Myers, afin de nous aider à identifier nos employés de plus en plus divers et de nous inspirer d'eux.

Nos opérations se multiplient à l'étranger, nos salariés viennent d'horizons variés, il n'a donc pas fallu longtemps pour comprendre que certains aspects de notre culture d'entreprise fonctionneraient très bien n'importe où dans le monde. À mon grand soulagement, la liberté, qui a permis à nos salariés américains de s'épanouir, a très vite été adoptée un peu partout. Certaines cultures ont connu plus de difficultés à s'habituer à prendre des décisions sans compulser le règlement ou demander la validation par leur supérieur, mais une fois qu'elles s'y sont mises, elles y ont rapidement pris goût, appréciant l'autonomie et l'absence de règles autant que les Californiens. Les Américains ne sont pas les seuls à préférer être aux commandes de leur vie, de leur travail. Cela n'a rien de culturel.

Certaines autres facettes de notre culture, en revanche, se sont bien vite révélées plus compliquées à exporter. Le « keeper test » par exemple. Nous avons très vite découvert que, même s'il nous est possible d'appliquer partout notre devise « Une performance convenable obtient une généreuse indemnité de licenciement », ce qui est considéré généreux aux États-Unis est souvent vu comme mesquin – pour ne pas dire illégal – dans certains pays européens. Aux Pays-Bas, la somme imposée par la loi en matière d'indemnité de licenciement dépend du temps que l'employé a passé dans l'entreprise. Nous avons donc dû nous adapter. Maintenant, au Pays-Bas, lorsqu'on licencie quelqu'un qui travaille parmi nous depuis longtemps, « Une performance convenable obtient une indemnité de licenciement *encore plus* généreuse ». Le « keeper test » (et tout ce qui va avec) peut fonctionner à l'international mais il doit être adapté aux règles et pratiques de l'emploi local.

Au-delà de ces éléments rapidement apparents, notre culture était si inhérente à notre succès que je tenais absolument à comprendre celles des pays dans lesquels nous nous établissions. Mon but ? Mettre le doigt sur les similitudes entre la culture locale et celle de Netflix et les défis auxquels celle-ci pouvait être confrontée. Le simple fait de les identifier susciterait certainement des discussions importantes, qui nous permettraient d'améliorer notre efficacité.

DÉCOUVERTE DE *LA CARTE DES DIFFÉRENCES CULTURELLES*

À peu près à cette période, un manager de notre service RH m'a prêté le livre d'Erin *La Carte des différences culturelles,* qui définit un système de comparaison entre les cultures nationales à partir d'un ensemble d'axes comportementaux. Il étudie l'attitude des employés vis-à-vis de leurs patrons dans différents pays, comment sont prises les décisions, comment s'établit la confiance dans différentes parties du monde et, le plus important pour nous, chez Netflix, il observe les réactions des gens francs et celles des plus diplomates concernant les remarques critiques.

Je me suis un peu renseigné à propos des axes en question. Leur élaboration repose sur une quantité impressionnante de données, pourtant ils paraissent à la fois robustes et simples. J'ai fait lire cet ouvrage à nos cadres et quelqu'un a suggéré que l'on jette un coup d'œil aux « cartes » culturelles des différents pays où sont basés nos bureaux régionaux, qu'on les compare, suivant le diagramme ci-dessous et qu'on discute des résultats ainsi obtenus.

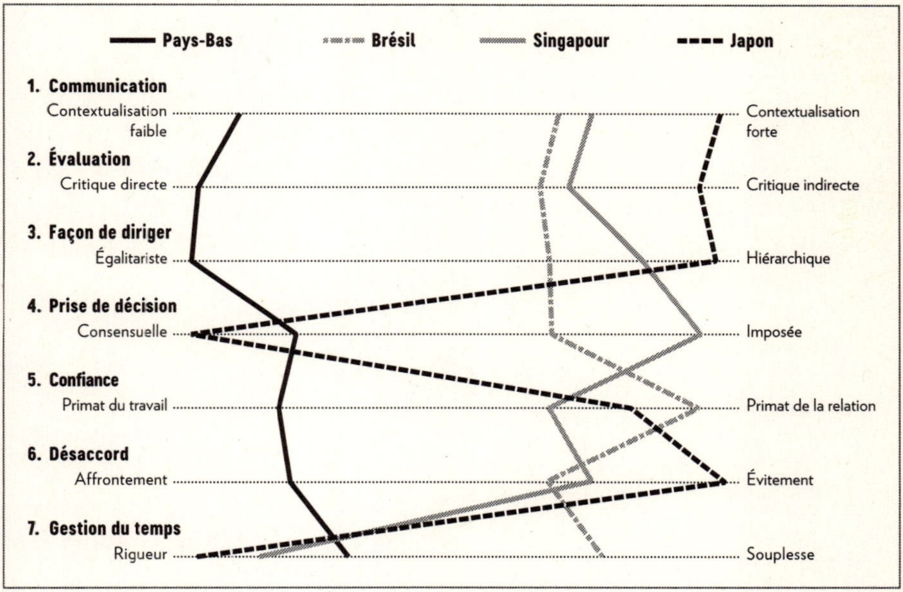

Cet exercice a fait l'effet d'une révélation pour beaucoup d'entre nous. Ce schéma proposait une explication convaincante pour un certain nombre de choses que nous avions déjà rencontrées, par exemple notre expérience des feedbacks aux Pays-Bas, qui s'était révélée diamétralement opposée à notre vécu au Japon (niveau 2 sur le graphique). Nous avons décidé de réunir nos cadres pour tracer notre culture d'entreprise selon ces mêmes axes. Cela nous permettrait ensuite de comparer notre culture maison aux cultures nationales auxquelles nous sommes confrontés.

Comme je l'ai déjà raconté, avant notre revue trimestrielle de l'activité, nous réunissons le « E-staff », tout le haut de l'organigramme, jusqu'aux vice-présidents. Lors de notre réunion E-staff de novembre 2015, nous avons divisé les soixante participants en dix groupes de six. Durant cette séance de deux heures, nous avons travaillé, autour de tables rondes, pour tracer les contours de notre carte Netflix selon les axes de *La Carte des différences culturelles*.

Chaque groupe a proposé une carte un peu différente, mais des récurrences ont émergé de façon très claire, vous allez le voir dans les trois exemples ci-dessous.

Groupe 1

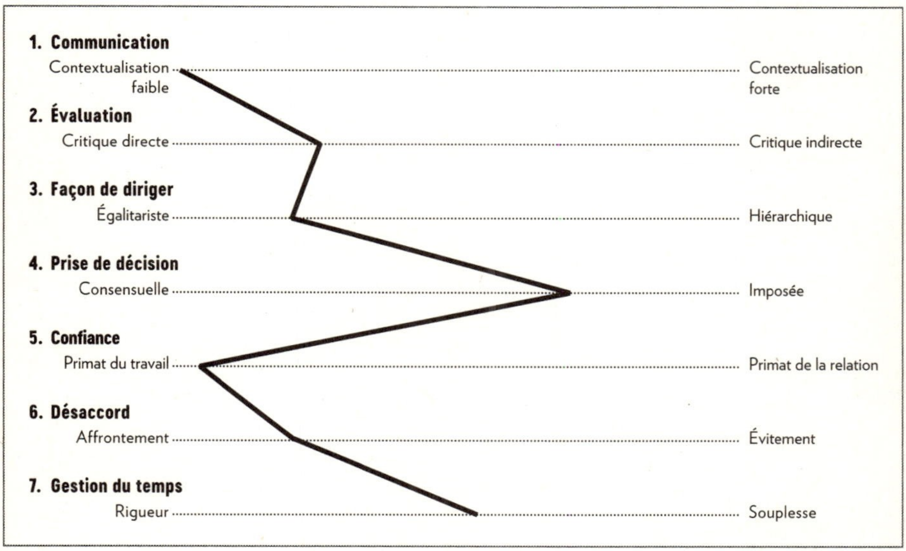

Groupe 2

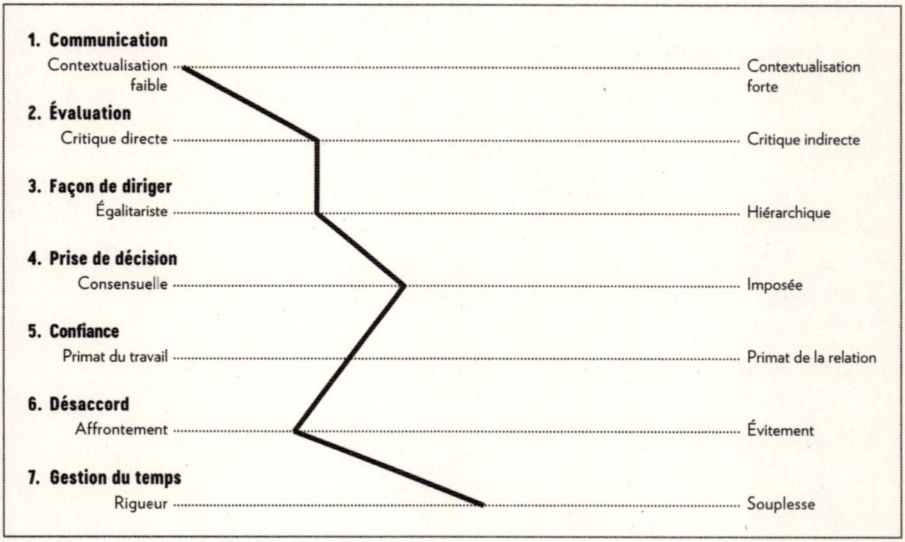

Groupe 3

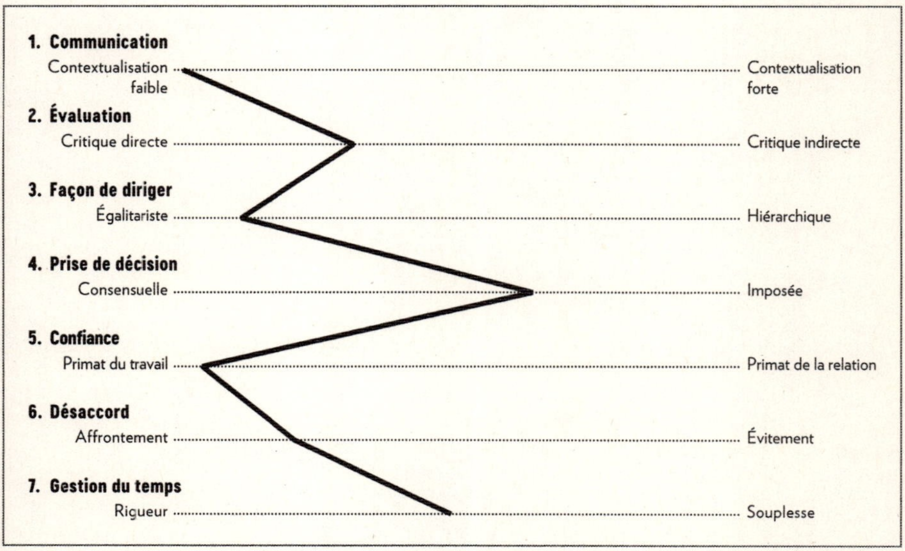

Nous avons ensuite rassemblé et étudié les cartes des dix groupes pour n'en former qu'une seule, la carte de la culture d'entreprise Netflix. La voici :

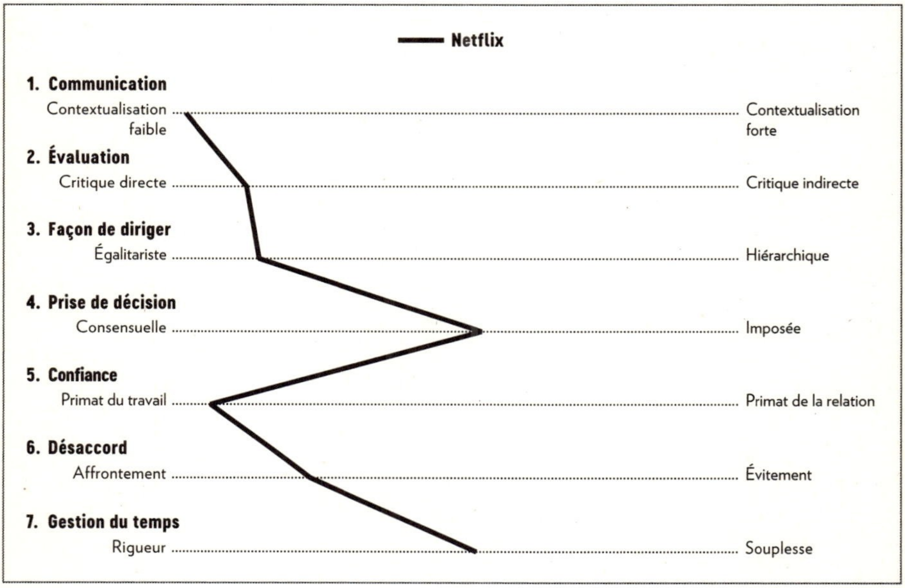

Ensuite, à l'aide de l'outil de cartographie inventé par Erin, nous avons comparé notre culture Netflix à celle de chacun des pays où sont situés nos bureaux régionaux.

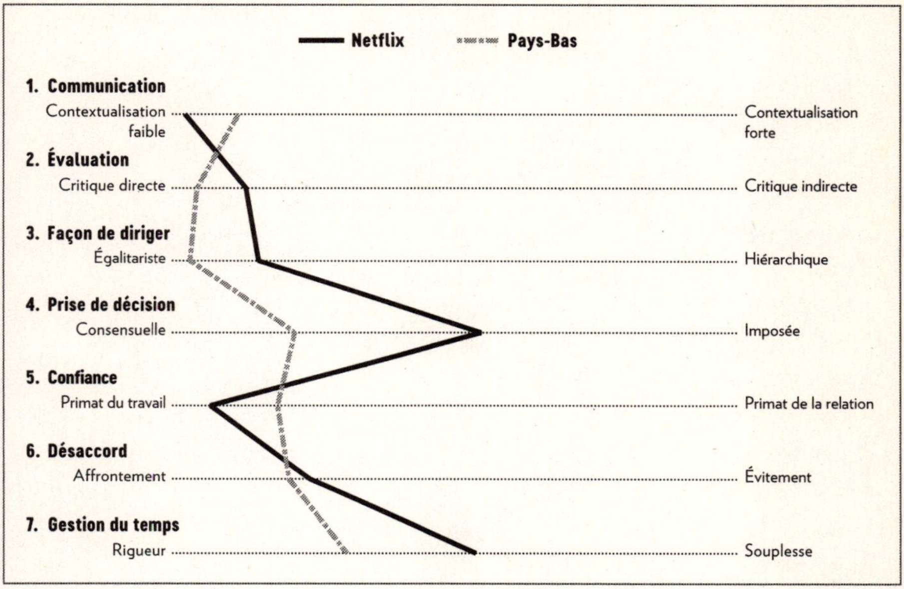
Netflix
Pays-Bas
1. Communication
Contextualisation faible
Contextualisation forte
2. Évaluation
Critique directe
Critique indirecte
3. Façon de diriger
Égalitariste
Hiérarchique
4. Prise de décision
Consensuelle
Imposée
5. Confiance
Primat du travail
Primat de la relation
6. Désaccord
Affrontement
Évitement
7. Gestion du temps
Rigueur
Souplesse

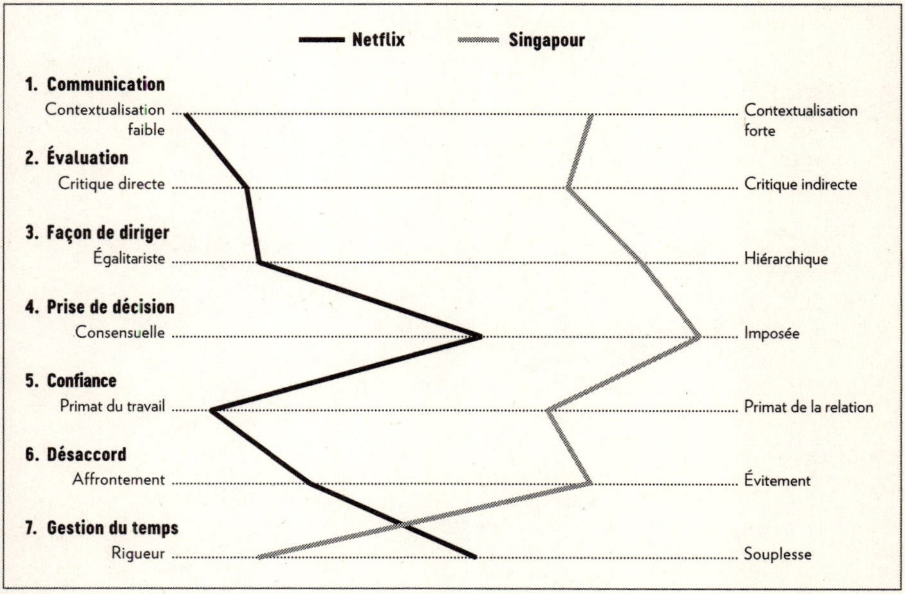
Netflix
Singapour
1. Communication
Contextualisation faible
Contextualisation forte
2. Évaluation
Critique directe
Critique indirecte
3. Façon de diriger
Égalitariste
Hiérarchique
4. Prise de décision
Consensuelle
Imposée
5. Confiance
Primat du travail
Primat de la relation
6. Désaccord
Affrontement
Évitement
7. Gestion du temps
Rigueur
Souplesse

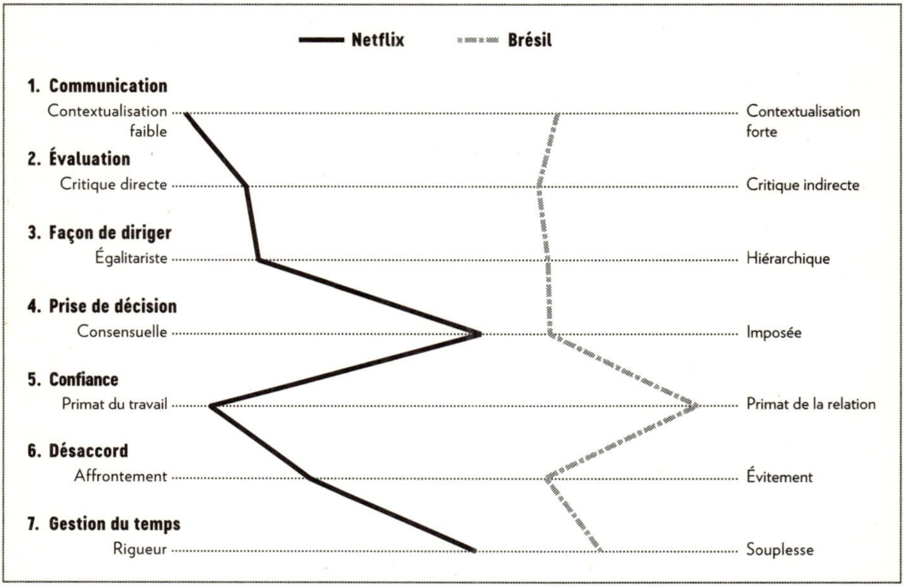
Netflix
Brésil
1. Communication
Contextualisation faible
Contextualisation forte
2. Évaluation
Critique directe
Critique indirecte
3. Façon de diriger
Égalitariste
Hiérarchique
4. Prise de décision
Consensuelle
Imposée
5. Confiance
Primat du travail
Primat de la relation
6. Désaccord
Affrontement
Évitement
7. Gestion du temps
Rigueur
Souplesse

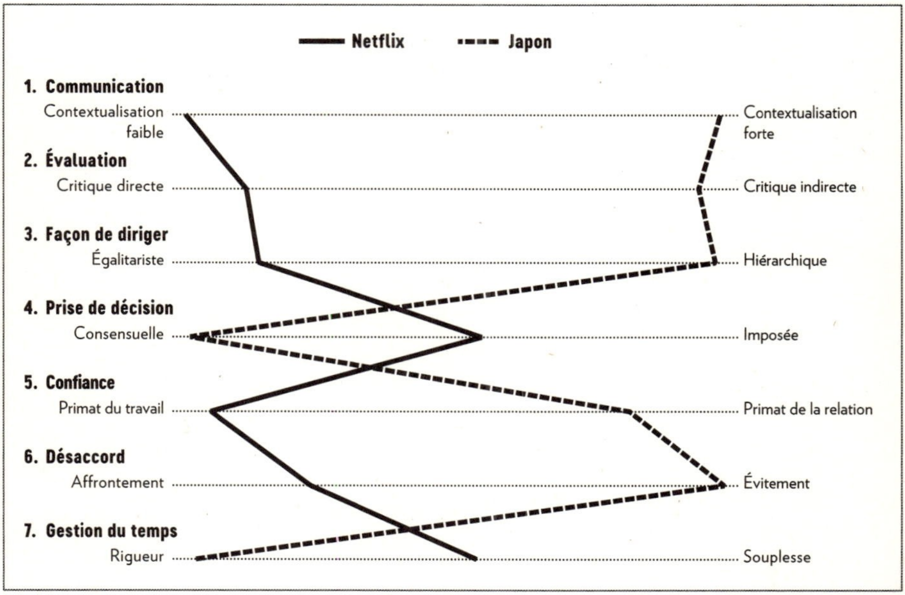
Netflix
Japon
1. Communication
Contextualisation faible
Contextualisation forte
2. Évaluation
Critique directe
Critique indirecte
3. Façon de diriger
Égalitariste
Hiérarchique
4. Prise de décision
Consensuelle
Imposée
5. Confiance
Primat du travail
Primat de la relation
6. Désaccord
Affrontement
Évitement
7. Gestion du temps
Rigueur
Souplesse

En observant ces cartes, nous nous sommes rendu compte que certains des problèmes rencontrés dans tel ou tel bureau régional tenaient en fait aux différences culturelles. Par exemple, les Pays-Bas comme le Japon ne sont pas raccords avec la culture Netflix sur l'axe du consensus dans la prise de décision (niveau 4). Cela expliquait pourquoi de nombreux employés basés à Amsterdam ou Tokyo avaient du mal à appréhender notre notion de capitaine informé, qui veut qu'il existe toujours un individu responsable d'une décision (voir chapitre 6). En nous penchant sur le niveau 3, qui mesure la déférence d'une culture à l'autorité, nous avons constaté que Netflix se situe à droite des Pays-Bas (nous avons appris que ce pays est un des plus égalitaires au monde) et à gauche de Singapour (plus hiérarchique). Cela nous a aidés à comprendre pourquoi nos salariés néerlandais ne voyaient aucun inconvénient à contrecarrer les suggestions de leurs chefs, tandis que leurs homologues singapouriens avaient besoin de davantage d'encouragements pour prendre une décision si leur n+1 n'était pas d'accord.

Nous avons aussi été frappés par l'axe de la confiance (niveau 5) : la culture Netflix donne la primauté aux tâches, plus que quasiment toutes les cultures locales où nous nous sommes implantés. Voici un schéma qui zoome sur cet axe précis, afin que vous vous rendiez compte du problème. Nous avons ajouté la position des États-Unis, pour information.

Chez Netflix, nous prenons toujours soin de garder un œil sur le chronomètre. La très grande majorité des réunions dure 30 minutes et nous estimons qu'en général la plupart des sujets, même très importants, peuvent être réglés dans le cadre de ce temps

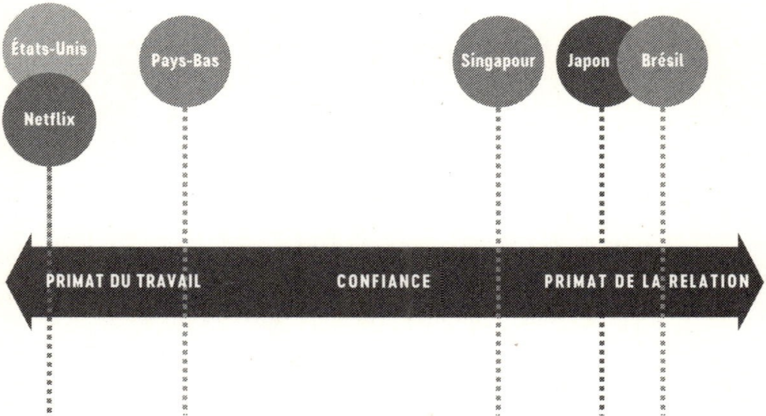

imparti. Nous sommes évidemment aimables et compréhensifs, mais jusqu'à cet exercice de cartographie de la culture, nous évitions de consacrer trop de temps aux discussions qui ne concernent pas le travail. Nos objectifs sont l'efficacité et la rapidité, pas bavarder autour d'une tasse de café. Mais à mesure que les embauches de personnel à l'international se sont développées, nous avons pris conscience que cette obsession, de vouloir consacrer chaque minute de notre temps au travail, nous était préjudiciable de bien des manières. Voici un exemple pertinent raconté par l'un de nos tout premiers employés au Brésil. Leonardo Sampaio, directeur du développement commercial pour l'Amérique latine, a rejoint Netflix en octobre 2015 :

> Après plusieurs dizaines d'entretiens par téléphone et visioconférence, je suis arrivé à la Silicon Valley pour une journée complète

de rencontres en face-à-face. Le recruteur m'a installé dans une salle de conférences et entre 9 heures et midi, j'ai subi six entretiens d'une demi-heure avec toutes sortes de gens très intéressants qui allaient devenir mes collègues. Mon planning prévoyait simplement 30 minutes pour déjeuner.

Au Brésil, cette pause permet de sympathiser avec ses collègues. C'est un moment où l'on met son travail de côté et où l'on apprend à se connaître en dehors des tâches imposées. La confiance établie lors de ces temps de pause est essentielle pour la collaboration. Ce sont aussi ces relations qui, pour un Brésilien, rendent le fait de venir au travail agréable. Étonné de n'avoir qu'une demi-heure, je me suis demandé qui viendrait partager ce moment avec moi.

Une inconnue est entrée dans la salle où j'étais installé. Je me suis levé pour l'accueillir. Peut-être venait-elle déjeuner en ma compagnie ? Elle m'a dit, d'un ton très aimable : « Sarah m'a demandé de vous apporter de quoi manger, j'espère que ça vous plaira. » Elle m'a tendu un sac contenant une salade, un sandwich et un fruit, a demandé si j'avais besoin d'autre chose. Comme je lui répondais que tout allait bien, elle est partie, me laissant seul pour déjeuner. Je sais aujourd'hui que, pour les Américains, déjeuner pendant sa journée de travail est simplement une tâche comme une autre. Mais pour un Brésilien, il était assez choquant d'être abandonné ainsi, seul face à son sandwich. J'ai pensé : « Mon futur patron pourrait au moins venir discuter un peu avec moi – me demander comment je me sens et se renseigner un peu sur ma vie au Brésil ? J'imagine que c'est ce que Netflix veut dire quand ils disent "On est une équipe, pas une famille". »

Bien sûr, je ne suis pas resté seul longtemps, parce que 30 minutes ça passe vite, et bientôt mon interlocuteur suivant a fait son entrée.

En entendant ce récit, je me suis senti mal à l'aise. Dire « Nous sommes une équipe, pas une famille », c'est une façon d'insister sur la haute performance, pas investir chaque minute dans le travail, éviter de mieux se connaître ou ne pas se soucier de ses collègues. La plupart des Américains soumis à une journée complète d'entretiens apprécieraient ces trente minutes de solitude pour déjeuner, ce qui leur permettrait de relire leurs notes, mais je sais maintenant que nos candidats brésiliens trouvent impoli d'être ainsi seuls face à leur repas. Désormais, lorsque nos collègues brésiliens viennent nous rendre visite, nous gardons à l'esprit l'importance de consacrer plus de temps dans la rencontre à un niveau personnel et nous demandons également à nos collègues du Brésil de nous aider à adapter notre propre approche relationnelle lorsque nous négocions avec des fournisseurs de leur pays.

Le fait d'avoir la carte des différences culturelles sous les yeux nous a aidés à être plus préparés, plus efficaces, non seulement dans ce type de situation, mais aussi à divers autres moments importants. La prise de conscience liée à cet exercice de cartographie culturelle a permis de trouver des solutions pas si compliquées à des discussions cruciales.

Mais tous les éléments mis en avant par les cartes culturelles n'étaient pas faciles à régler. La dimension de la franchise, répertoriée sous l'axe *Évaluation* sur la carte, a suscité bien des défis, grands ou petits. La carte des différences culturelles nous a ouvert les yeux sur l'hétérogénéité, mais quant à savoir comment l'appréhender... cela n'avait rien d'évident.

LA FRANCHISE EST PERÇUE DE FAÇON EXTRÊMEMENT VARIÉE SELON LES ENDROITS DU MONDE

Comme toute personne ayant travaillé à l'international vous le dira, un retour efficace dans un pays ne fonctionne pas forcément dans un autre. Par exemple, le feedback direct et correctif fourni par un patron allemand paraîtra peut-être inutilement dur aux États-Unis tandis que la tendance américaine à proposer moult retours positifs pourra sembler excessive et peu sincère en Allemagne.

En effet, les employés selon l'endroit du monde où ils travaillent sont conditionnés pour émettre des feedbacks de différentes manières. Un manager thaï apprend à ne jamais critiquer un collègue ouvertement ou devant d'autres personnes, tandis qu'un Israélien apprend à toujours être honnête et à dire les choses de façon directe. Les Colombiens apprennent à adoucir leurs messages négatifs par des mots positifs tandis que les Français, eux, critiquent passionnément et se montrent chiches en compliments. Voici comment se positionnent les cultures locales vis-à-vis de la culture Netflix :

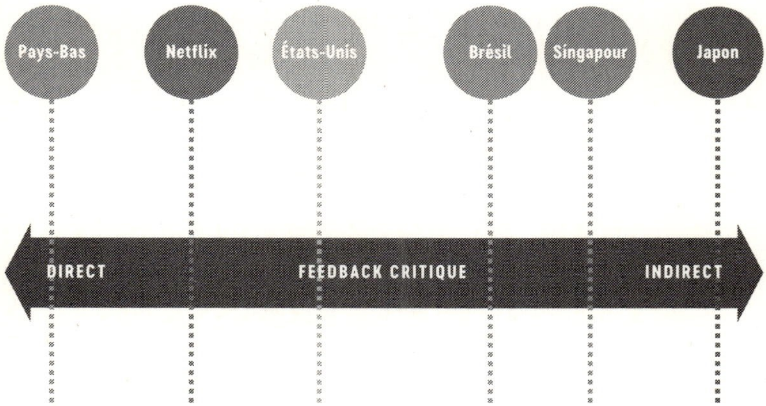

En matière de critiques, les Pays-Bas ont l'une des cultures les plus franches au monde. Le Japon, lui, est hautement indirect. Singapour est un des pays les plus directs de l'Asie du Sud-Est, néanmoins situé du côté indirect à l'échelle du monde. La moyenne des États-Unis se place un peu à gauche du centre. Le Brésil (avec toutefois de fortes disparités régionales) est un peu plus direct que Singapour. Les positions Netflix sont tirées de l'exercice de cartographie culturelle mené par Reed en 2015.

Une des raisons qui expliquent la place de ces pays sur ces axes est liée au langage utilisé par les gens pour émettre leurs critiques. Les cultures les plus directes ont tendance à utiliser des mots que les linguistes appellent des intensifiants, qui précèdent ou qui suivent la critique négative pour la renforcer, comme par exemple *absolument, totalement* ou *fortement*. À l'inverse, les cultures plus indirectes auront recours à des atténuateurs, qui adoucissent la critique, comme *en quelque sorte, un peu, peut-être* ou *légèrement*. Autre type d'atténuateur, la litote délibérée, une phrase qui pourrait ressembler à « Nous n'y sommes pas encore » alors qu'en réalité on veut dire : « Nous sommes très loin de notre objectif ».

Au Japon, pays à la culture la plus indirecte à accueillir un bureau de Netflix, de multiples atténuateurs amortissent les critiques négatives. Mais ce n'est pas la seule technique des Japonais pour adoucir leurs remarques. Souvent, elles sont transmises de façon implicite, à peine émises. Lorsque Netflix a ouvert au Japon en 2015, nous avons assez vite compris qu'il n'était ni naturel ni aisé pour les employés locaux nouvellement engagés de fournir des feedbacks explicites, fréquents et souvent vers le haut de la hiérarchie, autrement dit ce que l'on attendait du management Netflix. La vice-présidente des affaires juridiques et commerciales, Josephine Choy, qui est américaine, se souvient d'une expérience :

> J'étais l'une des premières personnes embauchées à Tokyo et en tant que directrice des affaires juridiques pour le Japon, mon premier devoir consistait à recruter une équipe de juristes. J'ai donc cherché des Japonais bilingues (japonais/anglais) et qui semblaient incarner – ou au moins être attirés par – la culture Netflix.

Cette campagne de recrutement a été un succès, mais très vite des défis sont survenus. L'un des premiers s'est produit lors de moments difficiles où il fallait aborder un problème ou une erreur : l'équipe de Josephine semblait discuter de la situation ouvertement, tout en transmettant simultanément les informations les plus importantes... entre les lignes. Josephine explique :

En anglais, en général, nous utilisons sujet verbe complément. Nous abandonnons rarement le sujet, sans quoi la phrase n'a aucun sens. En japonais, en revanche, la syntaxe est flexible. Le sujet, le verbe et le complément sont tous optionnels. Il est possible de former une phrase en japonais avec un nom seul. Souvent la phrase peut commencer par le thème principal, suivi d'un autre contenu et le verbe à la fin. Parfois le locuteur part du principe que tout le monde connaît le sujet, alors il le laisse tomber. C'est cet aspect de la langue japonaise qui se prête bien à une culture de l'évitement de conflit. Dans ces moments-là, il faut considérer ce qui est dit en contexte, afin de savoir qui a fait quoi.

Par exemple, dans l'équipe de Josephine, quand quelqu'un commettait une erreur ou ratait une échéance, ses collaborateurs, tout en parlant anglais, utilisaient ces techniques de linguistique à la japonaise pour éviter de le montrer du doigt.

Dans une réunion, lorsqu'on parlait de quelque chose qui s'était mal passé, mon équipe avait souvent recours à la voix passive. Ils disaient par exemple « Les actifs n'ont pas été créés donc la publicité n'a pas été diffusée » ou « La validation n'a pas été donnée, ce qui a paru étonnant, du coup la facture n'a pas été payée ». De cette façon, ils évitaient d'embarrasser une personne présente dans la pièce ou de désigner explicitement un ou une responsable, tout en discutant de façon tout à fait ouverte.

Cela signifiait aussi que moi – seule non japonaise parmi eux – j'étais obligée de les interrompre souvent pour comprendre de quoi il retournait vraiment. « Attendez, qui n'a pas créé les actifs ? Nous ou bien l'agence ? » Parfois une construction passive semblait sous-entendre que j'avais oublié de faire quelque chose sans que pour autant quiconque le mentionne. « Mais, j'étais censée valider ? C'est ma faute ? Comment je peux rectifier ça ? »

Cette tendance à parler et lire entre les lignes est surtout répandue lorsqu'on émet des critiques pour amélioration, que l'on signifie un désaccord ou que l'on communique des impressions négatives. Transmettre un message désagréable de façon indirecte permet à l'émetteur de préserver une relation harmonieuse avec le récepteur. Dans la culture japonaise, les critiques constructives explicites sont rarement exprimées – et certainement pas à quelqu'un de plus haut dans la hiérarchie. Josephine se souvient des difficultés survenues lorsqu'elle a demandé des retours de la part de ses subalternes japonais :

Une des premières personnes que j'ai embauchées à Tokyo, Miho, était avocate au niveau de la direction. J'avais prévu un entretien hebdomadaire en face-à-face avec elle. Lors du premier, j'ai décidé de mettre le feedback à l'ordre du jour. Tout allait très bien jusqu'à ce que nous en arrivions là. J'ai dit : « Tu le sais, Netflix a une culture de franchise et d'échanges de remarques. J'aimerais commencer par te demander les tiennes. Comment s'est déroulé tout le processus d'accueil ? Est-ce que tu considères que je peux améliorer mon approche ? »

Josephine, qui avait eu recours à cette même méthode avec des dizaines d'employés aux États-Unis, ne s'attendait pas à cette réaction :

> Miho m'a regardée et des larmes ont commencé à couler sur ses joues. Ce n'était pas de la peur ou de la colère. Plutôt « Oh mon Dieu, ça y est, ma patronne me demande des commentaires ! » Elle a dit : « Oh... Je suis désolée, je pleure. J'ai très envie de le faire. Mais je ne sais pas du tout comment. Ici au Japon, on ne critique pas. »
>
> J'ai décidé de lancer le processus moi-même, en douceur. « Je commence pour cette fois. Voici mon commentaire te concernant : quand je t'envoie un ordre du jour à l'avenir, n'hésite pas à ajouter le sujet que tu as envie d'aborder avec moi. » Elle s'est essuyé les yeux et a dit : « OK, c'est un retour utile. Laisse-moi y réfléchir et je te ferai mes remarques lors de notre prochain rendez-vous. »

Cet entretien a été une révélation pour Josephine.

> Évidemment, je sais que les Japonais sont moins directs que les Américains et que faire un retour à un supérieur pouvait donc leur paraître encore plus compliqué, mais je n'étais pas préparée à une telle réaction. Miho s'est entraînée un peu, puis elle a commencé à me proposer des remarques claires et applicables lors de nos entretiens en face-à-face, autrement dit cela s'est révélé un franc succès.

Mais obtenir des employés japonais qu'ils échangent des critiques *ad hoc* en réunion ou lors d'une présentation n'en demeurait pas moins compliqué. Après quelques tâtonnements, les leaders Netflix ont retenu quelques leçons clés afin d'instaurer une culture de franchise non seulement au Japon, mais partout, même dans d'autres cultures encore moins directes. La première chose à faire, dans ce cas, est de multiplier les moments de critiques plus formels.

AVEC DES CULTURES MOINS DIRECTES, METTEZ L'ACCENT SUR LES MOMENTS DE CRITIQUES FORMELS

Étant donné le défi que représente le fait d'émettre des critiques au sein du bureau de Tokyo, un groupe de managers américains a tenté une expérience, afin d'obtenir de leurs employés japonais des retours de type 4A. Ils ont organisé un atelier « critique » sur place. Le manager des contenus japonais, Yuka, qui y a participé, se souvient :

> Quatre leaders Netflix sont venus à Tokyo diriger une formation sur l'émission et la réception des feedbacks. Ils sont montés sur scène, ils se sont adressé mutuellement des remarques leur permettant de s'améliorer et ont réagi à celles qu'ils recevaient. Ils ont raconté des anecdotes à propos de critiques reçues de la part de collègues américains, ce qu'ils avaient ressenti, l'impact positif que cela avait eu.

Nous avons tous applaudi poliment. Mais après coup, nous sommes tombés d'accord pour dire que cela ne nous aidait pas du tout. Un Américain qui critique un autre Américain en anglais, ce n'est pas ça le problème. On l'avait déjà vu et revu. Ce dont nous avions besoin, c'était de voir un Japonais adresser les mêmes remarques à un autre Japonais (idéalement en japonais) d'une façon appropriée, respectueuse et sans mettre en péril la relation de l'un vis-à-vis de l'autre. Voilà ce qu'il nous manquait.

C'est le directeur général des produits, Greg Peters, qui a su trouver l'approche la plus appropriée. Greg est marié à une Japonaise, il parle couramment la langue, raison pour laquelle, en partie, je lui ai demandé de venir s'installer à Tokyo pour ouvrir le bureau régional en 2015. Il raconte :

J'étais en poste au Japon depuis environ six mois et malgré de nombreux encouragements, il existait peu de remarques ou critiques au débotté parmi nous. Lorsque le processus 360 a été lancé, je n'en attendais donc pas grand-chose.

Nous avons réalisé la version écrite. Puis une séance en direct, soit l'une des activités les moins japonaises que l'on puisse imaginer : émettre des critiques franches à un collègue et supérieur devant un groupe. Mais je savais que certains aspects de la culture japonaise permettraient néanmoins ce type de retour. La plupart des Japonais sont très méticuleux et sérieux dans leur préparation. Si l'on définit des attentes claires, ils feront tout ce qui est en leur pouvoir pour les atteindre. Si vous dites : « S'il vous plaît, préparez tel exercice et voici les instructions que nous allons suivre », ils excellent presque toujours.

Les résultats ont été remarquables. Durant le processus 360, les Japonais de mon équipe ont émis des retours d'une qualité bien supérieure à ceux que j'avais obtenus de la part de mes collaborateurs américains les années précédentes. Les commentaires étaient francs et bien construits. Leurs recommandations étaient applicables et ils n'ont pas pris de gants. Quant à leurs critiques, ils les ont reçues de bonne grâce, et avec reconnaissance.

J'en ai discuté avec certains d'entre eux a posteriori et voici comment ils avaient vu les choses : « Tu nous as dit que cela faisait partie de notre boulot. Tu nous as expliqué ce qu'il fallait faire et comment le faire. Nous nous sommes préparés et certains d'entre nous ont même répété. Nous tenions à être à la hauteur des attentes de Netflix et des tiennes. »

De cette expérience nous avons tiré un enseignement, qui s'est vérifié non seulement au Japon mais partout où les feedbacks négatifs sont plus gênants, plus rares : demander aux salariés de critiquer inopinément leurs collègues, leurs supérieurs lors de moments informels ne fonctionne pas bien en général. Mais dans le cadre d'événements plus formels, si l'on note le feedback à l'ordre du jour, si l'on fournit des instructions de préparation, si l'on propose une structure claire à suivre, alors on peut obtenir toutes les critiques utiles de façon tout aussi efficace.

Josephine l'a retenu de son expérience au Japon, puis elle a continué à l'appliquer à ses équipes au Brésil et à Singapour.

Je dis désormais à mes collègues managers d'un bureau où la culture est moins directe qu'aux États-Unis : « Pratiquez le feedback très tôt, très souvent. Inscrivez-le à l'ordre du jour d'autant de réunions que possible pour ôter toute la stigmatisation qui y est associée. Les premières fois que vous émettez des critiques, mentionnez avec tact des détails facilement corrigibles. Au lieu de réduire les temps de feedback formel, multipliez-les, tout en vous consacrant aux relations humaines. Les feedbacks spontanés et informels seront probablement rares, mais il est tout aussi bénéfique de prévoir un temps de retour à l'ordre du jour, permettant ainsi à chacun de s'y préparer, dans le respect d'une franchise altruiste.

La première leçon retenue par Netflix pour faire naître une culture de la franchise partout dans le monde est donc : multipliez les occasions de feedbacks formels.

APPRENEZ À ADAPTER VOTRE STYLE ET PARLEZ, PARLEZ, PARLEZ

Lorsque Netflix s'est installé au Japon, Josephine, Greg et le reste de l'équipe de direction se sont montrés excessivement attentifs aux différences culturelles susceptibles d'impacter leur efficacité ; ils savaient, avant d'y aller, que la culture japonaise serait différente. Mais quand Netflix s'est implanté à Singapour, les différences culturelles étaient moins apparentes, et les dirigeants y ont accordé moins d'attention. Les Singapouriens, avec leur anglais parfait et leurs multiples interactions professionnelles avec des Occidentaux, adoptaient une approche familière du travail, semblait-il, beaucoup de leurs collègues n'ont donc pas anticipé de problème culturel les concernant. Pourtant, les différences n'ont pas tardé à se faire sentir.

La coordinatrice marketing, Karlyne Wang, qui a rejoint Netflix après avoir quitté HBO Asie en octobre 2017, en raconte ici un exemple précis :

Je remplaçais temporairement notre assistant administratif qui venait de quitter l'entreprise. La semaine précédente, un appel avec un partenaire extérieur avait été noté à l'agenda de deux de mes collègues américains seniors. Appel prévu par mon prédécesseur, pas moi. Les Américains se sont levés tôt, mais le partenaire n'a jamais appelé.

Les Américains m'ont tous les deux contactée séparément. Leurs SMS m'ont tellement énervée que je les ai ignorés. Je n'ai pas répondu. J'ai dû aller faire un tour, en me répétant : essaie d'être aussi ouverte que possible. Calme-toi, c'est juste leur façon d'écrire. Ils ne se rendent peut-être pas compte que leurs messages sont impolis. Ou quel impact ils peuvent avoir sur les gens. Ce sont des gens bien. Je le sais, ce sont des gens bien.

Pendant que Karlyne me racontait cette histoire, j'ai commencé à me demander ce que ces Américains avaient bien pu écrire de si désagréable. Peut-être ne s'agissait-il pas d'un malentendu culturel mais tout simplement de mauvais comportement de leur part. Karlyne m'a montré un des messages en question.

Karlyne – Nous nous sommes levés tôt pour ce coup de fil, mais les partenaires ne nous ont pas contactés. Nous aurions pu utiliser ce créneau pour un autre appel. Pourrais-tu s'il te plaît essayer de vérifier la veille tous les appels notés à l'agenda et les supprimer du calendrier, le cas échéant ?

Moi qui suis américaine, je ne voyais rien d'impoli ou d'inapproprié. Afin d'aider l'entreprise, l'émettrice soulignait un problème et proposait une solution applicable. Elle ne réprimandait pas Karlyne. Elle expliquait quel changement de comportement elle espérait et disait même *s'il te plaît*. Je me suis demandé si la réaction de Karlyne était culturelle ou si elle faisait preuve d'hypersensibilité.

J'ai donc montré une capture d'écran du texto à plusieurs autres employés singapouriens de Netflix pour avoir leur avis. Sur les huit à qui j'ai posé la question, sept étaient d'accord avec Karlyne : ce message était malpoli. Parmi eux, Christopher Low, programmatic manager :

Christopher : Pour un Singapourien, ce message est agressif. Il est très directif : *Voilà la situation. Fais ceci. Fais cela.* Si je l'avais reçu, j'aurais eu l'impression que la personne me criait dessus. Le pire passage c'est quand elle écrit : « On aurait pu utiliser ce créneau pour un autre appel. » C'est une phrase superflue. La première le sous-entend déjà. L'affirmer ouvertement paraît inutilement dur. Je me dirais : « Qu'ai-je fait pour susciter une réaction aussi abrupte ? »

Erin : Avez-vous l'impression que l'émettrice fait preuve de franchise bienveillante ?

Christopher : Pour moi, les Occidentaux qui ont écrit ça ont pensé : « Je dis ce que j'ai à dire en m'assurant d'être clair. Et sans perdre de temps. » Mais pour un Singapourien, cela ressemble à une gifle. Ça ne me paraît pas altruiste, mais choquant.

Erin : Qu'est-ce que l'émettrice aurait pu faire pour communiquer le même message sans paraître impolie ou insultante ?

Christopher : Elle aurait pu être plus personnelle, peut-être dire d'abord : « Hé, je sais que ça s'est passé au milieu de la nuit, heure de Singapour, pardon de commencer ta journée par une mauvaise nouvelle. » Ou alors elle aurait pu ne pas la blâmer en disant : « Ce n'est pas ta faute, ce n'est pas toi qui as prévu cet appel. » Elle aurait pu le présenter moins comme un ordre. « Je sais que tu es super occupée. Je me demandais si tu aurais le temps de voir ça pour nous à l'avenir ? » Il aurait fallu ajouter une petite touche relationnelle – pourquoi pas un émoji amical.

Christopher a tenu à souligner que les Américains ne sont pas les seuls à devoir s'adapter :

Ne vous y trompez pas ! En tant qu'employés travaillant pour une entreprise dont le siège est situé aux États-Unis, c'est à nous de faire les plus gros efforts pour nous adapter. La réaction immédiate des Singapouriens serait sûrement de se sentir paralysés ou en colère. Mais pour réussir chez Netflix, nous devons nous adapter. Nous devons garder à l'esprit que dans certains autres pays ce comportement est approprié, donc entamer un dialogue. Karlyne aurait dû décrocher son téléphone pour en discuter de vive voix avec la femme qui a envoyé ce message. Elle devrait dire : « J'ignore ce qui s'est passé, je comprends que ce soit agaçant pour vous. Mais votre message m'a vexée. » Elle pourrait également expliquer les différences culturelles : « C'est peut-être une question de culture. Je sais que nous les Singapouriens, nous sommes souvent moins directs lorsqu'on fait des remarques aux autres, et plus sensibles à celles que l'on reçoit. » Grâce à un dialogue ouvert et des discussions transparentes, nous pouvons vivre la culture Netflix tout en devenant de plus en plus compétents en matière d'émission et de réception de critiques avec nos collègues autour du monde.

Les instructions de Chris résument le deuxième enseignement que nous en avons tiré. Étant donné l'importance de l'honnêteté pour Netflix, les employés issus de cultures indirectes ont besoin de s'habituer à formuler des remarques et à recevoir des critiques franches, ce qui est peu courant chez eux. Cela implique d'insister encore et encore sur le modèle de retours des 4A souligné au chapitre 2. Il faut évoquer ouvertement les différences culturelles, mais aussi coacher, soutenir nos équipes internationales pour leur apprendre à envisager les critiques directes non comme une gifle mais comme un moyen de s'améliorer. Par exemple, notre bureau de São Paulo a mis en place une réunion hebdomadaire pour discuter de la culture maison avec les employés qui souhaitent faire le point. L'échange et la réception des critiques sont parmi les sujets les plus fréquemment portés à l'ordre du jour.

Mais l'apprentissage de la franchise n'est pas une voie à sens unique. Parce que nous collaborons avec des cultures davantage sur la retenue, nous nous montrons désormais plus vigilants, au siège, et nous calibrons maintenant notre communication selon le récepteur, qui doit avant tout la percevoir comme utile, non la rejeter pour une simple question de forme. Le conseil de Chris est facile à appliquer, toute personne transmettant des remarques à quelqu'un dont la culture est moins directe devrait en tenir compte. Soyez plus aimable. Faites l'effort de ne pas pointer du doigt. Prenez soin de présenter votre remarque comme une suggestion et non un ordre. Ajoutez un détail relationnel, un émoji par exemple. Ce sont des petites choses qui donnent à nos messages un caractère plus approprié dans le contexte dans lequel nous travaillons.

La grande leçon que nous en retenons est la suivante : quelle que soit votre culture, pour travailler en interculturel, parlez, parlez, parlez. Le meilleur moyen d'améliorer ses capacités à communiquer avec un homologue étranger, c'est de poser des questions et de faire preuve de curiosité vis-à-vis de sa culture. Si vous devez faire des remarques à un collègue d'un autre pays, renseignez-vous d'abord auprès d'un de ses compatriotes à qui vous faites confiance – demandez-lui : « Mon message te paraît agressif ? » « Quelle est la meilleure approche dans ta culture ? » Plus on pose de questions, plus on fait montre de curiosité, plus nous nous améliorons en matière d'émission (et de réception) de feedback, partout dans le monde.

Pour poser les bonnes questions et bien comprendre les réponses obtenues un peu partout il est important de se remémorer un tout dernier enseignement interculturel...

TOUT EST RELATIF

En matière de critique, comme pour le reste, selon les cultures, tout est relatif. Aux yeux des Japonais, les Singapouriens sont inutilement directs. Les Américains trouvent les Singapouriens opaques et peu transparents. Les Singapouriens salariés de Netflix sont choqués par la brutalité de leurs collègues américains. Pour beaucoup de Néerlandais, les Américains de Netflix semblent retors.

Netflix, malgré ses aspirations internationales, continue d'avoir une culture largement américano-centrée. Et quand vient le moment d'émettre des critiques négatives, les Américains sont bien plus directs que la plupart des cultures, mais beaucoup moins que les Néerlandais. La directrice des politiques publiques, Ise, Néerlandaise, qui a rejoint Netflix à Amsterdam en 2014, explique la différence comme ceci :

> La culture Netflix a réussi à créer un environnement où les retours sont fréquents et applicables. Pourtant quand un Américain émet une critique, même chez Netflix, il commence presque toujours par souligner tout ce qui est positif dans votre travail avant d'arriver

où il veut en venir. Les Américains apprennent des techniques comme « Donnez toujours trois points positifs avec chaque point négatif » et « Mettez en avant les bonnes choses produites par les employés ». Pour un Néerlandais, c'est perturbant, car on fait des retours soit positifs, soit négatifs, mais il est très peu probable de faire les deux dans la même conversation.

Chez Netflix, Ise a vite compris que sa façon de critiquer, qui apparaîtrait naturelle et ne poserait pas de problème à ses compatriotes, serait bien trop brutale pour ses collaborateurs américains.

Donald, mon collègue américain qui venait d'emménager aux Pays-Bas, a organisé une réunion à Amsterdam. Sept partenaires ne travaillant pas chez Netflix avaient pris l'avion, le train, de partout en Europe pour participer à ces discussions. La réunion s'est très bien passée. Donald parlait clairement, il a donné des détails, s'est montré persuasif. Il s'était de toute évidence préparé. Mais à plusieurs reprises, j'ai eu l'impression que les participants avaient envie de présenter leurs points de vue sans en avoir l'occasion, car Donald mobilisait tout le temps de parole.

Après coup, il m'a dit : « Ça s'est super bien passé, non ? Tu en penses quoi ? » Cela m'a semblé être le moment idéal pour un retour franc dont sont si friands les leaders Netflix, j'ai donc sauté sur l'occasion : « Stinne est venue de Norvège pour assister à cette réunion, mais tu as tellement parlé qu'elle n'a pas pu en placer une. Nous avons fait venir les gens de loin et personne n'a eu le temps de dire quoi que ce soit. Nous n'avons pas entendu toutes les opinions qui auraient pu nous être utiles. Tu as parlé 80 % du temps, c'était donc très compliqué pour les autres de s'exprimer. »

Elle s'apprêtait à passer à la partie du message qui consiste en des suggestions applicables pour s'améliorer à l'avenir quand Donald a fait une chose qu'Ise juge typiquement américaine.

Avant même que j'aie fini, il affichait déjà un air dépité. Il a pris ma critique de façon bien trop dramatique, comme souvent les Américains. Il a dit : « Oh non, je suis vraiment désolé d'avoir tout gâché. » Mais il n'avait pas « tout gâché ». Ce n'est pas ce que j'ai dit. La réunion avait été très réussie, il avait d'ailleurs montré qu'il en était conscient en disant lui-même « ça s'est super bien passé ». Ce seul point était défaillant, j'avais l'impression que s'il le comprenait, cela pourrait l'aider à progresser.

C'est ce qui m'agace tant avec mes collègues américains. Ils ont beau se montrer très prompts à la critique, et apprécier recevoir les observations des uns et des autres, si en préambule on ne formule pas quelque chose de positif, ils imaginent aussitôt avoir échoué de bout en bout. Dès qu'un Néerlandais intervient, en commençant par le négatif, les Américains tuent la critique, persuadés que tout est bon à jeter.

Durant ses cinq dernières années chez Netflix, Ise a beaucoup appris en matière de critique de ses collègues étrangers, surtout les Américains :

Maintenant que je comprends mieux ces tendances culturelles, je ne me réfrène pas pour autant dans mes critiques, mais je réfléchis soigneusement à la personne qui reçoit le message et à la meilleure manière de l'adapter pour obtenir les résultats que j'espère. Pour les cultures plus indirectes, je prépare d'abord le terrain avec quelques commentaires positifs. Si le travail est globalement bon, je l'affirme haut et fort dès le départ. Ensuite je passe aux remarques en disant « quelques suggestions ». Et je termine en ajoutant : « C'est mon opinion, pour ce que ça vaut » et « Tu peux en tenir compte ou non ». Pour les Néerlandais, tout ce cinéma et ces circonvolutions paraissent très amusants... mais les résultats sont là !

Ces réflexions d'Ise résument les stratégies inventées par Netflix afin de continuer à promouvoir la franchise lors de l'ouverture de ses différents bureaux à l'international. Lorsqu'on se trouve à la tête d'une équipe mondiale, que l'on s'adresse en visioconférence à des employés issus de cultures variées, les mots que l'on prononce risquent tous d'être exagérés ou minimisés, selon le contexte culturel de votre interlocuteur. Il faut donc en être conscient. Il faut faire preuve de stratégie. De flexibilité. Avec un peu d'information et de finesse, on parvient à adapter le feedback à la personne en face afin d'obtenir le résultat nécessaire.

Personnellement, j'ai adoré l'approche franche utilisée par Ise lorsqu'elle a émis ses critiques vis-à-vis de Donald. Son objectif était de l'aider. Elle s'est montrée très claire sur le comportement qui avait sapé la réussite de la réunion. Sa critique était applicable.

Mais son approche manquait de sensibilité globale. Malgré sa franchise, sa technique de feedback a conduit à un malentendu. Le message qu'elle avait l'intention de faire passer était le suivant : la réunion a été un succès, Donald devrait faire preuve de plus de retenue pour améliorer la prochaine. La façon qu'elle a eue de communiquer a incité Donald à croire que la réunion était un fiasco. Et si Donald avait été brésilien ou singapourien, il aurait probablement quitté cet entretien persuadé de perdre son travail la semaine suivante.

Ce qui nous amène au...

DERNIER POINT... POUR L'INSTANT

Quand on adresse des critiques aux personnes de sa propre culture, on peut appliquer les directives 4A détaillées au chapitre 2. Mais lorsque l'interlocuteur est étranger, ajoutez un cinquième A.

Les 4A :

- Aider avant tout
- Applicable
- Apprécier
- Accepter ou rejeter

Auxquels on ajoute le cinquième :

- Adapter – pour obtenir le résultat souhaité, votre message et votre réaction doivent être calibrés pour la culture avec laquelle vous travaillez.

Il nous reste un long chemin à parcourir pour intégrer notre culture maison aux bureaux de plus en plus nombreux un peu partout dans le monde. Il nous arrive très souvent lors des réunions de revue trimestrielle de l'activité d'avoir des discussions sur la culture Netflix. La majeure partie de notre croissance se situant désormais en dehors des États-Unis, nous concentrons ces échanges sur la meilleure façon de faire fonctionner nos valeurs dans un contexte global. Afin d'y parvenir, nous devons avant tout faire preuve d'humilité, de curiosité et bien nous souvenir d'écouter avant de parler, d'apprendre avant d'enseigner. Avec cette approche, on gagne en efficacité chaque jour dans ce monde multiculturel.

À RETENIR DU CHAPITRE 10 :

- Cartographiez votre culture maison et comparez-la à celles des pays où vous vous implantez. Pour une culture de liberté et de responsabilité, mettez l'accent sur la franchise.
- Dans les pays les moins directs, instaurez des mécanismes de feedbacks plus formels et ajoutez à l'ordre du jour des moments encadrés plus fréquents, car les échanges informels se produiront moins souvent.
- Dans les cultures plus directes, évoquez librement les différences culturelles, pour que les critiques soient bien comprises dans le sens voulu.
- Faites de l'ADAPTABILITÉ le cinquième A de votre cadre de franchise. Parlez ouvertement de ce que recouvre la franchise

selon les différents endroits dans le monde. Œuvrez ensemble afin de découvrir comment les deux parties peuvent s'adapter pour concrétiser cette valeur.

CONCLUSION

Non loin de ma maison d'enfance à Minneapolis se trouve un lac appelé Bde Maka Ska. L'été, lorsqu'il fait chaud, le week-end, des hordes de citadins se pressent sur ses chemins, ses plages, ses jetées. Malgré la foule, le lieu demeure étonnamment paisible, parce qu'il est régi par de nombreuses règles qui guident les actes de chacun. Les marcheurs ne doivent pas emprunter les pistes cyclables. Autour du lac, les vélos se déplacent exclusivement dans le sens des aiguilles d'une montre. Il est interdit de fumer où que ce soit. De nager au-delà des bouées de signalement. Les rollers et les trottinettes sont autorisés sur la piste cyclable, mais pas sur le chemin de randonnée. Les joggers empruntent seulement le chemin de randonnée. Ces règles sont connues de tous et rigoureusement suivies, créant ainsi un havre d'organisation et de calme.

Si Netflix a une culture de liberté et de responsabilité, Bde Maka Ska a une culture de règles et de process.

Aussi paisible que soit cette dernière, elle n'est pas dépourvue d'inconvénients. Ainsi, si vous avez besoin, en un coup de pédale, de rejoindre un lieu proche situé à l'inverse des aiguilles d'une montre, impossible. Vous devez prendre le chemin le plus long, dans le bon sens. Si vous avez envie de traverser le lac à la nage, vous serez arrêté dans votre lancée par un maître-nageur sauveteur en bateau qui vous ramènera sur la rive. Peu importe que vous soyez un excellent nageur ; c'est interdit. Cette culture a été mise en place pour offrir paix et sécurité à l'ensemble du groupe, et non pour satisfaire à la liberté individuelle.

Les règles et les process sont un paradigme familier pour coordonner le comportement de groupe, à tel point qu'aucune explication n'est nécessaire ou presque. Dès l'âge de cinq ans, à la maternelle, quand la maîtresse vous faisait asseoir au côté de tous vos camarades sur le tapis pour vous expliquer en détail tout ce que vous aviez le droit de faire et de ne pas faire, vous étiez en apprentissage des règles et des process.

Elles constituent le tout premier moyen de coordonner le comportement de groupes depuis des siècles. Mais ce n'est pas le seul. Et Netflix n'est pas la seule à utiliser une méthode différente. Depuis dix-neuf ans, je vis à neuf minutes en voiture de l'Arc de Triomphe, à Paris. Un petit tour en haut du monument offre un panorama spectaculaire sur la célèbre avenue des Champs-Élysées, la tour Eiffel et la basilique du Sacré-Cœur, mais le plus impressionnant est l'immense circulation en orbite autour de l'Arc, l'Étoile. Reed dit parfois qu'opter pour la liberté et responsabilité, c'est opérer juste au bord du chaos. Je crois qu'il n'existe pas d'image plus claire pour illustrer cela que celle de la place de l'Étoile.

Chaque minute, des centaines de voitures débouchent des douze boulevards à plusieurs voies pour converger sur ce rond-point à dix voies sans marquage. Les motos se faufilent entre des bus à impériale. Les taxis s'insèrent agressivement pour déposer les touristes sur le terre-plein central. Les voitures foncent, souvent sans clignotant, en direction du boulevard de leur choix. Malgré la masse de véhicules et de gens, un unique principe de base guide toute la circulation : une fois que vous êtes engagé sur le rond-point, vous laissez la priorité à droite à ceux qui arrivent de n'importe laquelle de ces douze rues. En dehors de ça, il faut savoir où vous allez, rester concentré sur votre objectif et faire preuve de discernement. Il y a fort à parier que vous arriverez à destination rapidement et indemne.

La première fois que l'on se retrouve au sommet de l'Arc de Triomphe à contempler cette agitation en contrebas, on voit mal quels avantages il pourrait y avoir à se contenter de si peu de règles. Pourquoi ne pas planter une douzaine de feux tricolores autour de la place pour que les voitures attendent leur tour ? Pourquoi ne pas tracer de files sur le sol qui permettraient des restrictions rigoureuses quant à la possibilité de mouvement des uns et des autres ?

À en croire Éric, mon mari, qui est français et pratique la conduite autour de l'Arc de Triomphe quasiment au quotidien depuis plusieurs dizaines d'années, cela aurait pour effet de tout ralentir. « La place de l'Étoile est incroyablement efficace. Il n'existe aucun moyen plus rapide pour un conducteur expérimenté d'aller d'un point A à un point B, prétend-il. Sans parler de l'extrême flexibilité du système. Imaginons que tu t'engages sur la place en prévoyant de sortir aux Champs-Élysées et que tu tombes sur un bus de touristes qui bloque l'accès. Inutile de paniquer. Tu peux changer de trajet à la volée. Tu sors avenue de Friedland ou avenue Hoche, voire tu fais plusieurs tours complets de la place en attendant que le bus ait dégagé. Quasiment aucune autre méthode de circulation ne propose de modifier son parcours en plein trajet aussi rapidement. »

Maintenant que vous avez lu ce livre, vous avez compris que lorsque vous êtes à la tête d'une équipe ou d'une entreprise, vous êtes confronté à un choix clair. Vous pouvez opter pour la manière Bde Maka Ska, œuvrer à contrôler les faits et gestes de vos employés grâce à des règles et des process. Ou alors vous pouvez mettre en place une culture de liberté et de responsabilité, en choisissant la rapidité, la flexibilité et en offrant davantage de liberté à vos salariés. Chaque approche a ses avantages. Avant de vous lancer dans cette lecture, vous saviez déjà comment coordonner un groupe de gens grâce à des règles et des process. Maintenant vous savez aussi comment le faire grâce à la liberté et à la responsabilité.

QUAND FAUT-IL OPTER POUR DES RÈGLES ET DES PROCESS ?

La révolution industrielle a propulsé la plupart des économies mondiales les plus développées depuis trois cents ans. Il est donc naturel que les paradigmes du management de la fabrication en grande quantité et visant à réduire les erreurs aient dominé les pratiques organisationnelles du monde des affaires. Dans un environnement industriel, l'objectif est d'éliminer les variations et la plupart des approches de management ont été créées dans cet esprit. C'est vraiment un signe d'excellence quand une entreprise parvient à produire un million de doses de pénicilline ou dix mille voitures identiques sans erreur.

C'est peut-être la raison pour laquelle, durant l'ère industrielle, beaucoup des meilleures sociétés ont opéré comme des orchestres symphoniques, avec pour objectifs synchronisme, précision et coordination parfaite. Leur travail n'était pas guidé par une partition et un chef d'orchestre mais par des process et des politiques. Encore aujourd'hui, si vous dirigez une usine, que vous gérez un environnement où la sécurité est essentielle ou si vous voulez produire un même objet reproduit à l'identique avec une grande fiabilité, vous allez opter pour une symphonie en règles et process.

Même chez Netflix il reste quelques bulles où la prévention des erreurs et la sécurité sont nos objectifs premiers, et dans ces cas-là nous isolons une zone pour bâtir une petite symphonie qui suit à la perfection ses règles et process.

Prenez par exemple la sécurité du personnel et le harcèlement sexuel. Quand il s'agit de protéger nos employés contre des blessures ou du harcèlement, nous investissons dans la prévention des erreurs (des formations) et des hotlines ; nous avons des process solides afin de nous assurer que toutes les plaintes seront correctement investiguées ; et nous utilisons des principes d'amélioration de process pour tendre vers un taux d'incident de zéro.

De la même manière, à d'autres moments, lorsqu'une simple erreur pourrait conduire à un désastre, nous choisissons les règles et les process. Par exemple, les informations financières que nous divulguons à Wall Street tous les trimestres. Imaginez que nous publiions nos résultats puis que nous nous rétractions en disant : « Attendez, nous avons fait une erreur. Nos revenus sont en réalité inférieurs à ceux annoncés. » Ce serait une catastrophe. Un autre exemple, la confidentialité des données de nos abonnés. Et si un pirate s'infiltrait dans notre système, dérobait les informations sur les visionnages de nos membres individuels et les publiait sur internet ? Là encore, catastrophe.

Dans des cas bien spécifiques comme ceux-ci, où la prévention des erreurs est clairement plus importante que l'innovation, nous accumulons les vérifications et les process pour nous assurer que nous ne raterons rien. Dans ces moments, nous voulons que Netflix soit comme un hôpital où cinq personnes vérifient que le chirurgien opère le bon genou. Quand une unique erreur peut mener à un désastre, les règles et les process ne sont pas seulement une bonne chose, ils sont une nécessité.

En gardant cela à l'esprit, réfléchissez avec attention à votre objectif avant de décider quand choisir l'option liberté et responsabilité et quand lui préférer les règles et les process. Voici un ensemble de questions à se poser afin de sélectionner la meilleure approche.

- Le bon fonctionnement de votre industrie engage-t-il la santé de vos employés, celle de vos clients ou la sécurité ? Si oui, choisissez les règles et les process.
- Une erreur est susceptible de provoquer une catastrophe ? Alors : règles et process.
- Vous êtes à la tête d'un environnement industriel où vous devez fabriquer un produit toujours identique ? Là encore : règles et process.

Si vous dirigez un service d'urgence, que vous testez des avions, gérez une mine de charbon ou que vous livrez des médicaments

« juste à temps » à des personnes âgées, vous ne pouvez pas vous passer des règles et des process. Cela a été le modèle de coordination incontournable pour la majorité des entreprises depuis des siècles et, pour certaines, cela restera la meilleure des options dans les années à venir.

Mais pour ceux d'entre vous qui sont acteurs de l'économie créative, où l'innovation, la rapidité, la flexibilité sont les clés du succès, laissez tomber l'orchestre, concentrez-vous plutôt sur un autre genre de musique.

C'EST DU JAZZ, PAS UNE SYMPHONIE

Même pendant l'ère industrielle, il restait des poches dans l'économie, par exemple les agences de publicité, où la pensée créative nourrissait le succès, qui fonctionnait donc en frôlant le chaos. Mais aujourd'hui la propriété intellectuelle, les services créatifs ont gagné en puissance, le pourcentage de l'économie lié à l'inventivité et l'innovation est de plus en plus élevé et toujours en expansion. Pourtant la plupart des sociétés suivent encore les paradigmes de la révolution industrielle qui ont régné sur la création de richesse ces trois derniers siècles.

À l'ère de l'information, pour beaucoup d'entreprises, dans de nombreuses équipes, l'objectif n'est plus de prévenir les erreurs, de reproduire la même chose. Au contraire, il est la créativité, la vitesse, l'agilité. À l'ère industrielle, l'objectif était de minimiser les variations. Aujourd'hui, les entreprises créatives chercheraient presque à les maximiser. Dans ces situations, le plus gros risque encouru n'est pas l'erreur ou le manque de logique ; c'est de ne pas réussir à attirer les meilleurs éléments, à inventer de nouveaux produits, à changer de direction rapidement quand l'environnement connaît un grand bouleversement. La cohérence et la reproductibilité auront plus tendance à tuer dans l'œuf toute pensée neuve plutôt qu'à vous rapporter de l'argent. De petites erreurs, même nombreuses, si elles peuvent parfois être douloureuses, aident l'organisation à apprendre rapidement, elles constituent une partie essentielle du cycle de l'innovation. Dans ces situations, les règles et les process ne sont plus la meilleure réponse. Vous ne voulez pas une symphonie. Oubliez le chef d'orchestre, la partition. Montez un groupe de jazz à la place.

Le jazz souligne la spontanéité individuelle. Les musiciens connaissent la structure globale du morceau, mais ils ont la liberté d'improviser, ils se défient à coups de riffs, créant une musique incroyable.

Bien sûr, on ne peut pas totalement supprimer les règles et les process, ordonner à l'équipe d'être un orchestre de jazz et s'attendre à ce que ça fonctionne. Si les bonnes conditions ne sont pas réunies, ce sera le chaos. Mais ce livre vous a fourni un plan. Dès lors que vous commencerez à entendre la musique, restez concentré. La culture n'est pas une chose que l'on met en place puis que l'on ignore. Chez Netflix, le débat se poursuit en permanence et nous nous attendons à voir notre culture évoluer continuellement. Pour mettre en place une équipe innovante, rapide, flexible, laissez un peu de mou. Accueillez le changement à bras ouverts. Opérez à proximité immédiate du chaos. Ne fournissez pas de partition, ne montez pas un orchestre symphonique. Pensez jazz, créez les bonnes conditions, embauchez ceux qui aiment l'improvisation. Quand tout est en place, quelle merveilleuse musique.

REMERCIEMENTS

Tout au long de ce livre, nous avons exploré la valeur de la densité de talent et de la franchise. Ces deux éléments sont d'ailleurs à l'origine de son écriture.

Merci à notre talentueuse dream team, à commencer par Amanda « Binky » Urban, qui a su percevoir dès les premières ébauches la promesse d'un livre et nous a guidés dans la création de la proposition et plus encore. Merci à notre éditrice chez Penguin, la légendaire Ann Godoff, qui a cru sans faillir à ce projet et l'a mené de bout en bout depuis les premières lignes jusqu'à la rédaction finale.

Merci à David Champion pour son aide éditoriale, lui qui a adoré ce manuscrit comme si c'était le sien et a revu chaque chapitre, et parfois à plusieurs reprises, avec le plus grand soin jusqu'à ce qu'il atteigne ses standards si élevés. Merci à Des Dearlove et Stuart Crainer, qui n'ont pas craint de nous faire des retours sévères et francs à un moment où nous rencontrions quelques difficultés. Leur franchise a peut-être bien sauvé ce livre. Merci à Elin Williams pour son grain de sel sur les toutes premières versions des chapitres du livre, avant que nous soyons prêts à les partager avec qui que ce soit d'autre, et qui nous a ensuite aidés à soigner l'écriture, éliminant les paragraphes superflus, nous aidant ainsi à faire passer nos messages de façon efficace. Un grand merci à Patty McCord, sans qui la culture Netflix n'existerait pas et qui des heures et des heures durant nous a raconté et reraconté des anecdotes remontant aux débuts de Netflix.

Un grand, grand merci aux plus de deux cents employés Netflix, d'hier et d'aujourd'hui, qui ont gentiment partagé leurs histoires avec nous, elles sont ensuite devenues la base sur laquelle repose cet ouvrage. S'ils ne s'étaient pas montrés aussi généreux, transparents et hauts en couleur dans leurs récits, ce livre n'aurait pas vu le jour. Un grand coup de chapeau aux collègues Netflix Richard Siklos, Bao Nguyen et Tawni Argent, qui ont fait partie intégrante du projet depuis sa genèse.

Il est bien entendu classique de remercier les membres de sa famille à la fin d'un livre, mais quelques-uns parmi les miens ont joué un rôle particulièrement actif. Merci à ma mère Linda Burkett, qui a soigneusement épluché le premier jet de chaque chapitre tout au long du développement du manuscrit, éliminant les phrases interminables, repérant les virgules perdues, améliorant de façon générale la lisibilité de certains passages. Merci à mes enfants, Ethan et Logan, qui durant tout le temps de l'écriture ont fait ma joie au quotidien. Un grand merci à mon mari et associé, Éric, qui non seulement m'a apporté beaucoup d'amour et de soutien pendant la rédaction de ce livre, mais a consacré des centaines d'heures à la lecture, relecture, re-relecture de chaque partie, me proposant suggestions et conseils.

Avant tout merci aux centaines de cadres Netflix qui, au long de ces vingt dernières années, ont contribué au développement de notre culture maison. Ce livre ne décrit pas une révélation que j'aurais eue suite à de longues et profondes réflexions, mais quelque chose que nous avons découvert ensemble à travers nos débats vigoureux, notre exploration infinie, nos incessants tâtonnements. Si la culture Netflix est ce qu'elle est aujourd'hui, c'est grâce à notre créativité, notre courage, notre ingéniosité.

BIBLIOGRAPHIE SÉLECTIVE

Introduction

Edmondson, Amy C. *The Fearless Organization: Creating Psychological Safety in the Workplace for Learning, Innovation, and Growth* [Une organisation courageuse : créer un environnement de travail psychologiquement sûr pour mieux apprendre, innover, progresser – non traduit], Hoboken : Wiley, 2019.

« Glassdoor Survey Finds Americans Forfeit Half of Their Earned Vacation/Paid Time Off » [Une étude de Glassdoor montre que les Américains abandonnent la moitié de leurs congés payés/temps libre rémunéré], *Glassdoor*, About Us, 24 mai 2017, www.glassdoor.com/about-us/glassdoor-survey-finds-americans-forfeit-earned-vacationpaid-time/.

« Netflix Ranks as #1 in the Reputation Institute 2019 US RepTrak 100 » [Netflix classé n° 1 des 100 entreprises américaines listées par l'Institut de la réputation en 2019 – en anglais], *Reputation Institute*, 3 avril 2019.

Stenovec, Timothy, « One Huge Reason for Netflix's success » [Une des grandes raisons du succès de Netflix – en anglais], *HuffPost*, 7 décembre 2017, www.huffpost.com/entry/netflix-culture-deck-successn6763716.

Chapitre 1 – Pour un lieu de travail idéal, il faut des collègues remarquables

Felps, Will, *et al.* « How, When, and Why Bad Apples Spoil the Barrel: Negative Group Members and Dysfunctional Groups » [Comment, quand et pourquoi les pommes pourries gâchent tout le panier : membres négatifs d'un groupe et groupes dysfonctionnels – non traduit], *Research in Organizational Behavior*, n° 27, 2006, p. 175-222.

« 370: Ruining It for the Rest of Us » [Gâcheur d'ambiance], *This American Life*, podcast (en anglais), 14 décembre 2017, www.thisamericanlife.org/370/transcript.

Chapitre 2 – Exprimez le fond de votre pensée, dans une intention positive

Coyle, Daniel. *The Culture Code: The Secrets of Highly Successful Groups* [Le code culture : les secrets des groupes les plus performants – non traduit], New York : Bantam Books, 2018.

Edwardes, Charlotte. « Netflix's Ted Sarandos: the Most Powerful Person in Hollywood ? » [Ted Sarandos, de Netflix : la personnalité la plus puissante d'Hollywood ? – en anglais], *Evening Standard*, 9 mai 2019, www.standard.co.uk/tech/netflix-ted-sarandos-interview-the-crown-a4138071.html.

Goetz, Thomas. « Harnessing the Power of Feedback Loops » [Exploiter la puissance des rétroactions – en anglais], *Wired*, 19 juin 2011, www.wired.com/2011/06/fffeedbackloop.

Zenger, Jack, et Folkman, Joseph. « Your Employees Want the Negative Feedback You Hate to Give » [Vos employés souhaitent ce feedback négatif que vous détestez leur faire – en anglais], *Harvard Business Review*, 15 janvier 2014, hbr.org/2014/01/your-employees-want-the-negative-feedback-you-hate-to-give.

Chapitre 3a – Finis, les congés prédéterminés

Bellis, Rich. « We Offered Unlimited Vacation for One Year: Here's What We Learned » [Nous avons proposé des congés illimités pendant un an : voici ce que nous avons appris – en anglais], *Fast*

Company, 6 novembre 2015, www.fastcompany.com/3052926/we-offered-unlimited-vacation-for-one-year-heres-what-we-learned.

Blitstein, Ryan. « At Netflix, Vacation Time Has No Limits » [Chez Netflix, des vacances sans limite – en anglais], *The Mercury News*, 21 mars 2007, www.mercurynews.com/2007/03/21/at-netflix-vacation-time-has-no-limits.

Branson, Richard. « Why We're Letting Virgin Staff Take as Much Holiday as They Want » [Pourquoi nous autorisons le personnel de chez Virgin à prendre autant de congés qu'il le souhaite – en anglais], Virgin, 27 avril 2017, www.virgin.com/richard-branson/why-were-letting-virgin-staff-take-much-holiday-they-want.

Haughton, Jermaine. « "Unlimited Leave": How Do I Ensure Staff Holiday's Don't Get out of Control? » [Vacances illimitées : comment s'assurer de ne pas perdre le contrôle des congés de votre personnel – en anglais], 16 juin 2015, www.managers.org.uk/insights/news/2015/june/unlimited-leave-how-do-i-ensure-staff-holidays-dont-get-out-of-control.

Millet, Josh. « Is Unlimited Vacation a Perk or a Pain? Here's How to Tell » [Les congés illimités sont-ils un avantage ou un problème ? Voilà comment le savoir – en anglais], *CNBC*, 26 septembre 2017, www.cnbc.com/2017/09/25/is-unlimited-vacation-a-perk-or-a-pain-heres-how-to-tell.html.

Chapitre 3b – Terminée, l'approbation des frais professionnels et de déplacement

Pruckner, Gerald J., et Sausgruber, Rupert. « Honesty on the Streets: A Field Study on Newspaper Purchasing » [L'honnêteté dans la rue : étude de terrain sur l'achat de journaux – en anglais], *Journal of the European Economic Association*, vol. 11, n° 3, 2013, p. 661-679.

Chapitre 4 – Payez au-dessus du marché

Ariely, Dan. « What's the Value of a Big Bonus? » [Quelle est la valeur d'un gros bonus ? – en anglais], *Dan Ariely* (blog), 20 novembre 2008, danariely.com/2008/11/20/what's-the-value-of-a-big-bonus/.

Gates, Bill, cité au chapitre 6 de Thompson, Clive. *Coders: Who They Are, What They Think and How They Are Changing Our World* [Les codeurs :

qui sont-ils, que pensent-ils et comment ils changent notre monde – non traduit], New York : Picador, 2019.

Kong, Cynthia. « Quitting Your Job » [Démissionner], infographie, *Robert Half* (blog), 9 juillet 2018, www.roberthalf.com/blog/salaries-and-skills/quitting-your-job.

Lawler, Moira. « When to Switch Jobs to Maximize Your Income » [Quand changer de travail pour maximiser vos revenus – en anglais], *Job Search Advice* (blog de recherche d'emploi), Monster, www.monster.com/career-advice/article/switch-jobs-earn-more-0517.

Lucht, John. *Rites of Passage at $100,000 to $1 Million+: Your Insider's Strategic Guide to Executive Job-Changing and Faster Career Progress* [Rites du passage de 100 000 dollars à 1 million ou plus : guide de la stratégie des initiés pour changer de poste à responsabilités et pour une progression de carrière rapide – non traduit], New York : The Viceroy Press, 2014.

Luthi, Ben. « Does Job Hopping Increase Your Long-Term Salary? » [Les changements de postes augmentent-ils votre salaire à long terme ? – en anglais], Chime, 4 octobre 2018, www.chimebank.com/2018/05/07/does-job-hopping-increase-your-long-term-salary.

Sackman, H., *et al.* « Exploratory Experimental Studies Comparing Online and Offline Programing Performance » [Études expérimentales exploratoires comparant les performances en programmation en et hors ligne – en anglais], *Communications of the ACM*, vol. 11, n° 1, janvier 1968, p. 3-11, https://dl.acm.org/doi/10.1145/362851.362858.

Shotter, James, Noonan, Laura, et McLannahan, Ben. « Bonuses Don't Make Bankers Work Harder, Says Deutsche's John Cryan » [Les bonus n'incitent pas les banquiers à travailler plus, affirme John Cryan, de la Deutsche Bank – en anglais], *CNBC*, 25 novembre 2015, www.cnbc.com/2015/11/25/deutsche-banks-john-cryan-says-bonuses-dont-make-bankers-work-harder-says.html.

Chapitre 5 – L'entreprise à livres ouverts

Aronson, Elliot, *et al.* « The Effect of a Pratfall on Increasing Interpersonal Attractiveness » [L'effet d'une chute sur l'accroissement de l'attirance interpersonnelle – en anglais], *Psychonomic Science*, vol. 4, n° 6, 1966, p. 227-228.

Brown, Brené. *Le Pouvoir de la vulnérabilité : la vulnérabilité est une force qui peut changer votre vie*, trad. Catherine Vaudrey, Paris : Guy Trédaniel Éditeur, 2014.

Bruk, A., Scholl, S. G., et Bless, H. « Beautiful Mess Effect: Self-other Differences in Evaluation of Showing Vulnerability » [De la beauté dans le désordre : différences dans l'évaluation de la perception de la vulnérabilité chez soi et chez les autres – en anglais], *Journal of Personality and Social Psychology*, vol. 115, n° 2, 2018, https://doi.org/10.1037/pspa0000120.

Jasen, Georgette. « Keeping Secrets: Finding the Link Between Trust and Well-Being » [Les secrets : trouver le lien entre la confiance et le bien-être – en anglais], *Columbia News*, 19 février 2018, https://news.columbia.edu/news/keeping-secrets-finding-link-between-trust-and-well-being.

Mukund, A., et Radhika, A. Neela. « SRC Holdings: The "Open Book" Management Culture » [SRC Holdings : la culture du management « à livres ouverts » – en anglais], Curriculum Library for Employee Ownership (CLEO), Rutgers, janvier 2004, https://cleo.rutgers.edu/articles/src-holdings-the-open-book-management-culture/.

Rosh, Lisa, et Offermann, Lynn. « Be Yourself, but Carefully » [Soyez vous-mêmes, mais avec prudence – en anglais], *Harvard Business Review*, 18 août 2014, hbr.org/2013/10/be-yourself-but-carefully.

Slepian, Michael L. « The Experience of Secrecy », *Journal of Personality and Social Psychology*, vol. 113, n° 1, 2017, p. 1-33.

Smith, Emily Esfahani. « Your Flaws Are Probably More Attractive Than You Think They Are » [Vos défauts sont probablement plus attirants que vous ne le pensez – en anglais], *The Atlantic*, 9 janvier 2019, www.theatlantic.com/health/archive/2019/01/beautiful-mess-vulnerability/579892.

Chapitre 6 – Aucune validation n'est nécessaire

Daly, Helen. « *Black Mirror* Season 4: Viewers RAGE over "Creepy Marketing" Stunt "Not Cool" » [*Black Mirror* saison 4 : les spectateurs en FURIE contre le « coup marketing flippant », « pas cool » – en anglais], Express.co.uk, 31 décembre 2017, www.express.co.uk/showbiz/tv-radio/898625/Black-Mirror-season-4-release-Netflix-Waldo-Turkish-Viewers-RAGE-creepy-marketing-stunt.

Fingas, Jon. « Maybe Private "Black Mirror" Messages Weren't a Good Idea, Netflix » [Les messages privés *Black Mirror* n'étaient peut-être pas une bonne idée, Netflix – en anglais], *Engadget*, 18 juillet 2019, www.engadget.com/2017-12-29-maybe-private-black-mirror-messages-werent-a-good-idea-netfl.html.

Gladwell, Malcolm. *Tous winners ! Comprendre les logiques du succès*, trad. Michel Saint-Germain, Paris : Flammarion, 2018.

« Not Seen on SNL: Parody of the Netflix/Qwikster Apology Video » [Pas vu sur SNL : parodie de la vidéo d'excuses Netflix/Qwikster – en anglais], The Comic's Comic, 3 octobre 2011, http://thecomicscomic.com/2011/10/03/not-seen-on-snl-parody-of-the-netflixqwikster-apology-video.

Chapitre 7 – Le « keeper test »

Eichenwald, Kurt. « Microsoft's Lost Decade » [La décennie perdue de Microsoft – en anglais], *Vanity Fair*, 24 juillet 2012, www.vanityfair.com/news/business/2012/08/microsoft-lost-mojo-steve-ballmer.

Kantor, Jodi, et Streitfeld, David. « Inside Amazon: Wrestling Big Ideas in a Bruising Workplace » [Amazon vu de l'intérieur : de grandes idées, dans un environnement de travail qui laisse des traces – en anglais], *The New York Times*, 15 août 2015, www.nytimes.com/2015/08/16/technology/inside-amazon-wrestling-big-ideas-in-a-bruisingworkplace.html.

Ramachandran, Shalini, et Flint, Joe. « At Netflix, Radical Transparency and Blunt Firings Unsettle the Ranks » [Chez Netflix, des troupes déstabilisées par une transparence radicale et la brutalité des licenciements – en anglais], *The Wall Street Journal*, 25 octobre 2018, www.wsj.com/articles/at-netflix-radical-transparency-and-blunt-firings-unsettle-the-ranks-1540497174.

SHRM. « Benchmarking Service », SHRM, décembre 2017, www.shrm.org/hr-today/trends-and-forecasting/research-and-surveys/Documents/2017-Human-Capital-Benchmarking.pdf.

The Week Staff. « Netflix's Culture of Fear » [La culture de la peur de Netflix – en anglais], *The Week*, 3 novembre 2018, www.theweek.com/articles/805123/netflixs-culture-fear.

Chapitre 8 – Un cercle de feedbacks

Milne, A. A., et Shepard, Ernest H. *La Maison de Winnie l'Ourson*, trad. Jacques Papy, Paris : Gallimard Jeunesse, 2016.

Chapitre 9 – Plus de contexte, moins de contrôle

Fast Company Staff. « The World's 50 Most Innovative Companies of 2018 » [Les 50 sociétés les plus innovantes au monde – en anglais], *Fast Company*, 20 février 2018, www.fastcompany.com/most-innovative-companies/2018.

Saint-Exupéry, Antoine de, *et al.*, *Citadelle*, Paris : Gallimard, 2000.

« Vitality Curve » [Courbe de vitalité – en anglais], Wikipedia, Wikimedia Foundation, 5 novembre 2019, en.wikipedia.org/wiki/Vitality_curve.

Chapitre 10 – Répandez la bonne parole partout dans le monde !

Meyer, Erin. *La Carte des différences culturelles : 8 clés pour travailler à l'international*, trad. Philippe Blanchard, Paris : Éditions Diateino, 2016.

Pour visualiser les cartes culturelles présentées dans ce chapitre mais aussi créer vos propres cartes culturelles maison, rendez-vous sur www.erinmeyer.com/tools.

COMPOSITION ET MISE EN PAGES
NORD COMPO À VILLENEUVE-D'ASCQ

CET OUVRAGE A ÉTÉ ACHEVÉ D'IMPRIMER
EN SEPTEMBRE 2021
PAR L'IMPRIMERIE
NORMANDIE ROTO IMPRESSION S.A.S.

N° d'impression : 2105193
Dépôt légal : mars 2021
Imprimé en France